体育分析与数据科学

——用方法和模型制胜

[美] 托马斯·W. 米勒（Thomas W.Miller） 著
杜 炤 译著

北京体育大学出版社

策划编辑：郭英俊
责任编辑：潘海英
责任校对：韩培付
版式设计：谭德毅

图书在版编目（CIP）数据

体育分析与数据科学：用方法和模型制胜 /（美）托马斯 · W.米勒（THOMAS W. MILLER）著；杜炤译著. -- 北京：北京体育大学出版社, 2021.1

书名原文: Sports Analytics and Data Science：Winning the Game with Methods and Models

ISBN 978-7-5644-3160-0

Ⅰ. ① 体… Ⅱ. ① 托… ② 杜… Ⅲ. ① 体育科学—研究方法 Ⅳ. ① G80-3

中国版本图书馆CIP数据核字（2021）第032605号

著作权合同登记号　图字：01-2021-3644

体育分析与数据科学——用方法和模型制胜

TIYU FENXI YU SHUJU KEXUE——YONG FANGFA HE MOXING ZHISHENG

[美] 托马斯 · W.米勒（Thomas W.Miller）著　杜　炤　译著

出版发行：北京体育大学出版社
地　　址：北京市海淀区农大南路1号院2号楼2层办公B-212
邮　　编：100084
网　　址：http://cbs.bsu.edu.cn
发 行 部：010-62989320
邮 购 部：北京体育大学出版社读者服务部 010-62989432
印　　刷：北京建宏印刷有限公司
开　　本：710 mm × 1000 mm　1/16
成品尺寸：170 mm × 240 mm
印　　张：17.75
字　　数：374千字
版　　次：2021年1月第1版
印　　次：2021年1月第1版第1次印刷
定　　价：98.00元

前 言

"有时赢，有时输，有时天下雨。"

——《百万金臂》（1988）中的埃比·卡尔文·拉洛什（蒂姆·罗宾斯饰演）

—Tim Robbins as Ebby Calvin Laloosh in *Bull Durham*（1988）

企业吸引顾客，政治家说服选民，网站招徕访客，运动队吸引球迷。无论要实现什么样的目标，数据和模型在当下都是至关重要的。

本书关注如何打造制胜的运动队和成功的体育企业，而依赖数据和模型决策能够提高取得胜利和获得成功的可能性。因此，体育分析是竞争优势的来源。

本书为运动员、运动队经理和老板及爱好者等希望了解体育分析的人，提供了易于理解的、有关体育分析的指南。同时，本书也可以作为分析师、数据科学家和开发人员的参考书。本书在数据科学这一融合了商业洞察、信息技术和建模技术等学科背景下来介绍体育分析。

为了在体育中有效地使用数据分析，我们必须首先理解体育，包括产业、企业及赛场和球场上发生的事情。我们需要了解如何使用数据，包括识别数据来源、收集数据及组织和准备分析所需的数据。我们还需要了解如何用数据构建模型。数据不能自解释，有价值的预测也不会凭空产生。体育分析所做的正是从数据中学习，并构建有用的模型。

学习体育分析和数据科学的最佳方式是通过案例来理解掌握。本书提供了有关建模技术的资源和参考指南。本书会向开发人员展示如何通过可靠的方法和代码来解决现实问题。

代码可以说明我们所做的事情。读者都可以查看或者调试这些代码。本书中使用的数据集和计算机程序可以从“建模技术”系列的网站或者 GitHub 上获取。

在分析体育问题时，有时使用 R 语言更方便，有时则使用 Python 更容易。此外，有时同时使用两种语言更好，因为可以对使用两种语言得到的分析结果进行比对。

本书有别于体育分析领域的其他著作，其独特之处在于数据来源和所讨论话题的范围。许多研究人员关注的是量化的运动队和运动员的运动表现数据。本书则从更广泛的视角，即数据科学的视角来讨论体育分析。体育数据既有文本数据，也有数值数据。同时，随着互联网的发展，数据来源变得越来越丰富。人们可以通过互联网的爬取、抓取和利用应用程序编程接口等，从公开数据来源中获得许多数据。

笔者从为职业体育组织提供的咨询工作中学习到了许多。面向研究的出版商及其相应部门推出了“数据科学服务”。学术研究和模型只能让我们了解当下模式，最终，我们还是需要通过实现自己的想法和模式，并通过相互分享来变得与众不同。

这些年来，许多人对笔者的心智发展产生过影响。笔者永远感激那些优秀的思想家、善良的人、老师和导师。不幸的是，乌尔辛纳斯学院杰拉德・哈恩・欣克尔（Gerald Hahn Hinkle）和语言学家艾伦・莱克・赖斯（Allan Lake Rice）、明尼苏达大学的哲学家赫伯特・费格尔（Herbert Feigl）已经永远离开了我们。笔者非常感谢明尼苏达大学的心理测量学家大卫・J. 韦斯（David J. Weiss）和俄勒冈大学的经济学家凯利・埃金（Kelly Eakin）。

笔者的学术之家是西北大学职业研究学院（美国）。“体育研究方法和量化分析”“营销分析”“数据库系统与数据准备”“网络和计算机数据科学”“网络信息检索与实时分析”“数据可视化”等课程为本书的写作提供了灵感。感谢许多学生和同事，从他们身上，笔者学到了许多。笔者很感谢负责预测分析理科硕士、体育管理文学硕士、信息系统理科硕士和数据科学高级证书等优秀研究生课程的同事和工作人员。

洛雷娜・马丁（Lorena Martin）审阅了本书，并提供了有价值的反馈。同时，她还编著了与本书配套的《运动成绩测量和分析》（2016）一书。亚当・格罗斯曼（Adam Grossman）和汤姆・鲁滨孙（Tom Robinson）对体育商业管理相关的内容提供了有价值的反馈。罗伊・桑福德（Roy Sanford）提供了与统计相关内容的建议。

德科纳米（Texnology）公司的埃米·亨德里克森（Amy Hendrickson）的技术，使得本书中的文字、表格和图看起来非常美观。这是开源的另一个胜利。坎迪斯·布拉德利（Candice Bradley）在“建模技术”丛书中担任编审和文字编辑。安迪·比斯特(Andy Beaster)为本书最终付印提供了帮助。笔者非常感谢大家的指导和鼓励。

感谢本书的编辑珍妮·格拉瑟·莱文（Jeanne Glasser Levine）和出版商培生 /（英国）金融时报出版社。他们使本书得以出版。当然，所有写作问题、错误或者未完成的内容都是笔者的问题。

笔者的好友布里特妮（Brittney）和她的女儿珍妮娅（Janiya）在时间允许的情况下一直陪伴着笔者。风雨兼程，丹尼尔一直陪伴在我身边，亦子亦友。他们是如此相信我，以至于让我深感歉疚。

托马斯·W. 米勒

于加利福尼亚州格伦代尔市

2015 年 10 月

目　录

第一章 理解体育市场

“比赛结束时你们仍在赛场上，我为你们感到骄傲。你们勇气可嘉。这一点我只想说一次。所有人都有周末。考虑一下你是否会在这样的情况下加入这支球队：关于这支篮球队，我所说的就是规矩，这一点毋庸置疑。”

——《篮坛怪杰》（1986）中的诺曼·戴尔教练（吉恩·哈克曼饰演）

— Gene Hackman as coach Norman Dale in *Hoosiers*（1986）

在将经济规律应用于职业体育时，我们必须考虑体育的本质和所有者的动机。职业体育有别于其他形式的商业活动。

体育娱乐有卖家和买家。卖家是职业体育联盟中的运动员和运动队，买家是体育的消费者。许多买家从未亲自参加过比赛，他们只是观看电视上的体育比赛、收听广播或购买运动队的用品。

体育同其他形式的娱乐一起争夺人们的时间和金钱。而且，各种体育项目还会相互竞争，特别是当它们的赛季发生重叠时。运动队制作并通过媒体分发娱乐内容，将其品牌名称和标志授权给运动服装制造商等组织。

运动队不是相互竞争的独立企业。当运动员和运动队在赛场上竞争时，他们作为联盟成员是相互合作的。体育比赛是体育的核心产品，是由两个或多个运动员或者两个或多个运动队共同创造的产品。

表 1.1 是美国国家体育用品协会（National Sporting Goods Association）（2005）追踪的 54 项体育和娱乐活动。该协会服务于体育用品产业。近年来，棒球、篮球、橄榄球和网球的参与人数有所下降，而足球的参与人数有所增加，同时，滑板和单板滑雪等个人休闲运动的参与人数有所增长。当然，参与体育运动的程度并不一定能表示群众对体育作为一种娱乐的感兴趣程度。

体育企业通过相互合作来生产娱乐产品。尽管在许多行业中，企业在设定产量和价格时串通是违法的，但是体育联盟将合作设定产量和价格视为其商业模式的标准部分。赛事的数量，甚至一个体育项目的所有赛事安排，都是由联盟决定的。事实上，职业体育的方方面面都被美国联邦政府授予了垄断权。

当为一个典型的企业或公司开发一个模型时，经济学家会假设利润最大化是一个动机。但是，职业运动队所有者的动机可能并不容易理解。一个运动队的所有者可以每年都以获取利润作为运营目标，另一个运动队的所有者则可能以赢得最多胜利或获得最大整体效用为目标。运动队的所有者还可能会追求资本增值——购买运动队，并在几年之后出售。如果缺乏对所有者动机的了解，就很难预测他们会做什么。

在许多行业，获得市场份额并成为主导者是公司的目标。但是，在职业体育界，情况并非如此。如果一支运动队在几乎所有比赛中都能获胜，那么消费者对这项比赛的兴趣就会减弱。一支运动队能够通过在比赛中获胜多于失利而获益，但是，在所有比赛中获胜的收益可能会少于在大部分比赛中获胜的收益。尽管在许多职业体育联盟中都有占主导地位的运动队，但是它们仍然声称正在寻求竞争性平衡。

表1.1　美国的体育和娱乐活动

有氧运动	露营（假期）	橄榄球（触碰式）
射箭（射靶）	皮划艇	高尔夫
背包旅行/野外露营	啦啦操	体操
棒球	飞镖投掷	徒步旅行
篮球	步行锻炼	冰球
自行车	器械锻炼	弓箭狩猎
台球/弹子球	钓鱼（淡水）	枪支狩猎
划船（摩托艇/电动船）	钓鱼（咸水）	滑冰/花样滑冰
保龄球	橄榄球（腰旗式）	直排轮滑
拳击	橄榄球（擒抱式）	独木舟
长曲棍球	高山滑雪	目标射击（实弹）

续表

武术/自由搏击/跆拳道	越野滑雪	网球
山地自行车（越野）	单板滑雪	排球
前装枪	足球	滑水
彩弹射击	垒球	举重
跑步/慢跑	游泳	俱乐部/健身房/健身室健身
潜水（开阔水域）	乒乓球	摔跤
滑板	目标射击（气枪）	瑜伽

从美国和全球主要职业体育项目的估值和财务状况可知，体育是一个大产业。美国的职业棒球大联盟（Major League Baseball，MLB）、国家篮球协会（National Basketball Association，NBA）、国家橄榄球联盟（National Football League，NFL）和世界足球队的福布斯数据如表 1.2 至表 1.5 所示。

职业运动队必然会在劳动力市场上相互竞争，明星运动员则供不应求。一些人认为，薪酬上限对于保持竞争平衡是必要的。同时，薪酬上限还可以帮助运动队控制运动员的支出。

美国大部分职业体育项目都有薪酬上限。一支拥有 53 名球员的 NFL 球队 2015 年的薪酬上限为 1.432 8 亿美元（Patra，2015）。大部分球队的薪酬都达到或者接近上限，也就是说，NFL 球员的平均年薪约为 270 万美元。NFL 球队可以通过将一名球员指定为特权球员（Franchise Player）来限制其进入自由球员市场。联盟为特权球员设定最低年薪。例如，2015 年特权四分卫球员的最低年薪为 1 854.4 万美元。绿湾包装工队（Green Bay Packers）的四分卫阿隆・罗杰斯（Aaron Rodgers）是 NFL 薪酬最高的球员，其年薪为 2 200 万美元（spotrac，2015c）。NFL 球员的最低年薪为 42 万美元。

2015—2016 赛季，NBA 球队的薪酬上限是 7 000 万美元。同时，超过上限的球队将受到处罚。球员的最高年薪是根据薪酬上限和服务年限的比例而定的。例如，拥有 10 年经验的勒布朗・詹姆斯（LeBron James）最高年薪为 2 300 万美元（Mahoney，2015）。新奥尔良鹈鹕队（New Orleans Pelicans）的安东尼・戴维斯（Anthony Davis）是 NBA 薪酬最高的球员，其平均年薪为 2 900 万美元（Spotrac，2015b）。每支球队的花名册中有 15 名签约球员，每场比赛可以有 13 名球员上场。球员的最低年薪为 42.849 8 万美元。

美国职业棒球大联盟对薪酬超过 1.89 亿美元的球队征收“奢侈税”。在连赛两场时，常规的球员名单中通常有 25~26 名球员。40 人的球员名单则包括签约球员和有资格参赛的球员。从 9 月 1 日到常规赛结束，球员名单会扩大到 40 名球员。在季后赛中，球员名单又会减少到 25 名球员。2015 年，美国职业棒球大联盟球员的最低年薪为 50.57 万美元。

底特律老虎队（Detroit Tigers）的米格尔·卡布雷拉（Miguel Cabrera）是美国职业棒球大联盟薪酬最高的球员，其年薪为 3 100 万美元（spotrac，2015a）。

表1.2　MLB球队的估值和财务状况（2015年3月）

球队排名	球队	现值/百万美元	年价值变动/%	负债或价值/%	收入/百万美元	营收/百万美元
1	纽约洋基队（New York Yankees）	3 200	28	0	508	8.1
2	洛杉矶道奇队（Los Angeles Dodgers）	2 400	20	17	403	−12.2
3	波士顿红袜队（Boston Red Sox）	2 100	40	0	370	49.2
4	旧金山巨人队（San Francisco Giants）	2 000	100	4	387	68.4
5	芝加哥小熊队（Chicago Cubs）	1 800	50	24	302	73.3
6	圣路易斯红雀队（St Louis Cardinals）	1 400	71	21	294	73.6
7	纽约大都会队（New York Mets）	1 350	69	26	263	25.0
8	洛杉矶天使队（Los Angeles Angels）	1 300	68	0	304	16.7
9	华盛顿国民队（Washington Nationals）	1 280	83	27	287	41.4
10	费城费城人队（Philadelphia Phillies）	1 250	28	8	265	−39
11	得克萨斯游骑兵队（Texas Rangers）	1 220	48	13	266	3.5
12	亚特兰大勇士队（Atlanta Braves）	1 150	58	0	267	33.2
13	底特律老虎队（Detroit Tigers）	1 125	65	15	254	−20.7
14	西雅图水手队（Seattle Mariners）	1 100	55	0	250	26.4
15	巴尔的摩金莺队（Baltimore Orioles）	1 000	61	15	245	31.4

续表

球队排名	球队	现值/百万美元	年价值变动/%	负债或价值/%	收入/百万美元	营收/百万美元
16	芝加哥白袜队（Chicago White Sox）	975	40	5	227	31.9
17	匹兹堡海盗队（Pittsburgh Pirates）	900	57	10	229	43.6
18	明尼苏达双城队（Minnesota Twins）	895	48	25	223	21.3
19	圣地亚哥教士队（San Diego Padres）	890	45	22	224	35.0
20	辛辛那提红人队（Cincinnati Reds）	885	48	6	227	2.2
21	密尔沃基酿酒人队（Milwaukee Brewers）	875	55	6	226	11.3
22	多伦多蓝鸟队（Toronto Blue Jays）	870	43	0	227	−17.9
23	科罗拉多洛基山队（Colorado Rockies）	855	49	7	214	12.6
24	亚利桑那响尾蛇队（Arizona Diamondbacks）	840	44	17	211	−2.2
25	克利夫兰印第安人队（Cleveland Indians）	825	45	9	207	8.9
26	休斯敦太空人队（Houston Astros）	800	51	34	175	21.6
27	奥克兰运动家队（Oakland Athletics）	725	46	8	202	20.8
28	堪萨斯城皇家队（Kansas City Royals）	700	43	8	231	26.6
29	迈阿密马林鱼队（Miami Marlins）	650	30	34	188	15.4
30	坦帕湾光芒队（Tampa Bay Rays）	625	29	22	188	7.9

资料来源：巴登豪森、奥扎尼安和塞蒂米（Badenhausen, Ozanian, Settimi, 2015b）。

表1.3　NBA球队的估值和财务状况（2015年1月）

球队排名	球队	现值/百万美元	年价值变动/%	负债或价值/%	收入/百万美元	营收/百万美元
1	洛杉矶湖人队（Los Angeles Lakers）	2 600	93	2	293	104.1
2	纽约尼克斯队（New York Knicks）	2 500	79	0	278	53.4
3	芝加哥公牛队（Chicago Bulls）	2 000	100	3	201	65.3
4	波士顿凯尔特人队（Boston Celtics）	1 700	94	9	173	54.9
5	洛杉矶快船队（Los Angeles Clippers）	1 600	178	0	146	20.1
6	布鲁克林篮网队（Brooklyn Nets）	1 500	92	19	212	−99.4
7	金州勇士队（Golden State Warriors）	1 300	73	12	168	44.9
8	休斯敦火箭队（Houston Rockets）	1 250	61	8	175	38.0
9	迈阿密热火队（Miami Heat）	1 175	53	8	188	12.6
10	达拉斯小牛队（Dallas Mavericks）	1 150	50	17	168	30.4
11	圣安东尼奥马刺队（San Antonio Spurs）	1 000	52	8	172	40.9
12	波特兰开拓者队（Portland Trail Blazers）	940	60	11	153	11.7
13	俄克拉何马城雷霆队（Oklahoma City Thunder）	930	58	15	152	30.8
14	多伦多猛龙队（Toronto Raptors）	920	77	16	151	17.9
15	克里夫兰骑士队（Cleveland Cavaliers）	915	78	22	149	20.6

续表

球队排名	球队	现值/百万美元	年价值变动/%	负债或价值/%	收入/百万美元	营收/百万美元
16	菲尼克斯太阳队（Phoenix Suns）	910	61	20	145	28.2
17	华盛顿奇才队（Washington Wizards）	900	86	14	143	10.1
18	奥兰多魔术队（Orlando Magic）	875	56	17	143	20.9
19	丹佛掘金队（Denver Nuggets）	855	73	1	136	14.0
20	犹他爵士队（Utah Jazz）	850	62	6	142	32.7
21	印第安纳步行者队（Indiana Pacers）	830	75	18	139	25.0
22	亚特兰大老鹰队（Atlanta Hawks）	825	94	21	133	14.8
23	底特律活塞队（Detroit Pistons）	810	80	23	144	17.6
24	萨克拉门托国王队（Sacramento Kings）	800	45	29	125	8.9
25	孟菲斯灰熊队（Memphis Grizzlies）	750	66	23	135	10.5
26	夏洛特黄蜂队（Charlotte Hornets）	725	77	21	130	1.2
27	费城76人队（Philadelphia 76ers）	700	49	21	125	24.4
28	新奥尔良鹈鹕队（New Orleans Pelicans）	650	55	19	131	19.0
29	明尼苏达森林狼队（Minnesota Timberwolves）	625	45	16	128	6.9
30	密尔沃基雄鹿队（Milwaukee Bucks）	600	48	29	110	11.5

资料来源：巴登豪森、奥扎尼安和塞蒂米（Badenhausen, Ozanian, Settimi, 2015a）。

表1.4 NFL的球队估值和财务状况（2014年8月）

球队排名	球队	现值/百万美元	年价值变动/%	负债或价值/%	收入/百万美元	营收/百万美元
1	达拉斯牛仔队（Dallas Cowboys）	3 200	39	6	560	245.7
2	新英格兰爱国者队（New England Patriots）	2 600	44	9	428	147.2
3	华盛顿红人队（Washington Redskins）	2 400	41	10	395	143.4
4	纽约巨人队（New York Giants）	2 100	35	25	353	87.3
5	休斯敦德州人队（Houston Texans）	1 850	28	11	339	102.8
6	纽约喷气机队（New York Jets）	1 800	30	33	333	79.5
7	费城老鹰队（Philadelphia Eagles）	1 750	33	11	330	73.2
8	芝加哥熊队（Chicago Bears）	1 700	36	6	309	57.1
9	旧金山49人队（San Francisco 49ers）	1 600	31	53	270	24.8
10	巴尔的摩乌鸦队（Baltimore Ravens）	1 500	22	18	304	56.7
11	丹佛野马队（Denver Broncos）	1 450	25	8	301	30.7
12	印第安纳波利斯小马队（Indianapolis Colts）	1 400	17	4	285	60.7
13	绿湾包装工队（Green Bay Packers）	1 375	16	1	299	25.6
14	匹兹堡钢人队（Pittsburgh Steelers）	1 350	21	15	287	52.4
15	西雅图海鹰队（Seattle Seahawks）	1 330	23	9	288	27.3

续表

球队排名	球队	现值/百万美元	年价值变动/%	负债或价值/%	收入/百万美元	营收/百万美元
16	迈阿密海豚队（Miami Dolphins）	1 300	21	29	281	8.0
17	卡罗来纳黑豹队（Carolina Panthers）	1 250	18	5	283	55.6
18	坦帕湾海盗队（Tampa Bay Buccaneers）	1 225	15	15	275	46.4
19	田纳西泰坦队（Tennessee Titans）	1 160	10	11	278	35.6
20	明尼苏达维京人队（Minnesota Vikings）	1 150	14	43	250	5.3
21	亚特兰大猎鹰队（Atlanta Falcons）	1 125	21	27	264	13.1
22	克利夫兰布朗队（Cleveland Browns）	1 120	11	18	276	35.0
23	新奥尔良圣徒队（New Orleans Saints）	1 110	11	7	278	50.1
24	堪萨斯城酋长队（Kansas City Chiefs）	1 100	9	6	260	10.0
25	亚利桑那红雀队（Arizona Cardinals）	1 000	4	15	266	42.8
26	圣地亚哥电光队（San Diego Chargers）	995	5	10	262	39.9
27	辛辛那提孟加拉虎队（Cincinnati Bengals）	990	7	10	258	11.9
28	奥克兰突袭者队（Oakland Raiders）	970	18	21	244	42.8
29	杰克逊维尔美洲虎队（Jacksonville Jaguars）	965	15	21	263	56.9
30	底特律雄狮队（Detroit Lions）	960	7	19	254	−15.9

续表

球队排名	球队	现值/百万美元	年价值变动/%	负债或价值/%	收入/百万美元	营收/百万美元
31	布法罗比尔队（Buffalo Bills）	935	7	13	252	38.0
32	圣路易斯公羊队（St Louis Rams）	930	6	12	250	16.2

资料来源：巴登豪森、奥扎尼安和塞蒂米（Badenhausen, Ozanian, Settimi, 2014）。

表1.5　全球的足球队估值和财务状况（2015年5月）

球队排名	球队	现值/百万美元	年价值变动/%	负债或价值/%	收入/百万美元	营收/百万美s元
1	皇家马德里队（Real Madrid）	3 263	−5	4	746	170
2	巴塞罗那队（Barcelona）	3 163	−1	3	657	174
3	曼彻斯特联队（Manchester United）	3 104	10	20	703	211
4	拜仁慕尼黑队（Bayern Munich）	2 347	27	0	661	78
5	曼彻斯特城队（Manchester City）	1 375	59	0	562	122
6	切尔西队（Chelsea）	1 370	58	0	526	83
7	阿森纳队（Arsenal）	1 307	−2	30	487	101
8	利物浦队（Liverpool）	982	42	10	415	86
9	尤文图斯队（Juventus）	837	−2	9	379	50
10	AC米兰队（AC Milan）	775	−10	44	339	54

续表

球队排名	球队	现值/百万美元	年价值变动/%	负债或价值/%	收入/百万美元	营收/百万美s元
11	多特蒙德队（Borussia Dortmund）	700	17	6	355	55
12	巴黎圣日尔曼队（Paris Saint-Germain）	634	53	0	643	−1
13	托特纳姆热刺队（Tottenham Hotspur）	600	17	9	293	63
14	沙尔克04队（Schalke 04）	572	−1	0	290	57
15	国际米兰队（Inter Milan）	439	−9	56	222	−41
16	马德里竞技队（Atletico de Madrid）	436	33	53	231	47
17	那不勒斯队（Napoli）	353	19	0	224	43
18	纽卡斯尔联队（Newcastle United）	349	33	0	210	44
19	西汉姆联队（West Ham United）	309	33	12	186	54
20	加拉塔萨雷队（Galatasaray）	249	−15	17	220	−37

资料来源：奥扎尼安（Ozanian, 2015）。

图 1.1 展示了 2015 年 8 月 NFL、NBA 和 MLB 球员薪酬的对比情况。球员薪酬分配呈正偏态分布。NFL 球员的平均年薪约为 170 万美元，年薪中位数为 63 万美元。NBA 球员的平均年薪约为 510 万美元，年薪中位数为 280 万美元。MLB 球员的平均年薪约为 410 万美元，年薪中位数为 110 万美元。

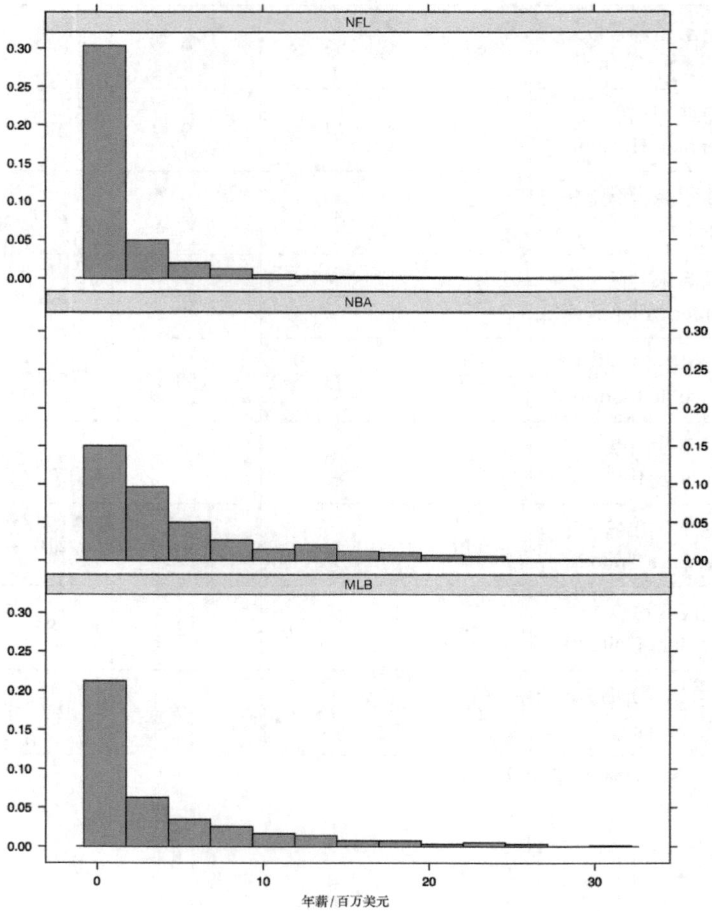

图1.1 NFL、NBA和MLB球员的平均年薪

资料来源：斯波特拉克（spotrac, 2015a, 2015b, 2015c）。

球队在球员身上的花费是否能买到成功，这对没有薪酬上限的联盟来说是一个有意义的问题。希曼斯基（Szymanski, 2015）的研究表明，英国足球队排名差异的 60%~90% 可以通过支付给球员的薪酬来解释。MLB 通过征收奢侈税来替代设置薪酬上限，因此球队间的薪酬差异很大。纽约洋基队以薪酬最高的棒球队而闻名。目前，洛杉矶道奇队已经超过了洋基队，在 2014 赛季末，他们的球员薪酬超过了 2.57 亿美元（Woody, 2014）。

图 1.2 是 2014 赛季开始时棒球队的薪酬与常规赛中比赛的获胜比例之间的关系。值得注意的是，进入季后赛的球队（以球队缩写标识）的薪酬分布非常广泛。尽管在薪酬方面支出最大的棒球队通常会进入季后赛，但是球队的薪酬支出与其赛事表现只有微弱的联系，仅有不足 7% 的输赢比的变化可以通过球员薪酬来解释。

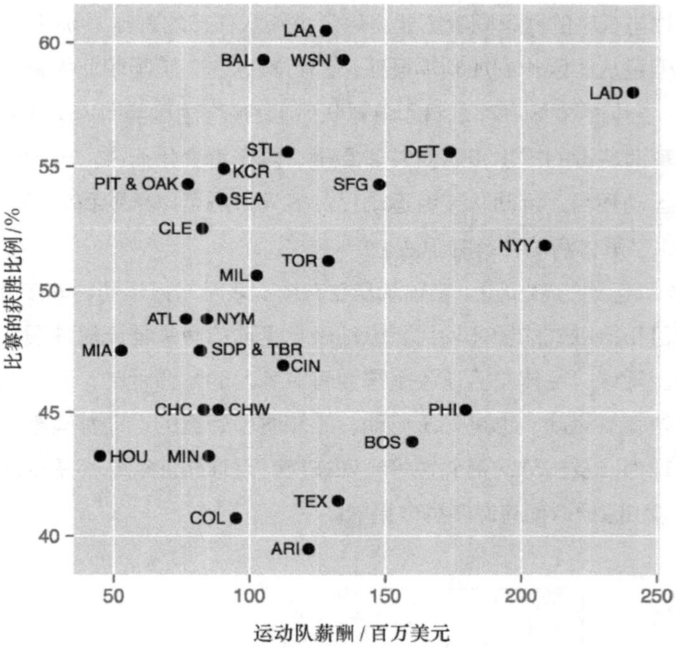

注：团队缩写名称见附录B。

图1.2 MLB球队的薪酬与获胜比例（2014赛季）

资料来源：体育咨询有限责任公司（2015b）和《今日美国》（2015）。

迈克尔·刘易斯（Michael Lewis）在《点球成金》（2003）中所主张和分析的体育精神是小型棒球队可以通过明智地花钱来获胜。明星球员因其名望和技能而要求顶级薪酬，而雇佣那些被主流球队忽视的高上座率球员，支付的薪水比明星球员低得多。

虽然运动队与特定城市相关，但是它们可以在全国或者全世界范围内为人所知。电视媒体和互联网使运动队可以触达全球消费者。大约有 10 万爱好者参加在加利福尼亚州帕萨迪纳的玫瑰碗体育场或者得克萨斯州阿灵顿的 AT & T 体育场举办的“超级碗”（NFL 的年度冠军赛）（Alder, 2015）。同时，美国电视观众已经超过 1 亿人（statista, 2015）。

媒体收入对成功的运动队至关重要。此外，运动队的收入来源还包括商业合作伙伴、赞助商、广告和体育场冠名权。城市政府非常了解体育对商业的推动作用。俄克拉何马城雷霆队的经验表明，在城市中建设体育场有助于振兴城市中心区域经济。印第安纳州印第安纳波利斯市凭借小马队和步行者队而标榜为体育之都（Rein, Shields & Grossman, 2015）。

运动队试图树立品牌，以便在消费者心目中建立良好的声誉。运动员和爱好者一样，都被那些以勤奋、勇敢、诚实、公平竞争、团队合作和社区服务著称的球队所吸引。运动队的特质往往与获胜的概率同等重要。尽管小熊队在芝加哥自 1908 年以来都没有赢得过世界大赛，但是从缅因州到加利福尼亚州都有其球迷。美国职业体育运动队都争相成为“美国队”，全美的爱好者都戴着印有球队标志的帽子和穿着印有球队标志的球衣。

要理解体育消费者的需求和感受并非易事。爱好者变化无常，一闪而过。爱好者所钟爱的可能是运动项目、运动队或者运动员。多元方法可以帮助我们通过揭示产品或品牌之间的关系来了解体育消费者的想法。

图 1.3 是 7 项运动的感知图。横轴从左往右依次表示单人运动、非接触式运动、少量接触的团体项目和接触式的团体项目。纵轴表示运动的有氧与无氧性质，以及身体和技能等其他特征。网球、足球和篮球等是需要有氧练习的耐力运动，而足球包含短时间的剧烈运动，既是有氧运动，也是无氧运动。感知图中邻近的运动都有相似之处。例如，棒球和高尔夫球都涉及击球的精确性等特殊技能。足球和曲棍球都是以射门为目标的连续运动。橄榄球和曲棍球都有许多身体接触。

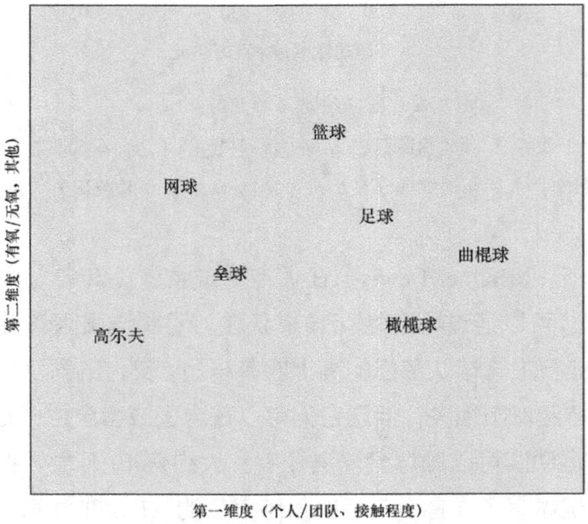

图1.3　7项运动的感知图

在许多方面，职业运动队与其他企业存在显著差异。他们受到公众的关注，他们的大部分收入来自媒体，因此，媒体关乎其成败。

凯森（Késenne, 2007）、希曼斯基（Szymanski, 2009）、福特（Fort, 2011）、福特和温弗里（Fort & Winfree, 2013）、利兹和冯·阿尔门（Leeds & von Allmen, 2014）、汉弗莱斯和霍华德（Humphreys & Howard, 2008a, 2008b, 2008c）综述了体育经济学和体育商业问题。戈尔曼和卡尔霍恩(Gorman & Calhoun, 1994)、赖因、希尔兹和格罗斯曼(Rein, Shields & Grossman, 2015)关注运动队的其他收入来源，以及这些来源与商业战略的关系。棒球商业是最受关注的主题（Miller, 1990; Zimbalist, 992; Powers, 2003; Bradbury, 2007; Pessah, 2015）。约饶（Jozsa, 2010）综述了 NBA 的历史。

马林、哈迪和萨顿（Mullin, Hardy & Sutton, 2014）做了有关体育营销的综述。赖因、科特勒和希尔兹（Rein, Kotler & Shields, 2006）、卡特（Carter, 2011）讨论了娱乐和体育的融合。米勒（Miller, 2015a）总结了营销数据科学的方法，包括产品定位图、市场细分、目标营销、客户关系管理和竞争分析。

体育也是劳动力市场研究的实验室。体育是少数工作绩效和薪酬公开的行业之一。经济研究探究球员的表现指标和球员对球队的价值（Kahn, 2000; Bradbury, 2007）。米勒（Miller, 1991）、艾布拉姆斯（Abrams, 2010）和洛文菲什（Lowenfish, 2010）综述了棒球的劳动关系。厄尔利（Early, 2011）分析了职业体育中的劳动力和种族歧视。

经济学家已经对体育博彩市场（sports wagering markets）进行了大量研究，因为体育博彩市场的价格、数量和回报都是公开信息。而且，体育博彩机会具有固定的开始和结束时间，并公布赔率或点差，这使其比许多金融投资工具更容易研究。因此，体育博彩市场已成为研究市场效率的虚拟实验室。绍尔（Sauer, 1998）对投注市场经济学进行了全面的综述。

当管理目标可以在数学术语中明确定义时，运动队可以使用“约束优化”这一数学规划方法。运动队试图根据已知的环境因素最大化收益或最小化成本。联盟的计划中包含大量工作，其目标是让运动队之间的比赛次数相等，同时尽量减少城市之间的总路程。换言之，联盟官员可能会寻找主场 / 客场赛程、收益分配方法，或制定最大化竞争平衡的彩票规则。布里斯科恩（Briskorn, 2008）综述了利用整数规划、组合数学和图形理论来安排体育比赛的方法。赖特（Wright, 2009）概述了体育运筹学。

有关体育的大量数据都在公共领域，可以在报纸和在线资源中随时获取。这些数据为预测建模和研究提供了机会。本书还确定了应用运筹学方法的地方，包括数学规划和模拟。

示例代码 1.1 是分析 MLB、NBA 和 NFL 球员薪酬分布的 R 程序，该程序借鉴了萨卡尔（Sarkar, 2008）的统计图形软件。

示例代码 1.2 是分析 MLB 的薪酬和输赢表现的 R 程序，该程序借鉴了威克姆和常（Wickham & Chang, 2014）的统计图形软件。

示例代码 1.3 是绘制 7 项运动的感知图，并展示其相互关系的 R 程序。该程序在建模软件的基础上进行了多个方面的扩展。

示例代码1.1　MLB、NBA和NFL的球员薪酬（R语言）

```
# MLB, NBA, and NFL Player Salaries（R）

library（lattice）# statistical graphics

# variables in contract data from spotrac.com（August 2015）
#   player: player name（contract years）
#   position: position on team
#   team: team abbreviation
#   teamsignedwith: team that signed the original contract
#   age: age in years as of August 2015
#   years: years as player in league
#   contract: dollars in contract
#   guaranteed: guaranteed dollars in contract
#   guaranteedpct: percentage of contract dollars guaranteed
#   salary: annual salary in dollares
#   yearfreeagent: year player becomes free agent
#
#   additional created variables
#   salarymm: salary in millions
#   leaguename: full league name
#   league: league abbreviation

# read data for Major League Baseball
mlb_contract_data <-read.csv（"mlb_player_salaries_2015.csv"）
mlb_contract_data$leaguename <-rep（"Major League Baseball",
    length = nrow（mlb_contract_data））
for（i in seq（along = mlb_contract_data$yearfreeagent））
    if（mlb_contract_data$yearfreeagent[i] == 0）
        mlb_contract_data$yearfreeagent[i] <-NA
for（i in seq（along = mlb_contract_data$age））
    if（mlb_contract_data$age[i] == 0）
        mlb_contract_data$age[i] <-NA
mlb_contract_data$salarymm <-mlb_contract_data$salary/1000000
mlb_contract_data$league <-rep（"MLB", length = nrow（mlb_contract_data））
print（summary（mlb_contract_data））
# variables for plotting
mlb_data_plot <-mlb_contract_data[, c（"salarymm", "leaguename"）]
```

```
nba_contract_data <-read.csv ( "nba_player_salaries_2015.csv" )
nba_contract_data$leaguename <-rep ( "National Basketball Association",
    length= nrow ( nba_contract_data ) )
for ( i in seq ( along = nba_contract_data$yearfreeagent ) )
    if ( nba_contract_data$yearfreeagent[i] == 0 )
        nba_contract_data$yearfreeagent[i] <-NA
for ( i in seq ( along = nba_contract_data$age ) )
    if ( nba_contract_data$age[i] == 0 )
        nba_contract_data$age[i] <-NA
nba_contract_data$salarymm <-nba_contract_data$salary/1000000
nba_contract_data$league <-rep ( "NBA", length = nrow ( nba_contract_data ) )
print ( summary ( nba_contract_data ) )

# variables for plotting
nba_data_plot <-nba_contract_data[, c ( "salarymm", "leaguename" ) ]

nfl_contract_data <-read.csv ( "nfl_player_salaries_2015.csv" )
nfl_contract_data$leaguename <-rep ( "National Football League",
    length= nrow ( nfl_contract_data ) )
for ( i in seq ( along = nfl_contract_data$yearfreeagent ) )
    if ( nfl_contract_data$yearfreeagent[i] == 0 )
        nfl_contract_data$yearfreeagent[i] <-NA
for ( i in seq ( along = nfl_contract_data$age ) )
    if ( nfl_contract_data$age[i] == 0 )
        nfl_contract_data$age[i] <-NA
nfl_contract_data$salarymm <-nfl_contract_data$salary/1000000
nfl_contract_data$league <-rep ( "NFL", length = nrow ( nfl_contract_data ) )
print ( summary ( nfl_contract_data ) )
# variables for plotting
nfl_data_plot <-nfl_contract_data[, c ( "salarymm", "leaguename" ) ]

# merge contract data with variables for plotting
plotting_data_frame <-rbind ( mlb_data_plot, nba_data_plot, nfl_data_plot )

# generate the histogram lattice for comparing player salaries
# across the three leagues in this study
lattice_object <-histogram ( ~salarymm | leaguename, plotting_data_frame,
    type = "density", xlab = "Annual Salary ( $ millions ) ", layout = c ( 1, 3 ) )

# print to file
pdf ( file = "fig_understanding_markets_player_salaries.pdf",
        width = 8.5, height = 11 )
print ( lattice_object )
dev.off ( )
```

示例代码1.2　美国职业棒球大联盟的薪酬与表现（R语言）

```
# Payroll and Performance in Major League Baseball（R）

library（ggplot2）# statistical graphics

# functions used with grid graphics to split the plotting region
# to set margins and to plot more than one ggplot object on one page/screen
vplayout <-function（x, y）
viewport（layout.pos.row=x, layout.pos.col=y）

# user-defined function to plot a ggplot object with margins
ggplot.print.with.margins <-function（ggplot.object.name,
      left.margin.pct=10,
      right.margin.pct=10, top.margin.pct=10, bottom.margin.pct=10）
      { # begin function for printing ggplot objects with margins
      # margins expressed as percentages of total... use integers
   grid.newpage（）
   pushViewport（viewport（layout=grid.layout（100, 100）））
   print（ggplot.object.name,
   vp=vplayout（（0 + top.margin.pct）:（100 -bottom.margin.pct）,
       （0 + left.margin.pct）:（100 -right.margin.pct）））
   } # end function for printing ggplot objects with margins

# read in payroll and performance data
# including annotation text for team abbreviations
mlb_data <-read.csv（"mlb_payroll_performance_2014.csv"）
mlb_data$millions <-mlb_data$payroll/1000000
mlb_data$winpercent <-mlb_data$wlpct * 100

cat（"\nCorrelation between Payroll and Performance:\n"）
with（mlb_data, print（cor（millions, winpercent）））

cat（"\nProportion of win/loss percentage explained by payrolls:\n"）
with（mlb_data, print（cor（millions, winpercent）^2））

pdf（file = "fig_understanding_markets_payroll_performance.pdf",
        width = 5.5, height = 5.5）
ggplot_object <-ggplot（data = mlb_data,
        aes（x = millions, y = winpercent））+
        geom_point（colour = "darkblue", size = 3）+
        xlab（"Team Payroll（Millions of Dollars）"）+
        ylab（"Percentage of Games Won"）+
        geom_text（aes（label = textleft）, size = 3, hjust = 1.3）+
```

```
        geom_text（aes（label = textright）, size = 3, hjust = −0.25）

ggplot.print.with.margins（ggplot_object, left.margin.pct = 5,
        right.margin.pct = 5, top.margin.pct = 5, bottom.margin.pct = 5）

dev.off（）
```

示例代码1.3 7项运动的感知图（R语言）

```
# Making a Perceptual Map of Sports（R）

library（MASS）# includes functions for multidimensional scaling
library（wordcloud）# textplot utility to avoid overlapping text

USE_METRIC_MDS <−FALSE # metric versus non−metric toggle

# utility function for converting a distance structure
# to a distance matrix as required for some routines and
# for printing of the complete matrix for visual inspection.
make.distance.matrix <−function（distance_structure）
      { n <−attr（distance_structure, “Size”）
         full <−matrix（0, n, n）
         full[lower.tri（full）] <−distance_structure
         full+t（full）
      }

# enter data into a distance structure as required for various
# distance−based routines. That is, we enter the upper triangle
# of the distance matrix as a single vector of distances
distance_structure <−
    as.single（c（9, 11, 10, 5, 14, 4, 15, 6, 12, 13, 16, 1, 18, 2, 20, 7, 3, 19, 17, 8, 21））

# provide a character vector of sports names
sport_names <−c（“Baseball”, “Basketball”, “Football”,
    ”Soccer”, “Tennis”, “Hockey”, “Golf”）

attr（distance_structure, “Size”）<−length（sport_names）# set size attribute

# check to see that the distance structure has been entered correctly
# by converting the distance structure to a distance matrix
# using the utility function make.distance.matrix, which we had defined
```

```
distance_matrix <-unlist（make.distance.matrix（distance_structure））
cat（"\n", "Distance Matrix of Seven Sports", "\n"）
print（distance_matrix）

if（USE_METRIC_MDS）
    {
    # apply the metric multidimensional scaling algorithm and plot the map
    mds_solution <-cmdscale（distance_structure, k=2, eig=T）
    }

# apply the non-metric multidimensional scaling algorithm
# this is more appropriate for rank-order data
# and provides a more satisfactory solution here

if（!USE_METRIC_MDS）
    {
    mds_solution <-isoMDS（distance_matrix, k = 2, trace = FALSE）

    }

pdf（file = "plot_nonmetric_mds_seven_sports.pdf ",
      width=8.5, height=8.5）# opens pdf plotting device
# use par（mar = c（bottom, left, top, right））to set up margins on the plot
par（mar=c（7.5, 7.5, 7.5, 5））

# original solution
First_Dimension <-mds_solution$points[, 1]
Second_Dimension <-mds_solution$points[, 2]

# set up the plot but do not plot points... use names for points
plot（First_Dimension, Second_Dimension, type = "n", cex = 1.5,
      xlim = c（−15, 15）, ylim = c（−15, 15））# first page of pdf plots
# We plot the sport names in the locations where points normally go.
text（First_Dimension, Second_Dimension, labels = sport_names,
      offset = 0.0, cex = 1.5）
title（"Seven Sports（initial solution）"）

# reflect the horizontal dimension
# multiply the first dimension by −1 to get reflected image
First_Dimension <-mds_solution$points[, 1] * −1
Second_Dimension <-mds_solution$points[, 2]
plot（First_Dimension, Second_Dimension, type = "n", cex = 1.5,
      xlim = c（−15, 15）, ylim = c（−15, 15））# second page of pdf plots
```

```
text ( First_Dimension, Second_Dimension, labels = sport_names,
      offset = 0.0, cex = 1.5 )
title ( "Seven Sports ( horizontal reflection ) " )

# reflect the vertical dimension
# multiply the section dimension by −1 to get reflected image
First_Dimension <−mds_solution$points[, 1]
Second_Dimension <−mds_solution$points[, 2] * −1
plot ( First_Dimension, Second_Dimension, type = "n", cex = 1.5,
      xlim = c ( −15, 15 ) , ylim = c ( −15, 15 ) ) # third page of pdf plots
text ( First_Dimension, Second_Dimension, labels = sport_names,
      offset = 0.0, cex = 1.5 )
title ( "Seven Sports ( vertical reflection ) " )

# multiply the first and second dimensions by −1
# for reflection in both horizontal and vertical directions
First_Dimension <−mds_solution$points[, 1] * −1
Second_Dimension <−mds_solution$points[, 2] * −1
plot ( First_Dimension, Second_Dimension, type = "n", cex = 1.5,
      xlim = c ( −15, 15 ) , ylim = c ( −15, 15 ) ) # fourth page of pdf plots
text ( First_Dimension, Second_Dimension, labels = sport_names,
      offset = 0.0, cex = 1.5 )
title ( "Seven Sports ( horizontal and vertical reflection ) " )
dev.off ( ) # closes the pdf plotting device

pdf ( file = "plot_pretty_original_mds_seven_sports.pdf",
      width=8.5, height=8.5 ) # opens pdf plotting device
# use par ( mar = c ( bottom, left, top, right ) ) to set up margins on the plot
par ( mar=c ( 7.5, 7.5, 7.5, 5 ) )
First_Dimension <−mds_solution$points[, 1] # no reflection
Second_Dimension <−mds_solution$points[, 2]  # no reflection
# wordcloud utility for plotting with no overlapping text
textplot ( x = First_Dimension,
    y = Second_Dimension,
    words = sport_names,
    show.lines = FALSE,
    xlim = c ( −15, 15 ) , # extent of horizontal axis range
    ylim = c ( −15, 15 ) , # extent of vertical axis range
    xaxt = "n", # suppress tick marks
    yaxt = "n", # suppress tick marks
    cex = 1.15, # size of text points
    mgp = c ( 0.85, 1, 0.85 ) , # position of axis labels
    cex.lab = 1.5, # magnification of axis label text
```

```
    xlab = "",
    ylab = "" )
dev.off（    ）# closes the pdf plotting device

pdf（file = "fig_sports_perceptual_map.pdf",
    width=8.5, height=8.5）# opens pdf plotting device
# use par（mar = c（bottom, left, top, right））to set up margins on the plot
par（mar=c（7.5, 7.5, 7.5, 5））
First_Dimension <-mds_solution$points[, 1] * -1 # reflect horizontal
Second_Dimension <-mds_solution$points[, 2]
# wordcloud utility for plotting with no overlapping text
textplot（x = First_Dimension,
    y = Second_Dimension,
    words = sport_names,
    show.lines = FALSE,
    xlim = c（-15, 15）, # extent of horizontal axis range
    ylim = c（-15, 15）, # extent of vertical axis range
    xaxt = "n", # suppress tick marks
    yaxt = "n", # suppress tick marks
    cex = 1.15, # size of text points
    mgp = c（0.85, 1, 0.85）, # position of axis labels
    cex.lab = 1.5, # magnification of axis label text
    xlab = "First Dimension（Individual/Team, Degree of Contact）",
    ylab = "Second Dimension（Anaerobic/Aerobic, Other"）
dev.off（）# closes the pdf plotting device
```

第二章 运动员评估

皮特（Pete）：“格斯（Gus），你想过一百万年以后电脑会成为这项比赛的一部分吗？”

格斯：“电脑？任何使用电脑的人都对这项比赛一无所知。”

皮特：“你知道，如果你愿意，你就可以查看所有高中或大学的花名册，并且可以随时调出任何一名球员的统计数据。你不必把时间浪费在这些文件上。”

格斯：“我不是在浪费时间，我喜欢这样做。”

皮特：“你知道，他们现在有一个特别的程序，可以统计每个球员的数据，并根据比赛的情况，告诉你一个球员是否可以晋级，你相信吗？”

格斯：“是的，它还能告诉你什么？什么时候挠你的屁股吗？”

皮特：“我也不喜欢这些程序，但它们已经成了这件事情的一部分了。”

格斯：“皮特，球探，好的球探才是这场比赛的核心。他们决定谁上场，如果幸运的话，他们决定怎么上场。但是，计算机无法判断一个孩子的本能，或者他是否可以拦截传球，是否可以从后面拦截跑动中的人……或者看着一个刚满四岁的孩子的脸，就知道他是否能够若无其事地回来。不，计算机不能告诉你这些东西。我会告诉你：‘没有’”。

——《曲线难题》（2012）中的皮特·克兰（约翰·古德曼饰演）和格斯·洛贝尔（克林特·伊斯特伍德饰演）

—John Goodman as Pete Kline, and Clint Eastwood as Gus Lobel in *Trouble with the Curve*（2012）

运动表现分析旨在了解各种因素是如何在赛场上取得成功的。这项工作始于测量。影响赛场成功的因素很多，有一些与身材、生物物理学、健康状况、体形和训练情况等有关。此外，运动能力的指标包括速度、力量、爆发力、柔韧性和灵敏性。心理特质的指标包括智力、人格和态度。表征对运动的精通程度的指标包括知识、技能及在训练和比赛中的应用能力。

让我们从经常看到和听到的体育节目语言中退一步，问一些基本的测量问题。我们希望从运动表现指标中得到什么？是什么让指标可信？是什么让指标有效？

信度（reliability）是指测量过程的可信度和可重复性，在相同时间对相同特征进行多次测量后的一致程度，如重测信度（test-retest reliability）或折半信度（split-half reliability）。在使用多项目审查（multi-item survey）评估时，需要确认测量是否具有内部一致性。

效度（validity）描述一项测量指标能够准确测出应该测量的事物的程度。其中，有表面效度（face validity）或内容效度（content validity）的主观评估。我们检查测量结果，以分析它们在多大程度上测量它们应该测量的特性。

有效性评估的一个更客观的方法是证明预测有效性。如果已知两个特征在理论上是相关的，那么构造这两个特征的指标，并研究它们之间的关联是否如理论所述。一个指标的含义是通过它与其他指标的关系来定义的，即构想效度（construct validity）。构想效度是预测效度的逻辑扩展。

坎贝尔和菲斯克（Campbell & Fiske, 1959）对信度和效度的定义如下：

信度是通过两种极为相似的方法测量同一特质的结果的一致性。效度是通过两种极为不同的方法测量同一特质的结果的一致性。

原型测量研究（prototypical measurement study）需要使用多特质—多方法矩阵（multitrait-multimethod matrix），如图 2.1 所示。

多特质—多方法矩阵中的行表示特质（属性），列表示方法（测量过程）。矩阵的每个元素都是一个特质—方法单元。矩阵由信度对角线、效度对角线、异质单方法三角和异质异方法三角等组件构成。

图 2.1 显示了一个假定的包含 4 项棒球指标的多特质—多方法矩阵，其中包含训练时和比赛时测量的两个基本特质：一般击球能力和大力击球能力。在击球训练中，首先要求运动员尽可能干净利落地完成每次击球，并确定在界内区域击球的比例。然后，要求运动员尽可能地将每个球击打得最远，并确定本垒打的比例，就像我们在本垒打大赛中看到的那样。对于比赛时的指标，根据得分记录表可以获得运动员的击球平均值和本垒打率（每次击打的本垒打数）。这里给出了 4 个不同的指标。笔者计算所有指标之间的两两相关性，并将结果显示在多特质—多方法矩阵中。

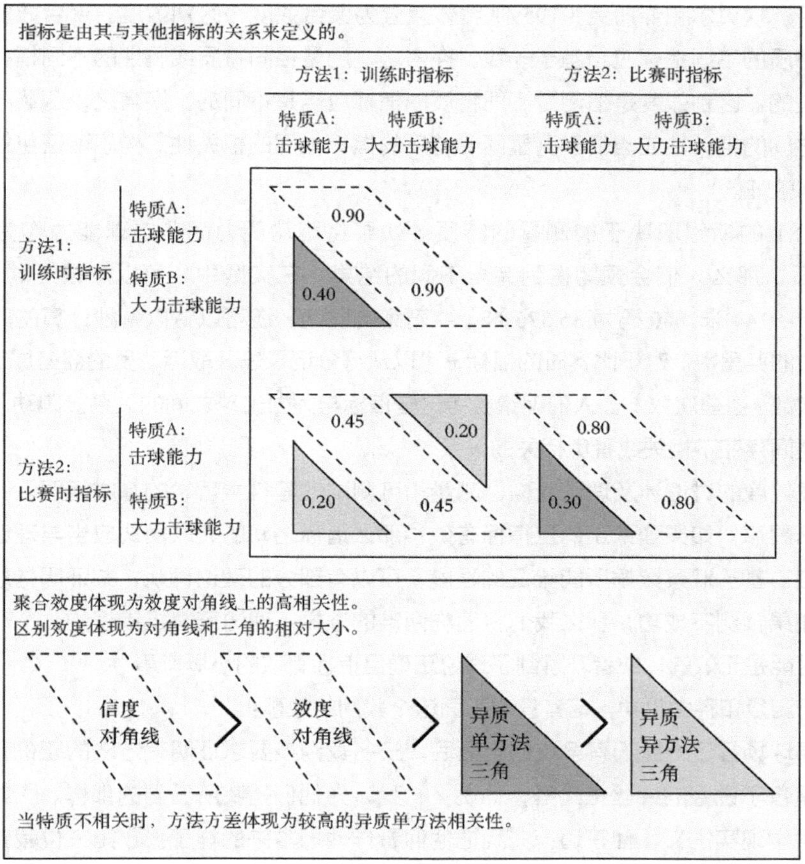

图2.1　棒球测量的多特质—多方法矩阵

为了评估训练指标的信度，笔者将在数天内执行相同的测量过程，并计算所有指标之间的相关性。为了评估比赛时指标的信度，笔者将计算奇数次比赛的指标与偶数次比赛的指标之间的相关性，或者将比赛随机分为两组，并计算两组比赛的指标之间的相关性。信度是指在同一时间以相同的方式测量相同的特质。因为运动表现指标均为基于计数的客观指标，所以其信度非常高。除官方计分员间的差异外，这些指标几乎不受主观性和判断的影响。笔者期望在多特质—多方法矩阵的信度对角线中具有高度相关性。

在多特质—多方法矩阵中，笔者还期望看到，相同特质的不同测量在效度对角线上呈正相关。训练时的击球指标应当与比赛时的击球指标呈正相关。笔者期望测量相同特质的不同指标之间的相关性高于测量不同特质的指标之间的相关性。因此，效度对角线上的相关性应当高于异质单方法三角和异质异方法三角中的相关性。

指标的含义是由它与其他指标的关系定义的。构想效度可以通过多特质—多方法矩阵来展示。坎贝尔和菲斯克（1959）将效度分为聚合效度和区别效度。聚合效度是指测量相同特质的不同指标应当趋于一致。换言之，测量相同特质或属性的不同指标应当是高度相关的。区别效度是指测量不同特质的指标应当是不同的。换言之，测量不同特质的指标之间的相关性应当低于测量同一特质的指标之间的相关性。构想验证包括聚合验证和区别验证。

理论上的期望取决于被测量的特质。如果将跑动能力而非击球能力作为研究的首要特质，那么人们会预期得到完全不同的结果。在实践中，可以测量运动员 40 码（1 码 =0.9144 米，40 码为 36.576 米）冲刺跑的时间，还可以将以毫秒计算的时间转换为每小时的英里数。对于比赛时的指标，可以从得分记录表获取运动员的盗垒成功率（盗垒成功次数 / 盗垒次数）。人们期望获得这些指标与大力击球之间的关系。跑动能力与大力击球之间存在不相关或者负相关的关系。

有关效度的讨论涉及理论建构、测量和可测试性等科学哲学的基本问题。回答这些问题并非易事。如果理论正确且指标有效，那么指标之间的关联模式应当与理论预测的模式相似。基于观察数据所能验证的程度，可以有部分的理论确认，并证明构想效度。但是，如果预测不成功，那么我们将面临两难的选择：理论可能是错误的，一个或者多个指标可能是无效的，或者观察到了理论正确且指标有效的小概率事件。

关于测量和科学哲学，笔者喜欢下面这个裁判的故事：

在棒球场打了一整天有争议的电话后，三名裁判被要求证明其方法的正确性。第一位裁判是善于说服的经验主义者，他说：“我认为他们是我所看到的那样。”第二位裁判信仰哲学现实主义，他答道：“我把他们看作他们本来的样子。”第三位裁判自诩为权威实验主义者或逻辑经验主义者，他说：“我把他们看作他们就是这样。”

史蒂文斯（S.S.Stevens）在《测量量表的理论》（1946）一文中，提出了指标的四种分类：定类指标、定序指标、定距指标和定比指标。影响一代又一代研究者的，也许是史蒂文斯的信念，而不是他的论点。他用来描述测量值的词语似乎具有法律效力。他提到了数据的正式属性和“允许的统计量”，认为“可以合理地应用于实证数据的统计操作取决于数据类型”（Stevens, 1946）。史蒂文斯认为，除定序指标外，其他指标都可以计算均值、标准差，以及与间距和比率指标的相关性。

表 2.1 总结了史蒂文斯（1946）提出的指标类型或测量值。指标类型的正式定义源于其数学属性或史蒂文斯所说的“数学组结构”。数学组结构是指一组能够得到与原始指标具有相同指标属性的新指标的数据变换。

对于定类指标，任何一对一的变换都会保留类别序号，从而保留其基本属性。对于定序指标，任何一对一的单调变换都会保留其顺序属性。对于定距指标，任何一对一的线性变换（形式为 $y=ax+b$）都会保留其指标属性。对于定比数据，任何通过形式为 $y=ax$ 的函数所做的线性变换都可以保留其数据的原有属性。

表2.1 测量水平

测量值（指标类型）	基本实证操作	数学组结构	可计算的统计量示例
定类	相等、形如名字的数字	一一对应	组内对象数量、频率表、众数组
定序	大于、小于	一对一单调	中值、分位数、秩相关
定距	相等或间隔	一对一线性	均值、标准差、积矩相关
定比	相等或比率	一对一线性，含零点	均值、标准差、积矩相关

资料来源：改编自史蒂文斯（1946）。

遵从史蒂文斯衣钵的研究者构建了弱测量学派。他们认为，许多数据不是定距型的，而是定序型的。由于统计依赖于和或差（包括均值和方差），因此不适用于定序数据。此外，强统计学派的学者认为，统计方法没有对测量的意义或它们与潜在维度的关系作出明确的假设。强统计量能够用于弱测量。

从实用的角度来看，需要确定变量是否是有意义的量级。如果一个变量是绝对的，那么它就没有有意义的量级。对于分类数据，需要确定变量是二进制的（只有两个可能的取值），还是多项式的（有两个以上的取值）。如果能够简单地区分这些指标，我们就可以做许多有用的研究。需要注意的是，大部分运动表现指标都始于计数，即定比数据。而且，尽管弱测量的信奉者持反对意见，但是在许多情况下，计算等级的均值是非常有意义的。

许多体育分析师都会混淆信度和稳定性。例如，在棒球运动中，分析师会注意到球员连续两年的平均击球数之间或投手连续两年的平均跑动数之间的相关性都很低，并以此作为低信度的证据。这个看法是不对的。棒球运动的指标和运动表现的指标都具有很高的信度。

信度指的是在相同时间以相同方式测量的有关同一特质的不同指标之间的一致性。运动表现指标的信度很高，因为它们都是基于计数的客观指标。

许多运动表现的指标都是基于赛场事件的官方评分、得分记录表和比赛记录的。官方记录、计数和计算表现指标的数据公式不因为观察者或分析师而不同。有许多不需要或者仅需要很少的人工干预就可以通过电子设备测量球场上的球员和球的位置、球员的跑动速度和比赛中的击球效率的新方法。这些都具有很高信度且值得信赖。表现指标缺乏的不是信度，而是连续两年和连续两场比赛的稳定性。

测量是指根据规则把数字分配给属性。好的测量应当具有下列优点：

- 可靠（reliable）：指标应当值得信赖和可重复。

- 有效（valid）：指标应当测量需要测量的属性。
- 明确（explicit）：测量指标的程序不应当存在歧义且有详细定义，以便每位研究者在使用相同的测量程序时可以获得相同的值。
- 可得（accessible）：指标应当源于容易获得的数据。
- 易用（tractable）：指标应当易于使用且能够方便地在方法和模型中应用。
- 可理解（comprehensible）：指标应当简单明了，易于理解和解释。
- 透明（transparent）：测量方法应当有完整记录，以便研究者能够本着开放和诚实的科学探究精神相互分享。科学研究中不应当存在商业秘密。

不同的运动表现指标在上述方面存在很大差异。一部分指标不仅依赖于赛场的时间安排或跟踪设备，而且只有联盟和球队能够获得。

对于赛场表现，我们逐一记录比赛中的事件，计算记录表中的得分，并关注球队的排名。我们制定了衡量进攻和防守表现的通用准则，并对球员和球队进行评级。棒球有棒球统计学和“点球成金”（moneyball）。其他运动项目也纷纷效仿，设计了众多衡量运动员表现的指标，并将其应用于人事决策。

心理测量学（psychometrics）有“标准化测试”，其中明确规定了所有测试管理员在测量时需要遵守的程序。明确无歧义的程序能够提高信度和可重复性。

棒球中的指标可以用于说明测量原则。击球率（batting average）是关于以击球计数为除数的简单比例。我们希望找到击球率大于 0.250 的球员。击球率的值达到或者超过 0.300，则是许多击球手的目标。击球率低于 0.200，即为“门多萨线（Mendoza mine）”，对于击球手来说并不是个好兆头。击球率很容易理解。但是，作为衡量击球能力的指标，它因没有考虑走动的价值而受到批评。这是对指标效度的担忧。

上垒率（on-base percentage）很容易解释。使用打席（plate appearance）而非打数（at Bat）作为除数时，上垒率反映了击球手到达一垒及其他位置的次数的比例。就上垒率而言，我们寻找上垒率在 0.333 左右，即在每三次打席中获得一垒的球手。上垒率广为人知且易于理解，部分原因在于它在《点球成金》（Lewis, 2003）中的使用。但是，它也由于没有考虑长打（extra-base hit）的值而受到批评。这也是对指标效度的担忧。

长打率（slugging percentage, SLG）是表示平均每次击打的垒数的比率。尽管长打率并不是顾名思义的百分比，但是这个概念并不难理解。同时，因为它既不是百分比，也不是均值，所以又很难理解。球迷必须成为内行才知道 0.300 的长打率非常差，0.500 的长打率则非常好。贝比·鲁斯（Babe Ruth）整个职业生涯的长打率是 0.690。与其他描述击球能力的指标相比，长打率不太容易理解。

上垒加长打率（on-base percentage plus slugging, OPS）是上垒率与长打率的和。它既不像上垒率一样是一个百分比，也不像长打率一样是一个比例。上垒率是反映上垒和大力击球的指标。上垒加长打率是只有内行才能理解的指标。2014 赛季 30 支 MLB 球队在常规赛中的平均上垒率是 0.700（Sports Reference LLC, 2015a）。上垒加长打率几乎没有本质上的意义。在测量击球能力时，不需要对上垒率和长打率进行加权。而且，将比率和比例相加不能得到已知单位的指标。因此，上垒加长打率既不可理解，也无效。

坦戈·利奇特曼和多尔芬（Tango, Lichtman & Dolphin, 2007）提出用平均上垒数（on-base average, OBA）来替代上垒加长打率。平均上垒数是一系列击球指标的加权线性组合。他们的目的是为上垒和大力击球定义一个能够提供合理的、基于数据的权重的指标。对该指标进行缩放后可以获得与上垒加长打率相符的值。坦戈、利奇特曼和多尔芬（Tango, Lichtman & Dolphin, 2007）为使用平均上垒数，而非上垒加长打率提供了强大的案例。但是，他们提出的计算平均上垒数的方法很复杂[1]。由于平均上垒数不容易用语言解释，因此不能作为衡量击球能力的通用指标。

简单、易于理解的指标更容易向球迷、教练和经理解释，因此比复杂的指标更受欢迎。最易于理解的指标是根据比赛中的事件计算的简单百分比或比例。

在棒球中，许多时间和精力都被花在了寻找衡量球员实力的最佳单一指标上。五项全能球员是具有很强的跑动、防守、投掷、击球和大力击球能力的球员。如何把这五个特质的指标组合成一个反映球员对球队的贡献度的指标呢?

综合性球员评价，通过高于替补球员的积分或者获胜指标来说明。大体的想法是以规范组（称为替补球员）为参照，评估球员的击球、防守、跑垒和投掷 / 投球能力，并将这些指标结合起来进行基于规范组的评估。

人们会问：“球员对球队的价值是什么? 如果他被其他在相同位置上具有平均能力的球员替换会怎么样? ”高于替补获胜数通常使用常规赛中的获胜单位数来表示，其中 10 次跑动相当于 1 次胜利。如果球员的高于替补获胜数是 5，那么将他替换后，他所在的球队在整个赛季会少赢 5 场比赛。

当计算方法与公司机密密切相关时，高于替补的胜率这一指标无法通过透明度测试。这对基于规范组的指标来说是一个特殊问题，因为它们的含义取决于规范组的选择。如果不知道替补球员是谁，那么就无法准确解释高于替补的胜率。此外，对拒绝公开数据和计算公式的营利性公司是无法对计算进行验证的。这些指标不符合科学探究的精神。它们既不易于理解，也不透明，因此应当受到球迷和球队的抵制。

[1] 坦戈、利奇特曼和多尔芬（Tango, Lichtman & Dolphin, 2007）提出的计算加权平均上垒数的公式如下：

$$wOBA=\frac{0.72\times NIBB+0.75\times HBP+0.90\times 1B+0.92\times RBOE+1.24\times 2B+1.56\times 3B+1.95\times HR}{PA}$$

其中，*NIBB* 是指故意四坏球的数量（the number of intentional bases on balls），*HRB* 是指球员被球击中的次数（hit by a pitch），*1B* 是指一垒打的数量（the number of singles），*RBOE* 是指击球手因失误而触地的次数（the number of times a batter reaches base on an error），*2B* 是指二垒打的数量（the number of doubles），*3B* 是指三垒打的数量（the number of triples），*HR* 是指本垒打的数量（the number of home runs）。*PA* 是指打席（plate appearance），其中可能包含或者排除触击球（bunt）、故意四坏球及其他“模糊”事件。

鲍默、詹森和马修斯（Baumer, Jensen & Matthews, 2015）提出的 openWAR 是一种透明的高于替补的胜率计算方法。有关这一指标的数据和程序都是公开的。

运动员的表现随着时间的推移会如何变化？生活中有许多真理，身体会衰老便是其中之一。关于棒球运动中的年龄效应及其建模方法已经有了讨论（Fair, 2008）。PECOTA 是一个广为人知的测量和预测系统。它使用运动员可比的年龄曲线作为基础数据 [1]。令人遗憾的是，PECOTA 也是一种缺乏透明度的方法。

幸运的是，除 PECOTA 外还有其他选择。希望使用基于年龄指标的运动队可以直接计算得到关于运动员职业生涯中各个阶段表现的预测（Albert & Bennett, 2001; Marchi & Albert, 2014）。一些方法使用贝叶斯（Bayesians）推理。使用比例等易处理的指标最容易构建基于年龄的模型 [2]。基于年龄的指标和预测在薪酬谈判中尤其有用。

如何超越运动员个体的表现来看待运动员对运动队的贡献，是体育分析的基本问题之一。了解体育的人都知道，一支优秀的运动队的价值要大于其所有成员价值的总和。当然，不正常球队的价值要低于其所有成员的价值的总和。也就是说，在预测输赢时应当考虑团队效应（team effects）。

棒球比其他运动更少受团队效应的影响。在棒球比赛的内场（baseball diamond），即使廷克（Tinker）、埃弗斯（Evers）和钱斯（Chance）（20 世纪初期小熊队的游击手、二垒手和一垒手）之间没有言语交流，“廷克—埃弗斯—钱斯（Tinker-to-Evers-to-Chance）”这种双杀守备仍能够很好地发挥作用。与许多其他团体项目不同的是，棒球是由许多个人对决定义的。一个击球手对一个投手，然后另一个投手对另一个击球手。这些事件都是离散的，其中的球员也易于识别。

在大多数团体项目中，运动员可以相互补位。一些运动员能够帮助队友打得更好，因而被称为“团队型运动员”。在犹他爵士队，斯托克顿（Stockton）和马龙（Malone）在一起合作。他们经典的挡拆战术（pick-and-roll）让爵士队成了一支多年难以击败的球队。同时，那些年他们的个人表现也是不可分割地交织在一起的（Oliver, 2004）。

在本质上，篮球和许多其他团体性运动在球员评价方面都有其特殊性。球员对一支球队的价值可能与他在另一支球队的价值大不相同。这一点在自由球员市场中得到了体

[1] PECOTA 是由西尔弗（Silver）在 2002—2003 年为一本棒球简介（Baseball Prospectus）开发的方法（Silver，2004，2012）。西尔弗（2012）解释道，这个名字来源于“堪萨斯城皇家队在 20 世纪 80 年代的一位边缘内场手。这位球员对我最喜欢的底特律老虎队来说始终是麻烦。尽管比尔·佩科塔（Bill Pecota）在整个职业生涯中的命中率仅为 0.249，但是他在与老虎队比赛中的命中率却达到了 0.303（Silver，2012）。”

[2] 对于基于年龄的指标，我们可以使用击球率、上垒率或者击打中的本垒打比例（proportion of home runs in at bats）。将 t 时刻的本垒打比例记为 p_t，对其进行 logit 变换得到比值比（odds ratio）的对数。最终得到在线性回归中包含二次项的逻辑回归模型如下：

$$\log\left(\frac{p_t}{1-p_t}\right)=\beta_0+\beta_1 x_t+\beta_2 {x_t}^2$$

其中，是球员在 t 时刻的年龄。通过得到的拟合参数（或者在贝叶斯情境下的参数的后验分布），我们可以向后得到球员的年龄曲线。研究发现，下一年表现指标的值与下一年球员的年龄 $x_{(t+1)}$ 是相关的。

现。在这个市场中，不同的竞价球队对同一个球员的出价迥异。这也正解释了为什么球员交易可以使所有参与的球队受益。

球员评价已经成了体育消费者中的热门话题。这在很大程度上归功于幻想体育（fantacy sports）的发展。幻想体育关注球员个人，其中的幻想球队的价值仅为其球员价值的加和。因此，幻想体育是纯粹的想象，并不能反映球员在球队中的协作方式。

表现指标对教练、经理和所有者都非常有用。马丁（Martin, 2016）详细阐述了刻画运动能力和运动熟练程度的指标。马丁和米勒（Martin & Miller）阐述了总体原则。

关于测量的信度和效度，可以参阅心理测量学的文献（Gulliksen, 1950; Cronbach, 1951; Ghiselli, 1964; Nunnally, 1967; Nunnally & Bernstein, 1994; Lord & Novick, 1968; Fiske, 1971; Brown, 1976）。贝茨和韦斯（Betz & Weiss, 2001）、艾伦和延（Allen & Yen, 2002）引入了测量理论的概念。罗格斯、斯瓦米纳坦和汉布尔顿（Rogers, Swaminathan & Hambleton, 1991）讨论了项目反应理论（item response theory）。舒特和菲斯克（Shrout & Fiske, 1995）的论文提供了许多多特质—多方法矩阵的例子，并阐述了分析这些矩阵的定量方法。拉姆利（Lumley, 2010）讨论了如何使用 R 语言完成样本调查设计和分析。想了解心理测量学中需要使用的 R 语言函数可参阅雷维尔（Revelle, 2014）的研究。贝克、哈迪克和彼得里诺维奇(Baker, Hardyck & Petrinovich, 1966)及韦莱曼和威尔金森(Velleman & Wilkinson, 1993）阐述了弱测量与强统计之争及其与科学和统计推断的相关性（或不相关性）。

测量理论同样适用于文本指标和调查问卷。人们考察文档中的词频，并依据语料库中的词频来调整文档中的词频。人们为文本信息和帖子打分，利用自然语言处理的方法检测文本特征并对文档进行注释。

第三章 球队排名

吉伦（Gillon）：“先生，我们在‘英雄本诈’（Diggstown）中的拳击并不能令你满意，是吗？”

凯恩（Caine）：“凯恩。加布里埃尔·凯恩（ Gabriel Caine）。”

吉伦：“约翰·吉伦（John Gillon）。很高兴认识你。”

凯恩：“嘿，我可以坦率地跟你说吗？”

吉伦：“当然可以。”

凯恩：“每次都知道谁会赢并不是令人满意的事情。你知道我的意思吧？把这个马穆鲁克（Mamluke）放到那边的白色运动短裤上去。在第一场比赛的中间，我知道他会亲吻画布。而且，他已经这么做了两次。所以你怎么看呢？他会第三次亲吻画布吗？是的。”

吉伦：“您是想说，您认为这个穿着红色运动短裤的人会赢这场比赛？”

凯恩：“这里有声音问题吗？我不是说我认为他会赢这场比赛。我是说我知道他会赢这场比赛。嘿，我得走了。顺便说一句，我出1 000块赌他赢。”

吉伦：“但是，您会赌2 000块吗？”

凯恩：“什么？你在开玩笑吗？”

吉伦：“凯恩先生，在‘英雄本诈’中，我从未在拳击和打赌这两件事情上开过玩笑。”

——《英雄本诈》（1992）中吉伦（布鲁斯·邓恩饰演）和凯恩（詹姆斯·伍兹饰演）

—Bruce Dern as Gillon and James Woods as Caine in *Diggstown*（1992）

指标的含义是由它与其他指标的关系定义的。团队的实力则是相对于其他团队而言的。在选择获胜球队时，仅考虑球员个人的统计数据是不够的，还必须看到球队之间是如何相互竞争的。

测量是指根据规则将数值分配给属性。我们可以把数值分配给描述球员表现的属性，也可以把数值分配给描述球队表现的属性。为了分析球队表现，我们通常会计算评分和排名。

关于如何对球队进行排名存在争议，特别是在球队间比赛的机会有限时。我们许多人都记得，在引入有限季后赛计划前，关于大学橄榄球碗赛系列存在很大争议。同时，由于各队的进度计划强度存在差异，因此在关于哪些球队能够进入季后赛这个问题上存在争议。

与大学体育相比，职业团体运动在联赛赛程方面存在更多平衡。然而，并不存在完美的平衡。不同赛区和联盟的球员能力不尽相同，而球队会更多地与处于相同联盟和赛区的球队比赛。

下面，从 NBA 球队的实力评估问题入手。表 3.1 是 2014—2015 赛季常规赛结束时 NBA 球队的输赢记录。每个联盟会有 8 支球队进入季后赛。因为西部联盟中的强队更多，所以该联盟中的球队处于劣势。NBA 的赛程表是不平衡的。

在赛程表不平衡的情况下，应当如何对球队进行判断或排名呢？一种方法是利用心理测量学中的一维缩放方法。该方法利用球队比赛时的输赢数据。输赢数据是两两配对的，在每场比赛中都有一个球队对阵另一个球队。

为了进行一维缩放，首先构建一个矩阵来描述每个球队击败其他球队的次数。这个矩阵可以变换为比例矩阵，然后按照行或列取平均值，并参考标准正态分布。作为这个过程的最后一步，我们为比例得分设置恰当的均值和标准差。该方法根据原始配对的比较定义定距指标，并自动调整赛程强度。

表3.1 NBA球队战绩（2014—2015赛季）

联盟	赛区	球队（*表示进入季后赛）	缩写	获胜	失败	获胜率
东部	大西洋	波士顿凯尔特人队*	BOS	40	42	0.488
		布鲁克林篮网队*	BKN	38	44	0.463
		纽约尼克斯队	NYK	17	65	0.207
		费城76人队	PHI	18	64	0.22
		多伦多猛龙队*	TOR	49	33	0.598

续表

联盟	赛区	球队（*表示进入季后赛）	缩写	获胜	失败	获胜率
东部	中部	芝加哥公牛队*	CHI	50	32	0.61
		克里夫兰骑士队*	CLE	53	29	0.646
		底特律活塞队	DET	32	50	0.39
		印第安纳步行者队	IND	38	44	0.463
		密尔沃基雄鹿队*	MIL	41	41	0.5
	西南部	亚特兰大老鹰队*	ATL	60	22	0.732
		夏洛特黄蜂队	CHA	33	49	0.402
		迈阿密热火队	MIA	37	45	0.451
		奥兰多魔术队	ORL	25	57	0.305
		华盛顿奇才队*	WAS	46	36	0.561
西部	西南部	达拉斯小牛队*	DAL	50	32	0.61
		休斯敦火箭队*	HOU	56	26	0.683
		孟菲斯灰熊队*	MEM	55	27	0.671
		新奥尔良鹈鹕队*	NOP	45	37	0.549
		圣安东尼奥马刺队*	SAS	55	27	0.671
	西北部	丹佛掘金队	DEN	30	52	0.366
		明尼苏达森林狼队	MIN	16	66	0.195
		俄克拉何马城雷霆队	OKC	45	37	0.549
		波特兰开拓者队*	POR	51	31	0.622
		犹他爵士队	UTA	38	44	0.463
	太平洋	金州勇士队*	GSW	67	15	0.817
		洛杉矶快船队*	LAC	56	26	0.683
		洛杉矶湖人队	LAL	21	61	0.256
		菲尼克斯太阳队	PHX	39	43	0.476
		萨克拉门托国王队	SAC	29	53	0.354

图 3.1 是对 2014—2015 赛季 NBA 球队得分数据进行一维缩放得到的结果。其中，球队实力得分的均值为 500 分，标准差为 100 分。一维缩放不仅反映球队排名，还体现球队之间的实力差距。值得关注的是金州勇士队相对其他球队而言的实力。仅从一维缩放就可以预测，金州勇士队将在季后赛中获胜。

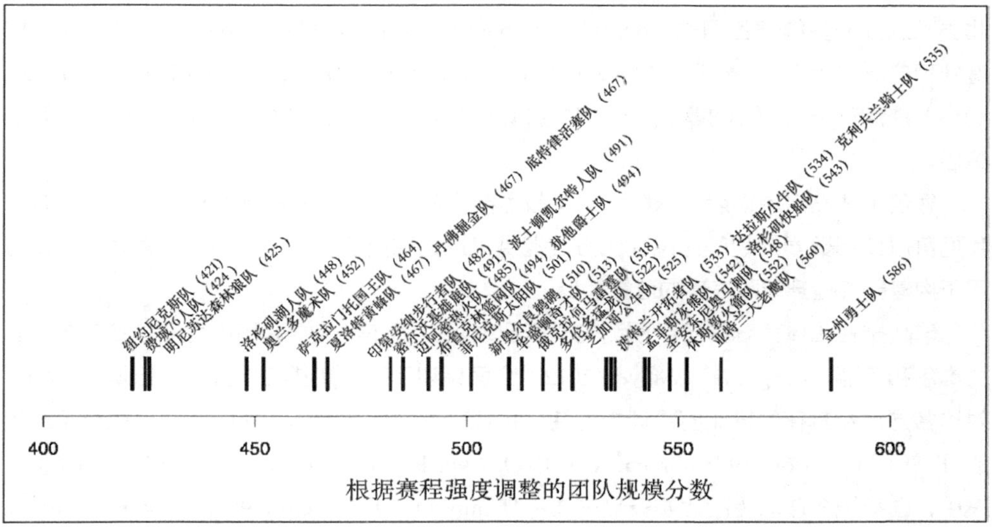

图3.1　NBA常规赛季球队实力评估（2014—2015赛季）

另一种根据胜负数的球队评级方法源自阿尔帕德·勒尔（Árpád Élő, 1903—1992）提出的棋手评级方法。勒尔系统已经适应了美国职业团体运动项目，成为《今日美国》使用的杰夫·萨加林（Jeff Sagarin）排名的基础。

在对球队进行排名时，我们可以超越二元的输赢数据，来考虑胜负差距或赛点差异。同时，我们必须考虑球队赛程的差异性。在使用比分时，我们必须进行一些调整。对于棒球，需要对有延长赛（extra inning）的比赛进行调整。对于橄榄球或者篮球，需要对有加时赛（overtime period）的比赛进行调整。

使用比分时，需要考虑的另一个因素与比分非常高的比赛相关。这些比分源自对阵球队实力悬殊或者对进入季后赛的影响很小的比赛。在这样的比赛中，球队可能会使用第二阵容或替补球员来代替常规阵容。在这种情况下，对比分应进行适当调整。

其他球队排名方法需要为进攻和防守表现构建单独的指标或排名，并将其合成为一个指标或排名。考虑到球队表现与许多指标和 / 或许多球员位置相关，因此有时需要采用多元方法。球队的实力画像可以使用平行坐标图（parallel coordinate plot）表示。

球队希望赢得未来的胜利。总经理们想知道更可能获胜的球队有什么样的特征。球队可以通过球员选秀（player draft）、自由球员收购（free agent acquisition）、小联盟球员晋级和球员交易来提高获胜的可能性。基于球队当前使用的球员表现指标评价得到的备选球员的表现指标，能够说明引入哪些球员对球队最为有利。总经理可以评估球队在增加新球员和不增加新球员的情况下的排名。

球员选择问题有多个约束条件。球队的数量和构成是受限的。首先，球员的薪酬有上限。决策变量是二进制的——每个可选的球员或者被球队选中，或者不被球队选中。此类问题称为多维背包问题（multidimensional knapsack problems, MKP），在运筹学中得到了广泛的研究（(Fréville, 2004; Kellerer, Pferschy & Pisinger, 2004）。古塔格（Guttag, 2013）使用 Python 语言编写的示例对背包问题进行了介绍。附录 A 是有关数学规划的综述。

确定了球员名单以后，球队经理和教练需要确定每场比赛的球员首发阵容。同样，我们可以使用数学规划等约束优化方法提供建议的球员首发阵容。当前，有大量数据可用于构建能够提升球队表现的可靠模型。

球队排名和体育赛事结果预测的模型已经吸引了许多数学家和体育爱好者的关注。兰维尔和迈耶（Langville & Meyer, 2012）全面综述了评级和排名的算法和方法。目前，对排名方法及其在体育比赛设计中的使用和在比赛中球队对阵安排的问题已经有了广泛的研究（Thompson, 1975; Groeneveld, 1990; Appleton, 1995; Carlin, 1996; West, 2006）。其中，国家橄榄球联盟的比赛备受关注（Thompson, 1975; Stern, 1991; Glickman & Stern, 1998）。关于三月狂欢，即在美国男子一级全国大学体育协会篮球锦标赛挑选获胜球队的评级和排名策略已有诸多研究（Schwertman, Mc-Cready & Howard, 1991; Schwertman, Schenk & Holbrook, 1996; Carlin, 1996; Kaplan & Garstka, 2001; West, 2006）。

一维缩放和配对比较方法在测量理论和统计学中有着悠久的历史。配对比较已在味觉测试实验、心理物理研究、偏好缩放、裁判判决一致性研究（评分人之间的信度）和球员、球队的排名等方面得到了应用。这一领域的大量文献记录在戴维森和法夸尔（Davidson & Farquhar, 1976）的文献中。相关研究最早可追溯至瑟斯通（Thurstone, 1927）和吉尔福德（Guilford, 1936）的早期工作。他们使用正态分布理论来获得潜在心理维度的量表分数。在统计学的文献中，布拉德利和特里（Bradley & Terry, 1952）引入了传统的逻辑模型或 logit 模型来分析配对比较。托格森（Torgerson, 1958）、戴维（David, 1963）和布拉德利（Bradley, 1976）综述了配对比较方法。

示例代码 3.1 是对 2014—2015 赛季 NBA 球队的得分进行一维缩放的 R 程序。该程序为构建赛季的获胜和获胜比例矩阵提供了基础。获胜比例矩阵用于计算平均调整赛程比例，使其符合标准正态分布。这个过程的最后一步是设置单变量量表分数的均值和标准差。该程序使用标准 R 语言图形来绘制一维缩放的结果。该程序中包含可用于其他类型球队排名的矩阵，包括考虑了获胜球队和失败球队得分的球队排名方法。

示例代码3.1　使用一维缩放评估球队实力（R语言）

```
# Assessing Team Strength by Unidimensional Scaling（R）

# NBA Regular Season 2014-2015 data from Basketball-Reference.com

# read comma-delimited text file to create data frame
nba_input <-read.csv（"basketball_2014_2015_season.csv",
      stringsAsFactors = FALSE）

# add record number to records
record_number <-seq（nrow（nba_input））
nba_scores <-cbind（data.frame（record_number）, nba_input）

# explore the data
with（nba_scores, plot（home_points, visitor_points））
with（nba_scores, table（overtime））

# define minutes played using overtime information
nba_scores$minutes <-rep（48, length = nrow（nba_scores））# standard game
for（i in seq（along = nba_scores$minutes））{
    if（nba_scores$overtime[i] == "OT"）
          nba_scores$minutes[i] <-nba_scores$minutes[i] + 5  # 1 OT period
    if（nba_scores$overtime[i] == "2OT"）
          nba_scores$minutes[i] <-nba_scores$minutes[i] + 10  # 2 OT periods
    if（nba_scores$overtime[i] == "3OT"）
          nba_scores$minutes[i] <-nba_scores$minutes[i] + 15  # 3 OT periods
    }
with（nba_scores, table（overtime, minutes））# check minute calculations

# compute points per minute for each team
nba_scores$visitor_ppm <-nba_scores$visitor_points / nba_scores$minutes
nba_scores$home_ppm <-nba_scores$home_points / nba_scores$minutes

# check calculations
print（head（nba_scores））
print（tail（nba_scores））

# explore points-per-minute data
with（nba_scores, plot（home_ppm, visitor_ppm））

# read in team names and abbreviations
team_info <-read.csv（"nba_team_names_abbreviations.csv",
     stringsAsFactors = FALSE）
```

```
# append team information to nba_scores data frame
list_of_team_names <-team_info$team_name
# first do the visitor team
nba_scores$visitor_conference <-rep（“”, length = nrow（nba_scores））
nba_scores$visitor_division <-rep（“”, length = nrow（nba_scores））
nba_scores$visitor_code <-rep（“”, length = nrow（nba_scores））
for（i in seq（along = list_of_team_names））{
   this_team_info <-
      team_info[（team_info$team_name == list_of_team_names[i]）, ]
   indices_for_visitor_team <-
      which（nba_scores$visitor_team == list_of_team_names[i]）
   for（j in seq（along = indices_for_visitor_team））{
      nba_scores$visitor_conference[indices_for_visitor_team[j]] <-
           this_team_info$conference[1]
      nba_scores$visitor_division[indices_for_visitor_team[j]] <-
           this_team_info$division[1]
      nba_scores$visitor_code[indices_for_visitor_team[j]] <-
           this_team_info$abbreviation[1]
      }
   }

# next do the home team
nba_scores$home_conference <-rep（“”, length = nrow（nba_scores））
nba_scores$home_division <-rep（“”, length = nrow（nba_scores））
nba_scores$home_code <-rep（“”, length = nrow（nba_scores））
for（i in seq（along = list_of_team_names））{
   this_team_info <-
      team_info[（team_info$team_name == list_of_team_names[i]）, ]
   indices_for_home_team <-
      which（nba_scores$home_team == list_of_team_names[i]）
   for（j in seq（along = indices_for_home_team））{
      nba_scores$home_conference[indices_for_home_team[j]] <-
       this_team_info$conference[1]
      nba_scores$home_division[indices_for_home_team[j]] <-
       this_team_info$division[1]
      nba_scores$home_code[indices_for_home_team[j]] <-
         this_team_info$abbreviation[1]
      }
   }

# define winning team（Visitor or Home）
nba_scores$win_visitor_home <-rep（“Home”, length = nrow（nba_scores））
for（i in seq（along = nba_scores$record_number））
```

```
    if ( nba_scores$visitor_ppm[i] > nba_scores$home_ppm[i] )
      nba_scores$win_visitor_home[i] <-"Visitor"

# who wins more games.. visitor or home team
with ( nba_scores, table ( win_visitor_home ) )
with ( nba_scores, plot ( home_ppm, visitor_ppm ) )

# define winning and losing teams by three-character abbreviation/code
nba_scores$win_team_code <-rep ( "", length = nrow ( nba_scores ) )
nba_scores$lose_team_code <-rep ( "", length = nrow ( nba_scores ) )
for ( i in seq ( along = nba_scores$record_number ) ) {
    if ( nba_scores$visitor_ppm[i] > nba_scores$home_ppm[i] ) {
      nba_scores$win_team_code[i] <-nba_scores$visitor_code[i]
      nba_scores$lose_team_code[i] <-nba_scores$home_code[i]
      }
    if ( nba_scores$visitor_ppm[i] < nba_scores$home_ppm[i] ) {
      nba_scores$win_team_code[i] <-nba_scores$home_code[i]
      nba_scores$lose_team_code[i] <-nba_scores$visitor_code[i]
      }
    }

# check the nba_scores data frame
print ( head ( nba_scores ) )
print ( tail ( nba_scores ) )

# create OKC data frame for testing and visualization example
OKC_visitor <-nba_scores[ ( nba_scores$visitor_code == "OKC" ) , ]
OKC_home <-nba_scores[ ( nba_scores$home_code == "OKC" ) , ]
OKC_data <-rbind ( OKC_visitor, OKC_home )
OKC_data <-OKC_data[sort.list ( OKC_data$record_number ) , ]
# save file for Oklahoma City Thunder for data visualization work
write.csv ( OKC_data, file = "okc_data_2014_2015.csv", row.names = FALSE )

# write win team score and lose team score in points per minute
nba_scores$win_team_ppm <-rep ( 0, length = nrow ( nba_scores ) )
nba_scores$lose_team_ppm <-rep ( 0, length = nrow ( nba_scores ) )
for ( i in seq ( along = nba_scores$record_number ) ) {
    if ( nba_scores$visitor_ppm[i] > nba_scores$home_ppm[i] ) {
      nba_scores$win_team_ppm[i] <-nba_scores$visitor_ppm[i]
      nba_scores$lose_team_ppm[i] <-nba_scores$home_ppm[i]
    }
    if ( nba_scores$visitor_ppm[i] < nba_scores$home_ppm[i] ) {
      nba_scores$win_team_ppm[i] <-nba_scores$home_ppm[i]
```

```
            nba_scores$lose_team_ppm[i] <-nba_scores$visitor_ppm[i]
        }
}

# compute margin of victory in points per minute
nba_scores$margin_ppm <-nba_scores$win_team_ppm -nba_scores$lose_team_ppm

# initialize matrices for entire set of 30 teams
ordered_team_codes <-sort（team_info$abbreviation）
# total number of wins
wins_mat <-matrix（0, nrow = 30, ncol = 30,
   dimnames = list（ordered_team_codes, ordered_team_codes））
prop_mat <-wins_mat  # proportion wins
ppm_mat <-wins_mat  # sum of ppm scores

# build matrices for entire set of 30 teams
for（i in seq（along = nba_scores$record_number））{
  # tally the number of times team k beats team j
  wins_mat[nba_scores$lose_team_code[i], nba_scores$win_team_code[i]] <-
    wins_mat[nba_scores$lose_team_code[i], nba_scores$win_team_code[i]] + 1
  # sum the ppm scores for teams and enter in ppm_mat
  # two enteries needed for each record in nba_scores
  ppm_mat[nba_scores$lose_team_code[i], nba_scores$win_team_code[i]] <-
    ppm_mat[nba_scores$lose_team_code[i], nba_scores$win_team_code[i]] +
          nba_scores$win_team_ppm[i]
  ppm_mat[nba_scores$win_team_code[i], nba_scores$lose_team_code[i]] <-
    ppm_mat[nba_scores$win_team_code[i], nba_scores$lose_team_code[i]] +
          nba_scores$lose_team_ppm[i]
}

# check wins_mat entries... should be 82 games for every team
for（j in 1:length（ordered_team_codes））
print（sum（wins_mat[, j]）+ sum（wins_mat[j, ]））

# compute matrix of proportions prop_mat
# proportion of times team j beats team k
for（j in 1:length（ordered_team_codes））{ # begin outer for-loop
   for（k in 1:length（ordered_team_codes））{ # begin inner for-loop
      if（j == k）prop_mat[j, k] <-NA  # set diagonal entries missing
      if（j > k）{  # begin outer if-block
         between_team_games <-
            wins_mat[ordered_team_codes[j], ordered_team_codes[k]] +
            wins_mat[ordered_team_codes[k], ordered_team_codes[j]]
```

```
        # if teams never play others within the season
        # we set the entry in the cell
        # to be the mean of the team
      if ( between_team_games == 0 ) { # begin first inner if-block
          prop_mat[j, k] <-sum ( wins_mat[j, ] ) /
            ( sum ( wins_mat[, j] ) + sum ( wins_mat[j, ] ) )
          prop_mat[k, j] <-sum ( wins_mat[k, ] ) /
            ( sum ( wins_mat[, k] ) + sum ( wins_mat[k, ] ) )
          } # end first inner if-block
        # when teams play other teams at least once
        # we compute the proportion of times they beat one another
      if ( between_team_games > 0 ) { # begin second inner if-block
          prop_mat[j, k] <-
            wins_mat[ordered_team_codes[j], ordered_team_codes[k]]/
              between_team_games
          prop_mat[k, j] <-
            wins_mat[ordered_team_codes[k], ordered_team_codes[j]]/
              between_team_games
          } # end second inner if-block
      } # end outer if-block
  } # end inner for-loop
} # end outer for-loop

# check prop_mat against known results for the season
# results should be close but not exact
# because prop_mat adjusts for strength of schedule
for ( i in seq ( along = ordered_team_codes ) )
  cat ( "\n", ordered_team_codes[i], ":", mean ( prop_mat[, i], na.rm = TRUE ) )
# unidimensional scaling work begins here
# begin by defining the paired_comparisons scaling matrix
pc_mat <-prop_mat
for ( j in 1:length ( ordered_team_codes ) )
  for ( k in 1:length ( ordered_team_codes ) )
    if ( j == k ) pc_mat[j, k] <-0.50

nobjects <-length ( ordered_team_codes )

mean_pc_mat <-numeric ( nobjects )
object_quantile <-numeric ( nobjects )
for ( j in 1:nobjects )
# set diagonal entries missing
{
 mean_pc_mat[j] <-mean ( pc_mat[, j] )
```

```
 object_quantile[j] <-qnorm ( mean_pc_mat[j] )
}

# user-defined function provides mean 500 standard deviation 100
z.score.converter <-function ( z ) {round ( ( ( 100*z ) + 500 ) , digits=0 ) }

scale_score <-numeric ( nobjects )
for ( j in 1:nobjects )
 scale_score[j] <-z.score.converter ( object_quantile[j] )

sorted_team_info <-team_info[sort.list ( team_info$abbreviation ) , ]
sorted_team_info$scale_score <-scale_score

sorted_team_info$name_with_score <-rep ( "", length = nrow ( sorted_team_info ) )
for ( i in seq ( along = ordered_team_codes ) )
sorted_team_info$name_with_score[i] <-
   paste ( sorted_team_info$team_name[i],
       " ( ", sorted_team_info$scale_score[i], " ) ", sep = "" )

scaling_frame <-
   sorted_team_info[, c ( "abbreviation", "team_name",
     "name_with_score", "scale_score" ) ]
names ( scaling_frame ) <-
   c ( "object.name", "long.object.name",
    "long.object.name.with.score", "scale_score" )

ordered_scaling_frame <-
   scaling_frame[sort.list ( scale_score, decreasing=FALSE ) , ]

# plotting to external pdf file using standard R graphics
pdf ( file = "fig_unidimensional_scaling_analysis.pdf",
          width = 11, height = 8.5 )
text.angle = 45
par ( mfrow=c ( 1, 1 ) , xpd=NA, cex=1, yaxt= "n" , lwd=3, bty="n",
   srt=text.angle, mar=c ( 5, 0, 4, 0 ) + 0.1 )

plot ( ordered_scaling_frame$scale_score,
   rep ( 0.1, length ( ordered_scaling_frame$scale_score ) ) , type= "h",
xlab=paste ( "Team Scale Scores Adjusted for Strength of Schedule" ) ,
ylab="",
ylim=c ( 0, 2 ) ,
xlim=c ( min ( ordered_scaling_frame$scale_score ) -50,
max ( ordered_scaling_frame$scale_score ) + 50 ) )
```

```
text（ordered_scaling_frame$scale_score + 40,
  rep（0.65, length（ordered_scaling_frame$scale_score）），
ordered_scaling_frame$long.object.name.with.score, pos=2, cex=1）

dev.off（）
```

第四章 预测比分

“你知道击出0.250和0.300有什么区别吗？这是25次安打。如果在500次击球中有25个安打，那么就是50个点，对吗？一个赛季有6个月，大约25周。这意味着如果你每周有一次额外的短横传，只是一次，你会投出长眼睛的地滚球。球会被打到三不管地带。仅仅是每周多一次球被打到三不管地带，你就会去洋基体育场。”

——《百万金臂》（1988）中的卡什 · 戴维斯（凯文 · 科斯特纳饰演）

—Kevin Costner as Crash Davis in *Bull Durham* (1988)

体育赛事在公共场所举办。我们了解经理和球员，我们知道他们的薪酬，掌握他们各方面的信息，我们知道谁赢谁输。这些数据可得且容易获取。这些数据，包括文本和数字，可以使用数据科学家熟知的方法进行分析。

使用预测模型可以获得竞争优势：更长的距离以及更多的安打和罚球。正如我们可以预测哪些顾客会购买产品或者哪些股票的表现会超越市场一样，我们也可以预测哪些球员和球队会在赛场上取胜。正如我们可以很容易地指导制造商和零售商的决策一样，在体育中我们也可以指导教练和总经理的决策。

通过分析体育数据，我们可能会知道，在棒球比赛中通过短打让跑垒员前进或者在足球比赛中第 4 次射门并不是好主意。我们可能会发现，最有价值的篮球球员不是得分最高或三分球命中率最高的球员，而是帮助队友得分的球员。通过分析，我们发现了许多关于体育的有趣或者能够满足好奇心的小发现。但是更重要的是，我们对体育商业管理和战略有了深入了解。

正如我们可以在更大的背景下将体育视为娱乐一样，我们也可以将体育分析视为更大范围的数据科学。信息技术专业人员提供数据。统计学家和机器学习专家关注模型。数据科学家在数据和模型的基础上讲述其他人可以理解的故事。他们关注预测、测试和模型结果的解释。如果数据和模型可靠，他们还关注建议采取的管理行动。如图 4.1 所示，数据科学的工作涉及从数据和模型中学习，以及帮助管理者做出明智的决策。我们从一个问题开始，以故事和为管理层提供的报告结束。

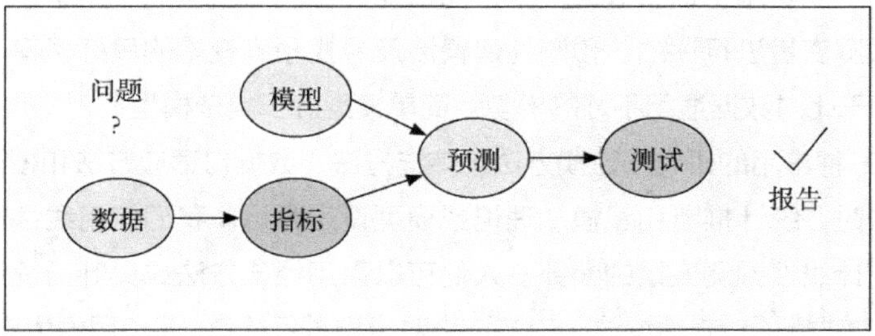

图4.1　数据科学的工作

预测模型包括分类和回归两种。分类是指预测未来的类别。体育消费者会购买比赛门票吗？如果会的话，那么他会购买标准席位、特选席位，还是包厢席位？也许他会成为球队的忠实爱好者。如果是的话，他会购买明年的赛季票吗？

通过分类，我们可以预测消费者选择或离散响应。通过回归，我们可以预测具有重要意义的响应。门票的销售收入会有多少？特许经营权的销售收入会有多少？比赛能够卖出多少张门票？主队的分数和积分会是多少？明年右外野手的击球率会是多少？下周后卫会跑出多少米？球员成为自由球员后的薪酬会是多少？

模型是事物的表示，是对现实的呈现或描述。数据科学中的典型模型尝试将一组变量与另一组变量相关联。有限、不精确但有用的模型可以增进我们对世界的理解。模型不仅仅是空谈，因为它是基于数据的。

我们可以将数据看作融合了建模技术、信息技术和商业洞察的新统计学。数据科学利用对企业、非政府组织和政府的成功不可或缺的多学科技能诠释数据密集的世界。数据科学是预测性分析。无论是预测销售额或市场份额、选择好的零售地点或投资机会、识别消费者细分市场和目标市场，还是评估新产品的潜力或现有产品风险，预测性分析中的建模方法都是关键所在。

数据科学家使用商业的语言——会计、财务、营销和管理。他们熟悉信息技术，包括数据结构、算法和面向对象的编程。他们理解统计建模、机器学习和数学规划。数据科学家是方法论的折中主义者。他们从多个学科中汲取经验，将实证研究的结果转换为管理层可以理解的文字和图片。

数据科学寻找变量之间有意义的联系，并使用模型来表示这些联系。这一点在很大程度上与统计学相似。响应变量表示想要预测的东西。解释变量或者预测变量表示观察、操纵或者控制的、可能与响应变量相关的东西。

预测问题由其宽度和深度定义。预测问题的宽度是指预测变量的数量，预测问题的深度是指数据集中的样本数量。商业、营销和投资分析中的难点之一是确定预测变量的数量。可能有成千上万的预测变量与响应变量存在微弱关联。在计算机的帮助下，不仅成百上千的模型能够用于拟合数据子集，而且能够使用另一些数据子集进行模型测试，以便对每个预测变量进行评估。预测性建模涉及寻找预测变量的良好子集。对数据适配良好的模型好于比对数据适配不好的模型。简单模型好于复杂模型。

图 4.2 是三种常用的研究和建模方法：传统方法、数据自适应方法和模型依赖方法。使用传统方法时，统计推断和建模从理论或模型设定开始。我们使用线性回归和逻辑回归等方法来估计线性预测变量的参数。人们可以采用经典方法或贝叶斯统计推断方法。我们将模型与数据适配，并通过诊断的方法来对模型进行检查。在使用模型进行预测之前，需要首先验证模型。

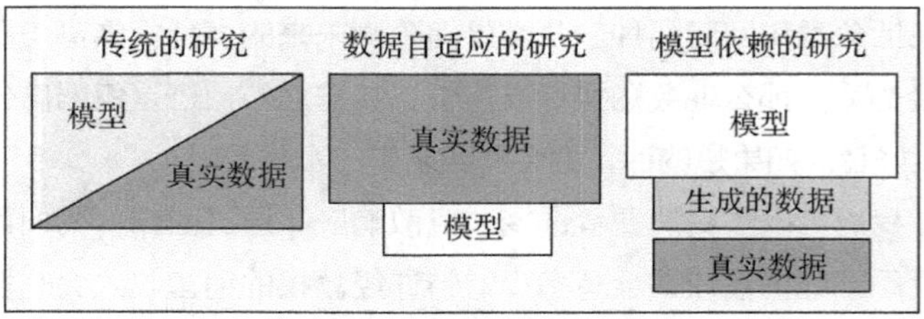

图4.2　研究使用的数据和模型

采用数据自适应方法时，应从数据开始并从数据中找到有用的预测变量。在分析之前，很少考虑理论或假设。这是机器学习的世界，有时也称为统计学习或数据挖掘。数据自适应方法适应于可用的数据，表示变量之间的非线性关系和相互作用。数据决定模型。数据自适应方法是数据驱动的。与传统模型一样，在使用数据自适应模型进行预测之前应先对其进行验证。

模型依赖的研究是第三种方法。模型依赖的研究从模型设定开始，并使用设定的模型生成数据、预测或推荐。模拟和数学规划方法运筹学的主要工具，是模型依赖研究的例子。当采用模型依赖或模拟方法时，通过比较生成的数据与实际数据来改进模型。我们考察模拟消费者、企业和市场是否像真实的消费者、企业和市场一样。与实际数据相比较可作为模型验证的一种方式。

数据可以由观测单位、时间和空间组织。观察的横截面单元既可以是个人消费者或企业，也可以是能够收集数据和对数据进行分组的其他维度。数据可以按照秒、分钟、小时和天等来组织。空间或位置通常由经度和纬度来定义。在考虑本书中的体育分析问题时，我们会涉及多类模型，包括横截面、时间序列和空间数据模型。

无论数据和相关模型的结构如何，预测都是最核心的主题。我们使用已有数据来预测尚未拥有的数据，因此应当意识到预测是不稳定的冒险行为。预测是推断和预见的过程。模型验证对这一过程至关重要。

应当如何测试预测模型的准确性呢？我们可以采用训练方案和测试方案。正如在经济和金融研究中一样，在试图预测未来之前，我们能够很好地推测过去。也就是说，使用更远的过去来推测较远的过去。例如，对于为期 16 周的足球赛季，可以使用前 10 周的数据来预测第 11 周会发生什么。然后，还可以使用前 11 周的数据来预测第 12 周会发生什么，以此类推。推测过去时使用的具有不确定性的指标，能够帮助评估预测未来时的不确定性。

为了进行预测，我们可以使用经典方法或贝叶斯方法，或者我们可以完全不使用传统的统计方法，而使用机器学习方法。我们按照有效的方式来做。数据科学方法基于这样一个简单的前提：模型的价值在于其预测的质量。

赤池信息量准则（Akaike information criterion, AIC）或贝叶斯信息准则（Bayes information criterion, BIC）等指标能够帮助我们比较两种模型，以便在拟合优度和简约性之间取得平衡。方法的核心是训练和测试的方案。我们把样本数据分为训练集和测试集。我基于训练集构造模型，并使用测试集进行评估。简单的双路和三路数据划分方法如图 4.3 所示。

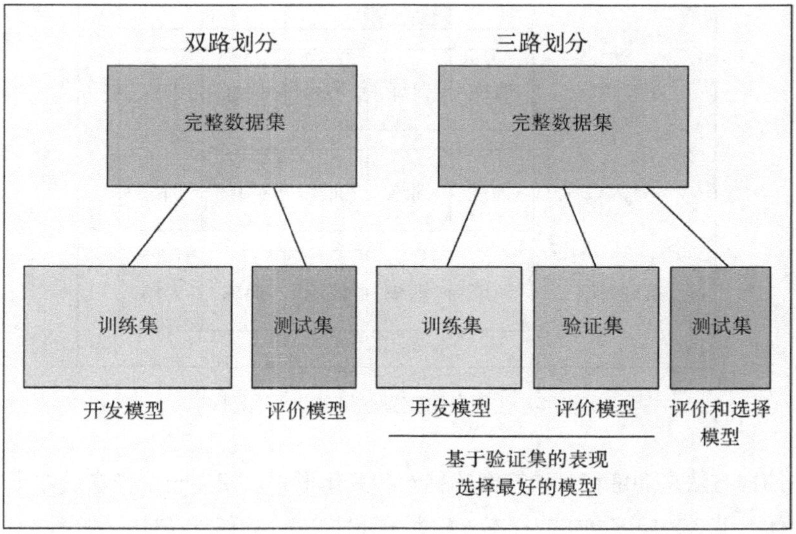

图4.3　模型评估的训练和测试方案

要将样本随机分为训练集和测试集可能很困难，特别是在处理小的数据集时。因此，有时会首先对测试集做一系列随机划分，然后对测试集的表现指标值取平均来做统计实验。训练和测试的主题会有扩展和变化。

如图 4.4 所示，多重交叉验证是一种训练和测试主题的变化形式。我们将样本数据划分为大小近似相等的 M 个子集，并进行一系列测试。对于图 4.4 中所示的 5 重交叉验证，首先在集合 B 到集合 E 上进行训练，并在集合 A 上进行测试。然后在集合 A 和集合 C 到集合 E 上进行训练，并在集合 B 上进行测试。以此类推，直到每个子集都充当过测试集。最后，对 5 个测试集的测试结果取平均来评估性能。在留一法交叉验证中，多重交叉验证的逻辑极限是测试集的数量与样本数量相同。

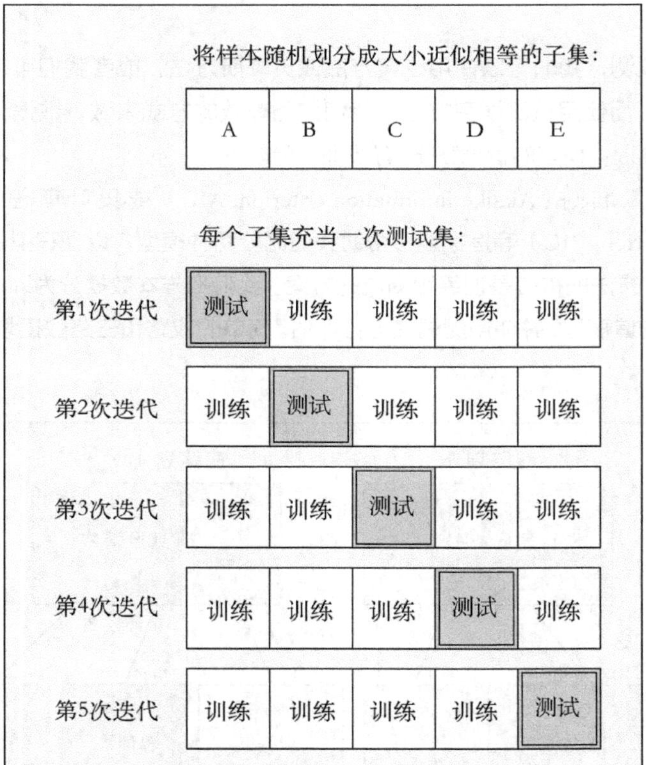

图4.4 使用多重交叉验证的训练和测试

自举抽样方法是训练和测试方案的另一种变化形式。如果一个样本近似于从中抽取样本的总体，那么来自该样本的样本（称为重新抽样）也近似于总体。如图 4.5 所示，自举抽样的过程涉及有放回的重新抽样。首先对样本做有放回的随机抽样，然后对每个重新抽取的样本计算感兴趣的统计量。统计量的自举分布与其抽样分布相似。

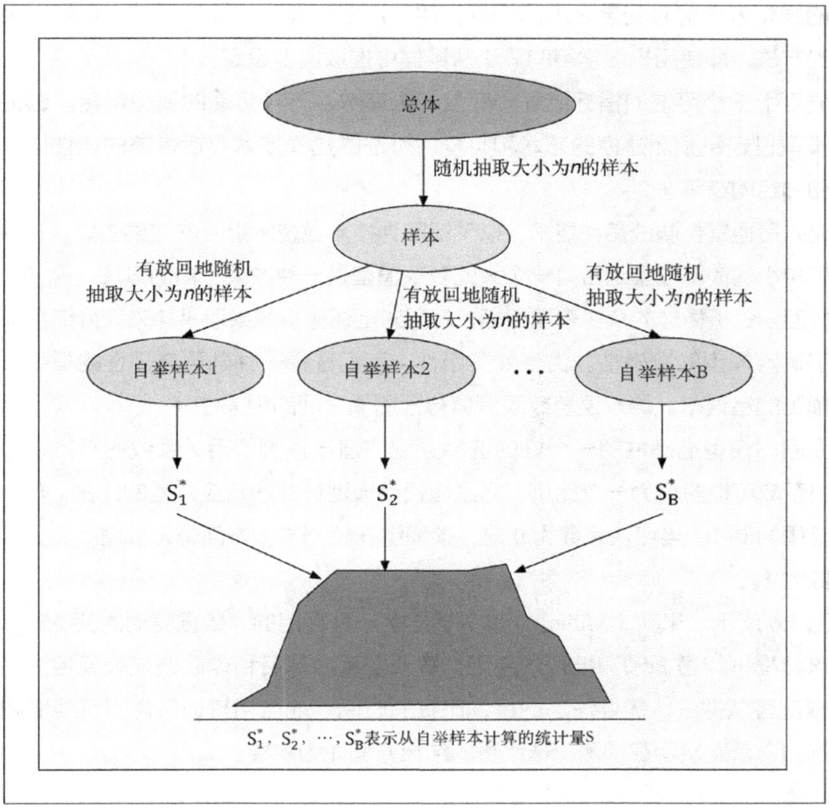

图4.5　自举重新抽样的训练和测试

自举有什么价值呢？它使我们不需要对总体分布做出假设。我们可以估计标准误差，并根据样本数据做出概率陈述。自举还可以被用于在留一法交叉验证过程中改进预测误差的估计。戴维森和欣克利（Davison & Hinkley, 1997）、埃弗伦和蒂布希拉尼（Efron & Tibshirani, 1993）及黑斯蒂、蒂布希拉尼和弗里德曼（Hastie, Tibshirani & Friedman, 2009）综述了多重交叉验证和自举抽样方法。

体育分析传递的大部分内容仅是表现测量。正如我们所讨论的那样，在棒球比赛中，关于衡量击球实力的最佳指标存在许多争议：是击球率、上垒率、长打率或者它们的某种组合。但是，在进行预测时，可以省去关于测量有效性的论据，使用能够提供最佳预测的指标组合。

建立预测模型是指找到提供可靠预测的正确指标组合。我们需要选择指标或解释变量，确定使用什么类型的建模方法。在使用传统统计方法时，应指定模型的数学形式并估计指标的权重。

线性预测是最简单的模型。它将回归系数作为一个变量对另一个变量作用的权重。

更复杂的模型考虑解释变量之间的相互作用。这些可能采用线性形式，也可能采用数据自适应的方法，即使用机器学习的算法从数据中提取模型设定。

有成百上千个可选的指标或解释变量，也有数百万种可能的模型设定。选择正确的方法和模型设定是预测建模的艺术和科学。可选的建模技术包括传统的线性回归、树结构回归和神经网络等。

研究人员通常会测试多种技术，以了解哪种技术或技术组合的效果最好。在许多情况下，将多种小的简单模型组合为一个大的复杂模型是一种效果不错的方法。例如，可以使用树结构回归分析棒球的众多表现指标，然后对上述分析结果取平均来获得综合预测。

为了确定模型的准确性、优度或实用性，我们选择一种刻画准确性的指标。我们可以使用预测的错误率、均方误差或观测值与预测值之间的相关性。

衡量回归模型准确性的一个好的选择是观测值与预测值相关系数的平方，即可决系数。可决系数可以解释为一个比例，它是指预测模型计算的响应方差的比例。作为比例，其取值范围为 0~1。当可决系数为 0 时，该模型在预测未来方面毫无价值，完美预测中的可决系数为 1。

如图 4.6 所示，米勒（Miller, 2008）提出了一种通用的、数据驱动的获胜球队的选择方法。该建模框架遵循预测推理的原则。解释变量与球员和球队既往表现相关。该框架可用于预测客队得分。需要注意的是，比赛的时间、地点和其他条件都可能影响比赛的结果。例如，首发投手在预测棒球比赛的结果方面尤为重要。

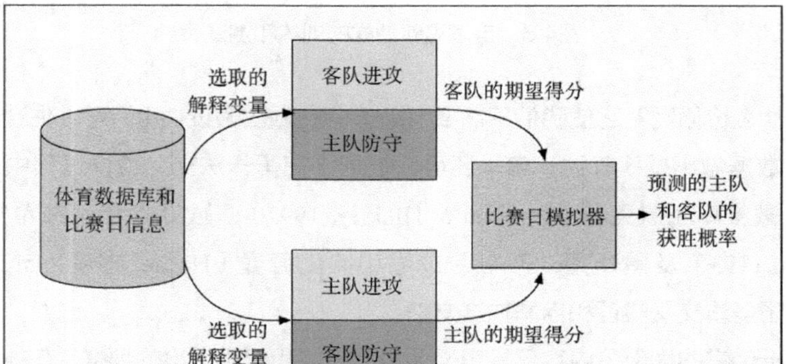

图4.6 团体项目的预测模型框架

资料来源：米勒（Miller, 2008）。

该框架允许对主队和客队使用不同的解释变量集合。洋基队成功的影响因素可能不同于红袜队成功的影响因素，红袜队成功的影响因素可能不同于天使队成功的影响因素，天使队成功的影响因素可能不同于道奇队成功的影响因素，等等。对球队来说，主场比赛时的重要事项可能与客场比赛时重要事项不同。

各种衡量输赢实力和攻守表现的指标都可以作为解释变量。比赛日模拟是该建模框架的重要部分。本书第十章将以美国职业棒球大联盟为例来说明该框架。

比赛日建模的一种方法是预测得分及每支队的允许得分，并使用模拟将它们转化成对输赢的预测。比赛日建模的第二种方法是将其视为逻辑回归问题，直接进行输赢预测。比赛日建模的第三种方法是使用多元回归来同时预测主队和客队的得分。

将比赛看作一个多元回归问题，或者更确切地说，一个二元回归问题。首先同时预测主队和客队的得分，然后把每对预测的得分转换成二元分类——要么主队获胜，要么客队获胜。对获胜者的预测，可以很容易地看到实际比赛中发生的事情，并计算出正确预测的比例。该比例是管理者和体育迷很容易理解的预测准确性指标。

预测模型可以是传统的、数据自适应的或二者的组合。与往常一样，评估模型会使用训练和测试方案。

体育数据和利用这些数据的预测模型可以提供竞争优势。我们可能会看到，最聪明、拥有最多信息、技术最先进的团队将会获胜。

第五章 制定比赛日决策

吉米（Jimmy）：“想参加一日游吗？”

多蒂（Dottie）：“不，鲍勃（Bob）和我正开车回俄勒冈州。”

吉米：“你知道，我真的以为你是一名球员。”

多蒂：“嗯，你错了。”

吉米：“我吗？”

多蒂：“是的，这只是一场比赛，吉米。这只是一场比赛。我有鲍勃。我不需要这个。我不需要。”

吉米：“我在职业生涯的最后5年戒酒了。5年。现在没有什么事情是我不愿意放弃的了。”

多蒂：“好吧，我们不一样。”

吉米：“胆小鬼，多蒂。如果你回到俄勒冈州并且生一百个孩子，那就太棒了。我无法告诉任何人如何生活，但是像这样偷偷地离开——在余生中你都会为此而后悔。棒球是你内心深处的东西，这是照亮你的东西，你无法否认。”

多蒂：“这太难了。”

吉米：“这是很难。如果不难的话，每个人都可以做。正是艰难成就了伟大。”

——《红粉联盟》（1992）中的吉米·杜根（汤姆·汉克斯饰演）和多蒂·辛森（吉娜·戴维斯饰演）

—Tom Hanks as Jimmy Dugan and Geena Davis as Dottie Hinson in *A League of Their Own* (1992)

从棒球开始说明数据如何用于比赛日决策是合适的，因为棒球可以使用一系列离散事件来描述。棒球比赛时而结束，时而开始——没有连续时钟或者时间限制。在各种体育项目中，棒球的数据分析是最成熟的，有大量公开资料。

表 5.1 是棒球半局中的 25 种状态和整局比赛结束时的预期得分。表 5.1 中的预期得分是根据 2014 年常规赛的比赛记录计算得出的（FanGraphs.com, 2015）。

表5.1　棒球半局的25种状态

状态代码	出局	垒上的跑垒员			预期得分
		一垒	二垒	三垒	
[0000]	0	0	0	0	0.461
[1000]	1	0	0	0	0.234
[2000]	2	0	0	0	0.095
[0100]	0	1	0	0	0.831
[1100]	1	1	0	0	0.489
[2100]	2	1	0	0	0.214
[0010]	0	0	1	0	1.068
[1010]	1	0	1	0	0.644
[2010]	2	0	1	0	0.305
[0001]	0	0	0	1	1.426
[1001]	1	0	0	1	0.865
[2001]	2	0	0	1	0.413
[0110]	0	1	1	0	1.373
[1110]	1	1	1	0	0.908
[2110]	2	1	1	0	0.343
[0101]	0	1	0	1	1.798
[1101]	1	1	0	1	1.140
[2101]	2	1	0	1	0.471
[0011]	0	0	1	1	1.920
[1011]	1	0	1	1	1.354
[2011]	2	0	1	1	0.570
[0111]	0	1	1	1	2.282
[1111]	1	1	1	1	1.520
[2111]	2	1	1	1	0.736
[END]					0.000

棒球的半局都是一系列事件或从一种状态到另一种状态的转换。棒球的半局始于没有出局，也没有人在垒上（状态代码 [0000]）。它以三个出局结束，称为终止状态（状态代码 [END]）。从一种状态到另一种状态存在关联的概率，在马尔可夫链（Markov chains）中称为转移概率。转移概率可以根据棒球比赛的实况统计数据估算。

投手的完美局可由状态序列 {[0000]，[1000]，[2000]，[END]} 表示。如果投手允许三个跑垒员通过保送上垒到达垒上，然后从边线三振出局，那么棒球状态的序列可表示为 {[0000]，[0100]，[0110]，[0111]，[1111]，[2111]，[END]}。

一垒上没有出局的保送上垒会使球队从状态 [0000] 转换到状态 [0100]，这与在一垒没有跑垒员的一垒安打效果相同。事实上，保送上垒与有一个或者两个出局的一垒安打相同，都会从状态 [1000] 转换到状态 [1100] 或从状态 [2000] 转换到状态 [2100]。然而，在许多时候，保送上垒不如安打，因为安打可能会使跑垒员到达本垒。例如，当跑垒员在一垒时，一垒安打就可以让他到达三垒。在没有出局时，经常可以看到从状态 [0100] 转换到状态 [0101]，然而没有出局的保送上垒和跑垒员在一垒上都可以用从状态 [0100] 转换到状态 [0110] 来表示。

我们可以使用棒球的状态及其相关的预期得分数据来为经理和教练提供有关制定比赛日决策的建议。假定开始时以没有出局且跑垒员在一垒上，记为状态 [0100]，此时的预期得分为 0.831 分。本垒板上的击球手可以尝试牺牲短打。如果成功，那么球队将进入状态 [1010]，此时的预期得分为 0.644 分。

不难理解为什么棒球分析师都回避牺牲短打——放弃出局，让跑垒员进入二垒会降低击球队的预期得分。更糟糕的是，并不是所有的牺牲短打都会成功。如果短打不能让跑垒员进入二垒（由于高飘球，跑垒员在第二局被罚下场，或者在第三次击球时因触击出界），那么失败的短打会让球队从状态 [0100] 转移到状态 [1100]。此时的预期得分为 0.489 分。没有出局的短打有时会导致双杀，从而使球队处于两个球员出局且没有跑垒员在垒上的危险状况——状态 [2000]，此时的预期得分为 0.095。为了提供完整的策略分析，需要考虑所有可能性，包括以安打为目标的短打，这会使球队从没有出局的状态 [0100] 转移到状态 [0110]，此时的预期得分为 1.373。状态之间的转换有相关的概率，赛时的策略分析需要计算各种互斥结果或事件的预期得分。

为了说明互斥事件的概率分析，考虑另一个棒球的赛时分析，即球员试图在没有出局的情况下盗取二垒。在美国职业棒球大联盟中，盗取二垒的成功率约为 70%。在没有出局的情况下，成功的盗垒会使球队从状态 [0100] 转换到状态 [0010]。此时的预期得分将从 0.831 分变为 1.068 分。然而，失败的盗垒会使球队以 0.243 分的预期得分晋级 [1000]。无出局盗垒时预期得分的计算方法如下：

$$(0.70 \times 1.068) + (0.30 \times 0.243) = 0.748 + 0.073 = 0.821$$

因此，如果全联盟盗取二垒时被称为“安全”的概率是 70%，那么在没有出局时盗取二垒并不是好的选择。经理应该发出盗垒信号吗？这取决于跑垒员在垒道上的速度、投手将球传到本垒板的速度、捕手让跑垒员出局的能力，以及中内野手给跑垒员传球的技巧——所有这些因素都因球员的不同而不同。

在制定棒球比赛的赛时决策时，需要考虑许多因素。给定以往比赛的实况统计记录，对于每个因素都有许多相关数据可以评估。因为棒球比赛可以被清晰地表示为离散状态且球员的职责可以准确界定，所以棒球分析师能够利用以往的比赛和球员数据评估替代策略。分析时直接应用数据和概率论即可。

在评估替代策略时，棒球分析师使用与每场比赛及场上的球队和球员相关的期望得分的估计值。天气条件和比赛时间（白天或夜晚）也会影响预期得分。一些球场，如丹佛的库尔斯球场和波士顿的芬威球场对击球手有利，在各种赛时状态都有更高的预期得分。其他球场，如芝加哥的蜂窝球场和旧金山的 AT & T 球场对投手更有利，在各种赛时状态都有更低的预期得分（ESPN.com, 2015）。不同本垒板裁判对坏球和好球的裁决不同，因而会影响预期得分。击球区宽的裁判会在各种赛时状态都有更低的预期得分，因此有利于投手。要了解打击区域裁判的个体差异，可参考温斯托克（Weinstock, 2012）。

棒球队的经理确定首发阵容，何时拉首发投手（pull the starting pitcher），何时替补击球，何时短打或击球，何时盗取二垒、三垒或本垒，以及何时要求重审裁判判决。在比赛中，最好的经理和教练都能理解“棒球的隐规则”（Thorn & Palmer, 1985; Keri, 2006; Tango, Lichtman & Dolphin, 2007）。棒球统计学口头禅是使用棒球的客观证据评估球员的既往表现，并为赛前决策提供参考。棒球爱好者一直以来都对数据着迷（Schwarz, 2004; James, 2010）。

棒球为战略分析提供了一个模型——我们为每场比赛制定替代策略，并计算每个策略的预期结果。其他运动可以在一定程度上效仿棒球的离散状态转换模型，它们也为使用数学和概率论进行策略分析提供了机会。将篮球、足球和曲棍球等运动中的连续动作转换为离散事件，并将这些运动和足球中进攻和防守球员的位置转换为有限集合中的状态都是富有挑战的。

篮球的关键所在是确定在各个阶段派哪 5 名球员上场、安排哪些球员来防守对方球员，以及应用什么类型的防守。一个值得注意的案例是来自 2015 年的 NBA 总决赛。克里夫兰骑士队和金州勇士队在最初的两场加时赛之后，在第三场和第四场比赛之间发生了戏剧性的转变。

在 2015 年 NBA 总决赛的第 3 场比赛中，克里夫兰骑士队的后卫凯里 · 欧文（Kyrie Irving）左膝骨折。他在本赛季的余下时间一直在休息。勒布朗 · 詹姆斯（LeBron James）替代凯里 · 欧文共参加了 46 场比赛，上场 48 分钟，得了 40 分。尽管在第 4 节比赛中克里夫兰骑士队只得到 24 分，而金州勇士队得到了 36 分，然而克里夫兰骑士队还是以 96：91 赢得了第 3 场比赛。勇士队的经理史蒂夫 · 科尔（Steve Kerr）在整个赛季都没有启用安德烈·伊戈达拉（Andre Iguodala）。但是，考虑到伊戈达拉在防守詹姆斯方面的实力，科尔将伊戈达拉放入了第 4 场的首发阵容中。伊戈达拉和他的队友设法将詹姆斯的得分控制在 20 分以内。金州勇士队以 103：82 赢得了第 4 场比赛，而伊戈达拉和斯蒂芬·库里（Steph Curry）每人都得了 22 分。

伊戈达拉在系列赛的最后两场比赛中一直出现在金州勇士队的首发阵容中。勒布朗·詹姆斯在上场时间和得分方面继续保持着惊人的纪录，但他的生产力始终受到伊戈达拉和金州勇士队的制约。金州勇士队在第 5 场比赛中以 104：91 获胜。在进攻方面，安德烈·伊戈达拉和斯蒂芬·库里令人敬佩地拿下了 14 分和 37 分。在六连冠决赛中，他们分别在金州勇士队以 105：97 战胜对手的比赛中拿下 25 分[1]。

篮球是一项团体运动。除了罚球线上的表现外，很难评估任何一名球员的表现。尽管如此，在另类对决中与球员表现相关的数据可以为教练的决策提供参考。和许多体育项目一样，篮球中的个人对决可以显示出输赢的区别。

数学规划（尤其是整数规划）可以帮助教练确定阵容和制订赛时的比赛计划。比赛计划的目标是在 4 个 12 分钟的时间段内获得最高分。13 名球员中同时只能有 5 名球员上场，每名球员都有由其年龄、身体状况和易受伤的情况决定的比赛时间限制。教练可以确定球员的位置和类型——两名后卫（一名控球后卫和一名得分后卫）、两名前锋（一名大前锋）和一名中锋。尽管评价个人球员在篮球等体育项目中的贡献存在许多不确定因素，但是可以将每位球员对球队得分的预期贡献作为模型的起点。NBA 为其成员球队提供所有比赛的标准数据集，包括得分记录表和实况统计数据。NBA 提供 1946 年至今的大量篮球数据——这些得分记录表和实况统计数据都是公开的。

篮球中的“热手”就如同棒球中的连胜和击球衰退一样，引起了统计界的极大兴趣。体育爱好者和教练可能会惊讶地发现，几乎没有令人信服的证据证明这些仅是好运或霉运带来的。巴依莱、阿武戈斯和拉布（Bar-Eli, Avugos & Raab, 2006）对这一领域的研究进行了全面的综述。

商业数据来源是有关 NBA 的分散数据的补充，为每场比赛提供更详细或更精细的记录。这些数据包括视频和带注释视频、计算机视觉辅助观察和人工观察。NBA 球队可以购买这些数据，并利用它们来获得竞争优势。

例如，当前的空间数据源能够提供每秒 25 次的球员和球的位置数据。随着体育分析师和数据科学家越来越多地使用这些数据源，可以预期会出现新的指标和模型，其中许多指标和模型将能够为赛时决策提供参考。

---

[1] 关于 2015 年的 NBA 决赛，可以参考美国国家篮球协会（2015）获得决赛的得分记录表，以及詹姆斯（Jenkins, 2015a, 2015b）的其他评论。

对于橄榄球的赛时决策，无论是地面带球跑动还是空中传球，无论是在第 4 次进攻时选择弃踢还是在第 1 次（第 2 次或更多码）时选择进攻，教练都需要考虑进攻和防守的形式。已经有许多文章对橄榄球赛时策略和教练想法进行了分析（American Football Coaches Association, 1999b, 1999a）。其中的挑战在于将教练的智慧和训练转化为独立的进攻和防守行动，并追踪这些行动是否成功。数据、指标和模型有时与传统的教练方法是矛盾的。一个特别值得注意的领域是在第 4 次进攻时选择弃踢。在许多体育分析家看来，这是一个糟糕的决定（Romer, 2006; Berri & Schmidt, 2010; Moskowitz & Wertheim, 2011）。

体育学者常用“策略”来表示“战术”。本章中也沿用这种做法。此外，企业管理者明确地区分这两个术语。“策略”指的是竞争的总体方法，“战术”指的是操作细节。

在所有体育项目中，运动队都可以利用数学规划来确定球员阵容和制定赛时决策，以便在给定的限制条件下最大化预期得分。拉达尼和马乔尔（Ladany & Machol, 1977）综述了如何使用数学规划得到备选战略。《体育运动定量分析期刊》（*Journal of Quantitative Analysis in Sports*）的作者在开发预测模型以指导战略方面发挥了很大的作用。

林赛（Lindsey, 1963）分析了棒球策略，为后续有关各种比赛情况或状态下的预期得分的工作奠定了基础。凯梅尼和斯内尔（Kemeny & Snell, 1976）、罗斯（Ross, 2014）、皮泰曼（Puterman, 2005）和普利沃特（Privault, 2013）等的书籍综述了马尔可夫链相关的数学。布基特、埃利奥特、帕拉斯奥斯（Bukiet, Elliotte & Palacios, 1997）和阿尔贝特（Albert, 2003）阐述了棒球的马尔可夫链分析。马奇和阿尔贝特（Marchi & Albert, 2014）给出了计算预期得分和模拟马尔可夫链的棒球比赛的 R 程序。

鲍默和津巴利斯特（Baumer & Zimbalist, 2014）对棒球统计学及其与棒球策略的相关性进行了全面的综述。他们对《点球成金》的书和电影进行了批判，说明这些流行作品并没有准确和完整地呈现棒球统计学的思想。

要想进一步了解篮球分析，可参考奥利弗（Oliver, 2004）、温斯顿（Winston, 2009）、谢伊和贝克（Shea & Baker, 2013）、谢伊（Shea, 2014）和马丁（Martin, 2016）的研究。关于足球分析和策略，可参考卡罗尔、帕尔梅和索恩（Carroll，Palmer & Thorn, 1988）和卡罗尔等（Carrol et al., 1998）等的研究。布朗（Brown, 2015）和德雷索（Dresow, 2015）记录了足球教练策略，但只给出了少量分析。要想了解贝里·提克的教练哲学，可以参考哈伯斯塔姆（Halberstam, 2005）和贝利奇克（Belichick, 2008）的研究。韦尔斯（Wells, 2008）和威尔逊（Wilson, 2008）综述了足球策略。

第六章 制作消息

丹（Dan）：“卡尔布（Kalb）。”

尤金（Eugene）：“谢谢你的湖人队比赛门票。”

丹：“当然。”

尤金：“座位太棒了。但我还是不打算在杂志上登广告。我女婿告诉我，人们已经不太看杂志了。太多东西会吸引他们的眼球。因此，我们要把大部分预算用于电视、广播和互联网。”

丹：“好的。”

尤金：“好的？这是什么意思？”

丹：“我不会出卖你的。”

尤金：“为什么不呢？你是销售。”

丹：“是的，只是不是很好。就是这样。”

尤金：“我也有同感。”

丹：“但是我想请你帮一个忙。我留给你一本这一期的杂志。而且我每周都会给你发一本新一期的。我会在几周后给你打电话。如果你愿意，我们可以谈谈。杂志上有一篇文章很棒，比较了现在的四分卫和约翰尼·尤尼塔斯（Johnny Unitas）。”

尤金：“尤尼塔斯会赢的。所以，这就是你的销售策略吗？”

丹：“我已经为这个杂志工作了20年。我相信它。”

——《大公司小老板》（2004）中的丹·福尔曼（丹尼斯·奎德饰演）和尤金·卡尔布（菲利浦·贝克·霍尔饰演）

—Dennis Quaid as Dan Foreman and Philip Baker Hall as Eugene Kalb in *In Good Company* (2004)

广告制作、营销传播、品牌开发、销售和市场营销对职业运动队来说非常重要，正如它们对任何企业都很重要一样。职业运动队不仅需要考虑门票定价、优惠和球队品牌商业化选项，而且需要致力于维护与广告商、赞助商和商业伙伴的关系。运动队需要引起人们的注意，吸引人们的兴趣，并最终建立忠诚度。运动队将从把体育消费者变成爱好者中受益。

数据科学方法和模型能够广泛地应用于职业体育的商业化。运动队能够通过了解体育和娱乐市场而受益。

下面以一个简单的例子来说明体育是如何融入娱乐空间的。华盛顿的消费者在秋季可获得的 7 种娱乐或活动选项：

- 华纳剧院喜剧（喜剧）；
- 国家交响乐团（交响乐团）；
- 国家动物园（动物园）；
- 伊格尔班克竞技场流行音乐（流行音乐）；
- 史密森尼博物馆（博物馆）；
- 华盛顿首都比赛（曲棍球）；
- 华盛顿红人队比赛（橄榄球）。

关注上述活动的相似之处，可以看出它们在娱乐空间中是如何相互联系的。在研究包含少数几种活动时，我们可以对所有活动直接评分或排名。对于 k 项活动，存在 $k(k-1)/2$ 种两两组合。如果有 7 项活动，那么有 $7\times(7-1)/2=21$ 种两两组合。因此，可以使用 21 个相似度评分来构建表示每项活动与其他活动的不同之处的距离矩阵。

我们可以在矩阵中表示相似性评分。表 6.1 是华盛顿特区的 7 种活动数据矩阵的下三角。因为较大的数字表示活动之间的差异较大，所以该矩阵又被称为差异矩阵或距离矩阵。这个矩阵可用于构建产品定位图。

表6.1 娱乐事件和活动的差异矩阵

	喜剧	交响乐	动物园	流行音乐	博物馆	曲棍球	橄榄球
喜剧	–						
交响乐	6	–					
动物园	11	10	–				
流行音乐	5	3	9	–			
博物馆	8	2	4	7	–		
曲棍球	15	19	17	13	21	–	
橄榄球	14	18	16	12	20	1	–

相似性判断在属性难以识别或描述的产品或服务类别中特别有用，如由风格、外观、气味或风味定义的产品或服务类别。距离矩阵或相异矩阵可以作为多维缩放算法的输入。该算法能够生成产品定位图。距离矩阵或相异矩阵还可以作为聚类算法的输入。该算法可以对产品或分类进行分组。

在研究许多产品和服务时，可能会使用有关产品属性或消费者对产品属性的评分数据作为多维缩放或聚类分析的输入。此时，可以使用多变量距离指标来构建距离矩阵。

图 6.1 是华盛顿特区活动的产品定位图或感知图。在许多研究情境中，图 6.1 中邻近的产品或服务可以互为替代品。从消费者的视角来看，运动明显不同于其他娱乐项目或者活动。看橄榄球比赛不能替代去博物馆或听交响乐，而看橄榄球比赛很可能是看曲棍球比赛的替代品。

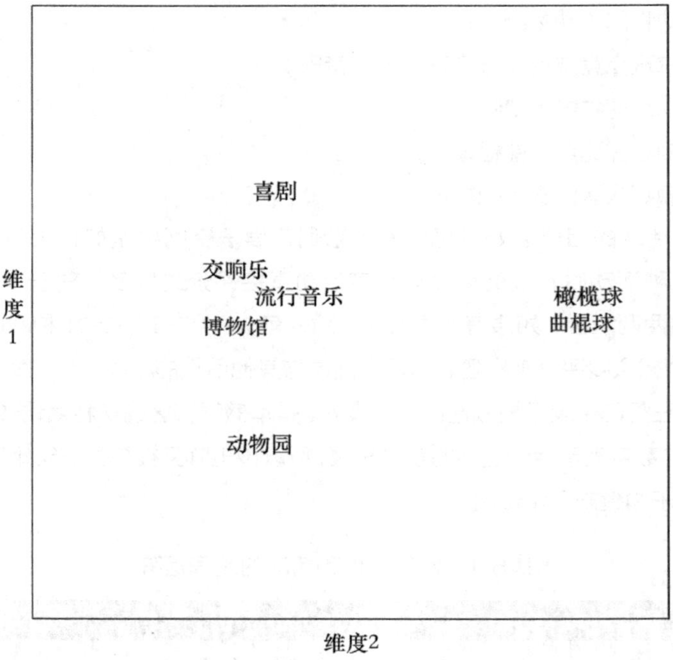

图6.1　体育运动如何（不）融入娱乐空间

产品定位图又称感知图，因为它表示消费者对活动的感知——此时是一个消费者的感知。同时，不难想象，如何将为一个消费者制作的空间产品图转化成许多其他消费者的产品图。我们要求一组消费者对相似活动进行排序，然后将平均排序放在相异矩阵中。

多维缩放以不相似度或距离作为输入，将产品定位图作为输出。产品定位图的方向是任意的。可以在不改变解决方案的情况下旋转产品定位图，创建产品定位图的映射，以及进行上下翻转或水平翻转。

基于不同相似性指标的产品定位图会有所不同。如图 6.2 所示，为了评价活动、产品或品牌之间的相似性，经常使用雅卡尔相异指数（Jaccard dissimilarity index）。当不同的多变量方法产生的结果截然不同时，我们会使用最佳判断来选择最容易与管理层沟通的解决方案。

无论是关注新的产品和服务还是现有产品和服务，产品定位都是业务和营销战略的重要组成部分。有一些基本问题需要解决：产品类别的构成是什么？同类产品如何相互比较？组织应如何区分其产品和服务与其他组织提供的产品和服务？

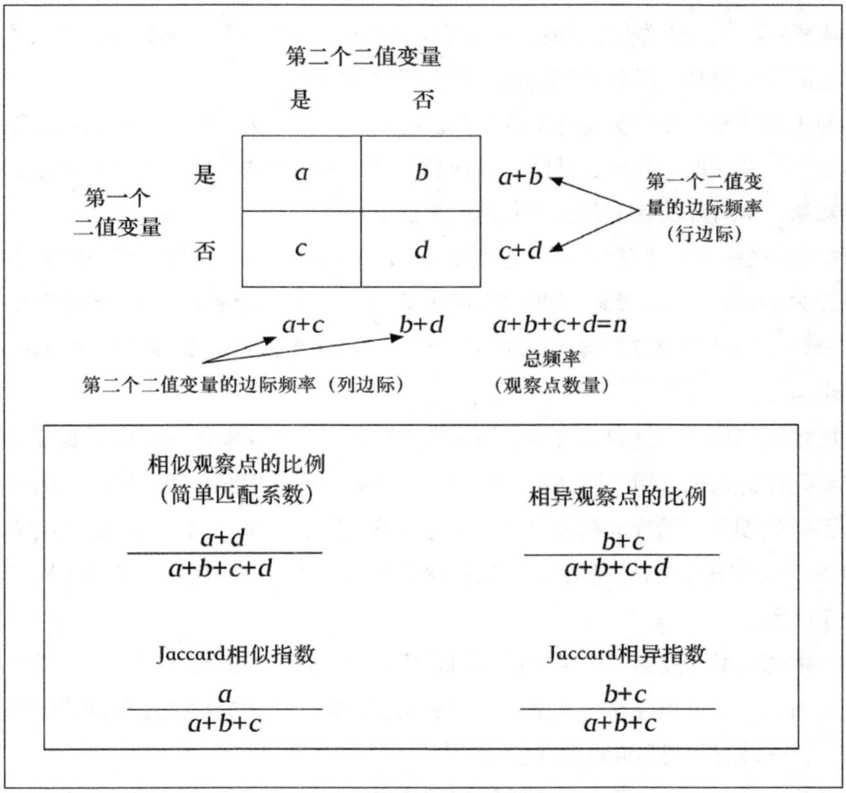

图6.2　成对二元变量的不相似指数

雅卡尔相异指数是从 2×2 的二元变量表中获得的。图 6.2 展示了如何从 2×2 的表格中的频率 a、b、c、d 计算雅卡尔相似指数和雅卡尔相异指数。在许多研究问题中，雅卡尔相异指数作为相异指数比相异观察点的比例更有意义。对于两对低发生率的二元变量，由于大多数观察点都在 2×2 表格中的否 / 否单元中，所以相异观察点的比例较低。这些否 / 否观察点所反映的更多的是低发生率而不是二元变量之间的相似性。在计算雅卡尔相异指数时，为了避免低发生率二元变量的问题，我们会降低否 / 否单元的频率。相似指数和相异指数在多维度分析、聚类分析和最近邻分析等方法中发挥着重要作用。购物篮分析通常从消费者或个人的购物篮开始。购物篮的行表示二进制数据矩阵，列表示产品或服务。相似指数表示两种产品同时出现在消费者购物篮中的可能性。关于相似指数和相异指数的进一步讨论可以参考考夫曼和卢索（Kaufman & Rousseeuw, 1990）的研究。

产品定位图在产品规划和竞争分析中特别有用。在空间中，邻近的产品可能被认为是替代产品或竞争对手。产品空间中的开放区域可能代表新的、差异化产品的机会。同样的技术可用于品牌，以获得关于品牌定位的信息并指导品牌战略。

产品或品牌定位可以和产品或品牌偏好一起研究，从而在空间中生成产品或品牌的感知 / 偏好映射。产品战略定位的关键在于消费者最需要的产品空间领域。产品经理乐于在产品空间中找到潜在顾客多、竞争品牌或产品少的领域。

多变量方法研究多个变量之间的关系。主成分分析、因子分析、多维缩放和其他多变量方法的语言表明，我们正试图识别数据中潜在或隐藏的维度。我们希望减少所考虑的维度数量，从而可以专注于最关键或最突出的维度。

聚类分析是一种多变量方法，是多维度缩放的替代方法。通常，同一类别中的产品或服务互为潜在替换者。聚类分析也可用于实现未知类别的分类问题。数据集中所测量属性的值相似的产品被放入同一类别。同一类别中的产品应当比不同类别中的产品具有更高的相似性。

去博物馆或动物园需要积极参与和边走边观察，而听交响乐和看电影是被动活动，需要坐着观察。娱乐项目和活动各不相同，消费者也不尽相同。我们经常使用聚类分析来识别不同的细分市场或消费者群体。体育迷不是同质群体。他们来自各个经济阶层，且具有不同的教育背景。体育运动的积极参与者也存在广泛的差异，这是定义细分市场的另一个因素。

应当根据数据和业务问题选择适合的分析方法，并选择适合数据且富有管理意义的结果展示方法。二维点图比一大张数字表更易于理解。在大的相关或相异矩阵中很难看出联系，但在地图中则不难看出联系。

联合分析是一种在体育营销中特别有用的建模方法。经理们经常希望知道驱动买家选择的因素。他们想知道什么因素对选择重要或者哪些因素决定了选择。在某种程度上，买家行为受产品特征、品牌和价格的影响。经理们能够影响买家行为，从而增加需求和收入，提高盈利能力。

如果问买家他们想要什么，那么他们可能会说“都要最好的”。如果问他们想要花多少钱，那么他们可能会说“越少越好”。使用直接反应评分量表或自我解释量表评估买方支付意愿和产品偏好存在局限性。按照常规方法设置的简单评分量表项目包含有关产品属性、品牌和价格的问题，无法获得对消费者选择至关重要的权衡。为了从买家的问卷调查中获得更多信息，我们提供了一个回应所需的情境，并尽可能多地收集信息。这就是联合和选择研究的内容，而且，许多此类研究都做得很好。

联合分析实际上是联合测量。营销分析师向消费者展示产品简介。产品简介由其属性定义。通过对产品进行排名、评分或选择，消费者可以展示他们对产品的偏好，并定义相关产品的属性。由计算得到的属性重要性的值和与属性相关的部分值表示作为一个组或联合获得的测量，因此被称为联合分析。排名、评级或选择等任务可以采取多种形式。

在传统的联合分析中，我们利用回归分析与总和对比，使得每个属性取各个值时的拟合系数之和为零。拟合的回归系数表示部分值的效用这一联合指标。在研究中，部分值表示个体消费者对属性的某个取值的偏好强度。正的部分值增加了产品在消费者心目中的价值。负的部分值减少了产品在消费者心目中的价值。对一个产品的部分值求和时，可以获得衡量消费者的效用或者收益的指标。适配偏好排序的线性模型是一种展示产品属性如何影响购买决策的建模技术。它是传统联合分析的一个例子。

为了说明联合分析，我们考虑道奇体育场的座位和门票价格。球迷有 4 个可选的座位区：场地、楼座、预留和顶层。根据《韦伯斯特大学词典》（Webster's Collegiate Dictionary）（第 11 版）的解释，楼座是指体育馆内高层的座位。在道奇体育场，场地座位是距离比赛场地最近的座位。接下来是楼座的座位，然后是预留的座位。顶层的座位是距离比赛场地最远的座位。这些区域内和各个区域之间的票价都存在很大差异。例如，同一区域内还可能被进一步划分为“前排”“包厢”“VIP”等分区。该示例研究中的另一个因素是促销或赠品。有些比赛可能会为前 5 万名球迷提供球、玩偶或帽子作为促销的赠品。表 6.2 是一位爱好者对道奇体育场座位的 16 类座位偏好的排名数据。为了展示联合分析的结果，我们使用一种称为脊柱图的特殊点图，如图 6.3 所示。

表6.2　道奇体育场座位的消费者偏好数据

问题	价格/美元	座位	贵宾包厢	前排	促销	排名
1	45	预留	否	否	无	10
2	20	场地	否	否	球	16
3	20	预留	是	是	玩偶	13
4	45	楼座	否	是	玩偶	11
5	20	楼座	是	否	无	14
6	95	楼座	否	否	帽子	6
7	70	场地	否	是	无	12
8	70	预留	是	否	帽子	7
9	45	顶层	是	否	球	3
10	95	预留	否	是	球	5
11	70	顶层	否	否	玩偶	2

续表

问题	价格/美元	座位	贵宾包厢	前排	促销	排名
12	70	楼座	是	是	球	9
13	95	场地	是	否	玩偶	8
14	20	顶层	否	是	帽子	4
15	45	场地	是	是	帽子	15
16	95	顶层	是	是	无	1

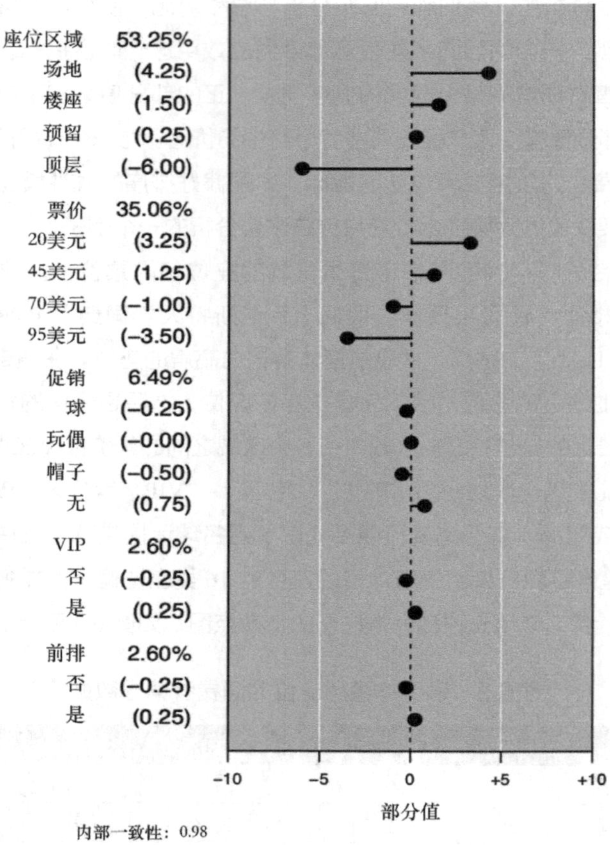

图6.3 道奇体育场座位的消费者偏好

在脊柱图中，部分值可以显示在属性的公共部分值标尺上。垂线的中心，即脊柱的位置，坐标为 0。每个属性的每个级别的部分值用从脊柱延伸出来的水平线上的点表示。消费者偏好的产品或服务的部分值为正，落在脊柱的右侧。消费者不偏好的产品或服务的部分值为负，落在脊柱的左侧。联合分析中属性的相对重要性是由属性的部分值范围来定义的。重要性值是按比例缩放的，因此所有属性重要性值的和为 100%。

这幅脊柱图说明该消费者的座位偏好是什么样的。它表明座位区域是最重要的，第二重要的是价格。同一座位区域内部的“前排”“包厢”“VIP”等分区不如座位区域本身重要。促销活动似乎没什么用处，因为消费者可能对球、帽子或玩偶不感兴趣。

这项简单的研究衡量了消费者对座位的偏好。毫不奇怪，靠近比赛场地的座位或更低的价格是首选。此类研究真正的价值在于展示消费者的支付意愿。

为了评估联合测量情境中的支付意愿，我们需要注意门票定价范围内的部分值差异。从图 6.3 可以看出，3.25 的部分值相当于 20 美元的门票价格。类似的，−3.50 的部分值相当于 95 美元的门票价格。一些简单的计算可以得到部分值对应的门票价格：

$$|3.25-(-3.50)| = 6.75 \text{ 部分值差异（效用）}$$

$$|20-95| = 75 \text{ 门票价格差异（美元）}$$

$$6.75 \text{ 效用} = 75 \text{ 美元}$$

$$1 \text{ 效用} = 11.11 \text{ 美元}$$

这个对消费者来说，每单位的部分值（或称效用）价值 11.11 美元。因此，场地座位和楼座座位的部分值差异是 4.25 − 1.50|=2.75 效用。因此，这个消费者愿意比购买一个楼座座位多花 2.75 × 11.11=30.55 美元购买一个场地座位。

传统的联合分析将线性模型拟合到每个人的评分或排名，从而测量每个属性的每个级别的效用或部分值，以及属性的相对重要性。传统的联合分析是众多联合分析中的一种（Orme, 2013）。

为了更好地评估购买意愿，我们采用基于选择的联合分析方法，并将“无”作为一个选项。图 6.4 是在这类研究中的选项。我们向每个受访消费者展示许多选项，并使用离散选择分析方法来估计部分值或属性的重要性。米勒（Miller, 2015a）展示了如何使用贝叶斯分层模型来分析选择数据。塔卢里和范里津（Talluri & van Ryzin, 2004）描述了收益管理中的离散选择方法。该方法可用于评估诸如航空公司和体育场座位预订的有限容量的可变定价问题的支付意愿。

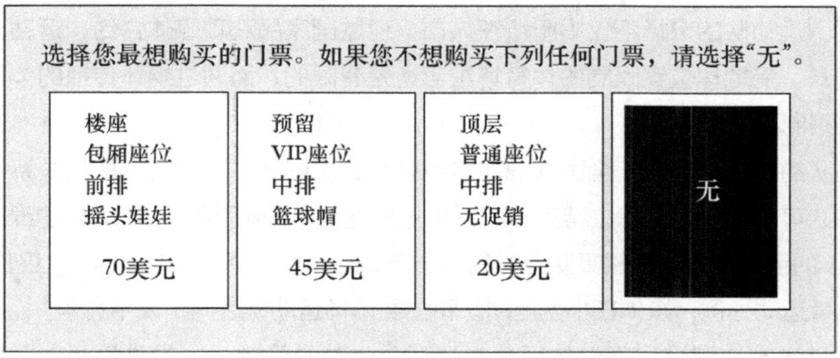

图6.4　评估门票支付意愿的选项

从联合分析中得到的指标可以用于识别消费者市场细分。我们可以使用联合指标来预测市场中的消费者选择，可以使用联合研究的结果进行市场模拟，探索替代产品设计和定价策略。消费者对问卷调查的回应和在市场中做出的选择会表现出他们的偏好。

图 6.5 是理解市场中买家和卖家选择的框架。市场是买卖双方聚集的地方。买方代表需求方，卖方代表供应方。我们使用方法和模型来预测市场中将会发生什么、产品的销量是多少、价格会是什么样的。市场的整体行为是经济学的研究内容。市场研究和数据科学研究细分市场以及其中的买家行为。

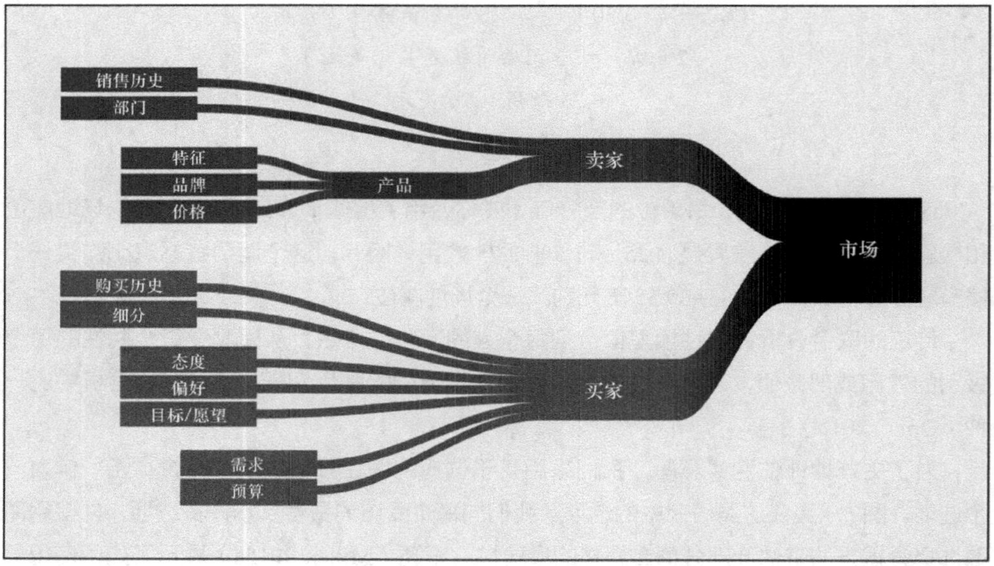

图6.5 市场：买家和卖家相遇之地

职业运动队可以询问有关买家的基本问题。消费者和爱好者的历史、偏好和态度各异。有些消费者是某个运动队的爱好者，有些消费者是某项运动的爱好者，还有一些消费者是体育迷。运动队的市场不仅限于所在城市。通过国家品牌和媒体合约，运动队可能实现收入增长。受地理位置限制的体育场馆容量是有限的，而通过媒体传播的体育赛事没有这样的限制。

运动队的市场是什么？全国各地许多小熊队的爱好者与芝加哥地区的关系不大。达拉斯牛仔队可以被那些无意去得克萨斯的球迷描述为“美国队”。像 NFL 的绿湾包装工队或 NBA 的俄克拉何马城雷霆队这样的小市场球队可以建立远远超出城市范围的球迷基础。以体育运动为例，媒体在小型运动队和主要市场运动队之间“公平竞争”。

数据科学方法和模型不仅与所有市场、企业对消费者、企业对企业市场都相关，而且必然与专业体育营销相关。布拉特伯格、基姆和奈斯琳（Blattberg, Kim & Neslin,

2008）及米勒（Miller, 2015a）综述了与营销数据科学相关的方法和模型。赖因、科特勒和希尔兹（Rein, Kotler & Shields, 2006）展示了通用营销原则在职业运动队营销中的应用。

偏好量表在心理测量学中有着悠久的历史（Thurstone, 1927；Young & Householder, 1938；Richardson, 1938）。吉尔福德（Guilford, 1954, 1936 年首次出版）和托格森（Torgerson, 1958）对偏好量表进行了深入分析。与应用于配对比较偏好矩阵类似，传统的一维缩放方法也可以用于从配对比较、排名和多级排名得到的数据，以及最佳最差缩放项目、选择研究、选择列表和淘汰选择列表。米勒（Miller，2015a）给出了一些例子。

关于多维缩放有许多好的参考资料（Davison, 1992; Cox & Cox, 1994; Carroll & Green, 1997; Borg & Groenen, 2010）。利林和兰加斯瓦米（Lilien & Rangaswamy, 2003）讨论了感知和偏好的联合映射方法。维纳布尔斯和里普利（Venables & Ripley, 2002）给出了多维缩放的 R 语言代码。

塞贝尔（Seber, 2000）、曼利（Manly, 1994）、夏尔马（Sharma, 1996）、纳纳代西坎（Gnanadesikan, 1997）、约翰逊和维歇恩（Johnson & Wichern, 1998）、艾曾曼（Izenman, 2008）综述了多变量方法。主成分双标图可以替代多维缩放图（Gabriel, 1971; Gower & Hand, 1996）。双标图可以同时绘制消费者和产品 / 品牌。

联合测量是营销数据科学的重要工具，侧重于买方或市场的需求方。该方法最初由露西和图基（Luce & Tukey, 1964）提出。奥姆（Orme, 2013）全面综述了联合方法。

示例代码 6.1 是对娱乐项目和活动进行产品定位的 R 语言程序。该程序参考了里普利等（Ripley et al., 2015）的工作。示例代码 6.2 是相应的 Python 语言程序。

示例代码 6.3 和示例代码 6.4 是分析消费者偏好的排名或评分数据的 R 语言程序和 Python 语言程序。它们实现了传统的联合分析。R 语言程序展示了如何构建脊柱图，即联合和选择研究的定制数据可视化。使用标准 R 图形，程序每次构建一个点、一条线和一个文本字符串。程序会精确控制点、线和文本的位置。

示例代码6.1 映射娱乐项目和活动（R语言）

```
# Product Positioning of Entertainment Events and Activities（R）

library（MASS） # includes functions for multidimensional scaling
library（wordcloud） # textplot utility to avoid overlapping text

USE_METRIC_MDS <-FALSE # metric versus non-metric toggle

# utility function for converting a distance structure
# to a distance matrix as required for some routines and
# for printing of the complete matrix for visual inspection.
make.distance.matrix <-function（distance_structure）
```

```
  { n <−attr ( distance_structure, "Size" )
    full <−matrix ( 0, n, n )
    full[lower.tri ( full ) ] <−distance_structure
    full+t ( full )
}

# enter data into a distance structure as required for various
# distance−based routines. That is, we enter the upper triangle
# of the distance matrix as a single vector of distances
distance_structure <−
   as.single ( c ( 6, 11, 5, 8, 15, 14, 10, 3, 2, 19, 18, 9, 4, 17, 16, 7, 13, 12, 21, 20, 1 ) )

# provide a character vector of entertainment event or activity names
activity_names <−
  c ( "Comedy", "Symphony", "Zoo", "Pop Music", "Museum", "Hockey", "Football" )

attr ( distance_structure, "Size" ) <−length ( activity_names ) # set size attribute

# check to see that the distance structure has been entered correctly
# by converting the distance structure to a distance matrix
# using the utility function make.distance.matrix, which we had defined
distance_matrix <−unlist ( make.distance.matrix ( distance_structure ) )
cat ( "\n", "Distance Matrix of Seven Activities", "\n" )
print ( distance_matrix )

if ( USE_METRIC_MDS )
   {
   # apply the metric multidimensional scaling algorithm and plot the map
   mds_solution <−cmdscale ( distance_structure, k=2, eig=T )
   }

# apply the non−metric multidimensional scaling algorithm
# this is more appropriate for rank−order data
# and provides a more satisfactory solution here

if ( !USE_METRIC_MDS )
   {
   mds_solution <−isoMDS ( distance_matrix, k = 2, trace = FALSE )
   }

pdf ( file = "plot_nonmetric_mds_seven_activities.pdf ",
          width=8.5, height=8.5 ) # opens pdf plotting device
```

```
# use par ( mar = c ( bottom, left, top, right ) ) to set up margins on the plot
par ( mar=c ( 7.5, 7.5, 7.5, 5 ) )

# original solution
First_Dimension <-mds_solution$points[, 1]
Second_Dimension <-mds_solution$points[, 2]

# set up the plot but do not plot points... use names for points
plot ( First_Dimension, Second_Dimension, type = "n", cex = 1.5,
  xlim = c ( -15, 15 ) , ylim = c ( -15, 15 ) ) # first page of pdf plots
# We plot the sport names in the locations where points normally go.
text ( First_Dimension, Second_Dimension, labels = activity_names,
  offset = 0.0, cex = 1.5 )
title ( "Seven Activities ( initial solution ) " )

# reflect the horizontal dimension
# multiply the first dimension by -1 to get reflected image
First_Dimension <-mds_solution$points[, 1] * -1
Second_Dimension <-mds_solution$points[, 2]
plot ( First_Dimension, Second_Dimension, type = "n", cex = 1.5,
  xlim = c ( -15, 15 ) , ylim = c ( -15, 15 ) ) # second page of pdf plots
text ( First_Dimension, Second_Dimension, labels = activity_names,
  offset = 0.0, cex = 1.5 )
title ( "Seven Activities ( horizontal reflection ) " )

# reflect the vertical dimension
# multiply the section dimension by -1 to get reflected image
First_Dimension <-mds_solution$points[, 1]
Second_Dimension <-mds_solution$points[, 2] * -1
plot ( First_Dimension, Second_Dimension, type = "n", cex = 1.5,
  xlim = c ( -15, 15 ) , ylim = c ( -15, 15 ) ) # third page of pdf plots
text ( First_Dimension, Second_Dimension, labels = activity_names,
  offset = 0.0, cex = 1.5 )
title ( "Seven Activities ( vertical reflection ) " )

# multiply the first and second dimensions by -1
# for reflection in both horizontal and vertical directions
First_Dimension <-mds_solution$points[, 1] * -1
Second_Dimension <-mds_solution$points[, 2] * -1
plot ( First_Dimension, Second_Dimension, type = "n", cex = 1.5,
  xlim = c ( -15, 15 ) , ylim = c ( -15, 15 ) ) # fourth page of pdf plots
text ( First_Dimension, Second_Dimension, labels = activity_names,
  offset = 0.0, cex = 1.5 )
```

```
title ( "Seven Activities ( horizontal and vertical reflection ) " )
dev.off ( ) # closes the pdf plotting device

pdf ( file = "plot_pretty_original_mds_seven_activities.pdf ",
        width=8.5, height=8.5 ) # opens pdf plotting device
# use par ( mar = c ( bottom, left, top, right ) ) to set up margins on the plot
par ( mar=c ( 7.5, 7.5, 7.5, 5 ) )
First_Dimension <-mds_solution$points[, 1] # no reflection
Second_Dimension <-mds_solution$points[, 2]  # no reflection
# wordcloud utility for plotting with no overlapping text
textplot ( x = First_Dimension,
  y = Second_Dimension,
  words = activity_names,
  show.lines = FALSE,
  xlim = c ( -15, 15 ) , # extent of horizontal axis range
  ylim = c ( -15, 15 ) , # extent of vertical axis range
  xaxt = "n", # suppress tick marks
  yaxt = "n", # suppress tick marks
  cex = 1.15, # size of text points
  mgp = c ( 0.85, 1, 0.85 ) , # position of axis labels
  cex.lab = 1.5, # magnification of axis label text
  xlab = "First Dimension",
  ylab = "Second Dimension" )
dev.off ( ) # closes the pdf plotting device
```

示例代码6.2　映射娱乐项目和活动（Python语言）

```
# Product Positioning of Entertainment Events and Activities ( Python )

# prepare for Python version 3x features and functions
from __future__ import division, print_function

# import packages for multivariate analysis
import numpy as np  # arrays and numerical processing
import scipy
import matplotlib.pyplot as plt  # 2D plotting

# alternative distance metrics for multidimensional scaling
from sklearn.metrics import euclidean_distances
from sklearn.metrics.pairwise import linear_kernel as cosine_distances
from sklearn.metrics.pairwise import manhattan_distances as manhattan_distances
```

```
from sklearn import manifold # multidimensional scaling

# These are the original data from one respondent
# Pairs of activities are judged on their similarity
# Smaller numbers are more similar to one another
# Zero on the diagonal means no difference
#  0  6 11  5  8 15 14  Comedy
#  6  0 10  3  2 19 18  Symphony
# 11 10  0  9  4 17 16  Zoo
#  5  3  9  0  7 13 12  Pop Music
#  8  2  4  7  0 21 20  Museum
# 15 19 17 13 21  0  1  Hockey
# 14 18 16 12 20  1  0  Football

# define a numpy array for these data
distance_matrix = np.array ( [\
[ 0, 6, 11, 5, 8, 15, 14], \
[ 6, 0, 10, 3, 2, 19, 18], \
[11, 10, 0, 9, 4, 17, 16], \
[ 5, 3, 9, 0, 7, 13, 12], \
[ 8, 2, 4, 7, 0, 21, 20], \
[15, 19, 17, 13, 21, 0, 1], \
[14, 18, 16, 12, 20, 1, 0]] )

# check to see that the distance structure has been entered correctly
print ( distance_matrix )
print ( type ( distance_matrix ) )

# apply the multidimensional scaling algorithm and plot the map
mds_method = manifold.MDS ( n_components = 2, random_state = 9999, \
   dissimilarity = 'precomputed' )
mds_fit = mds_method.fit ( distance_matrix )
mds_coordinates = mds_method.fit_transform ( distance_matrix )

activity_label = ["Comedy", "Symphony", "Zoo", \
   "Pop Music", "Museum", "Hockey", "Football"]
# plot mds solution in two dimensions using activity labels
# defined by multidimensional scaling
plt.figure ( )
plt.scatter ( mds_coordinates[:, 0], mds_coordinates[:, 1], \
   facecolors = 'none', edgecolors = 'none' ) # points in white ( invisible )
labels = activity_label
```

```
for label, x, y in zip（labels, mds_coordinates[:, 0], mds_coordinates[:, 1]）:
    plt.annotate（label, （x, y）, xycoords = 'data'）
plt.xlabel（'First Dimension'）
plt.ylabel（'Second Dimension'）
plt.show（）
plt.savefig（'fig_positioning_products_mds_activities_python.pdf',
    bbox_inches = 'tight', dpi=None, facecolor='w', edgecolor='b',
    orientation= 'landscape', papertype=None, format=None,
    transparent=True, pad_inches=0.25, frameon=None）
```

示例代码6.3　体育项目偏好的联合分析（R语言）

```
# Consumer Preferences for Sporting Events---Conjoint Analysis（R）

library（support.CEs）# package for survey construction

# generate a balanced set of product profiles for survey
# varies with each call to the function
# so each individual gets a different set of sixteen items
provider.survey <-Lma.design（attribute.names =
  list（price = c（"PRICE $20", "PRICE $45", "PRICE $70", "PRICE $95"）,
  seating = c（"Field", "Loge", "Reserved", "Top Deck"）,
  boxvip = c（"Box/VIP NO", "Box/VIP YES"）,
  frontrow = c（"Front Row NO", "Front Row YES"）,
  promotion = c（"Ball", "Bobblehead", "Cap", "None"））,
    nalternatives = 1, nblocks=1, seed = 7777）
print（questionnaire（provider.survey））# print survey design for review

sink（"questions_for_survey.txt"）# send survey to external text file
questionnaire（provider.survey）
sink（）# send output back to the screen
print.digits <-2 # set number of digits on print and spine chart

# user-defined function for printing conjoint measures
if（print.digits == 2）
  pretty.print <-function（x）{sprintf（"%1.2f", round（x, digits = 2））}
if（print.digits == 3）
  pretty.print <-function（x）{sprintf（"%1.3f", round（x, digits = 3））}
```

```
# -----------------------------------------------------
# user−defined function for printing conjoint measures
# spine chart accommodates up to 45 part−worths on one page
# |part−worth| <= 40 can be plotted directly on the spine chart
# |part−worths| > 40 can be accommodated through
#    standardization# user−defined function for spine chart
# -----------------------------------------------------
spine.chart <−function（conjoint.results,
  color.for.part.worth.point = “blue”,
  color.for.part.worth.line = “blue”,
  left.side.symbol.to.print.around.part.worths = “（”,
  right.side.symbol.to.print around.part.worths = “）”,
  left.side.symbol.to.print.around.importance = “”,
  right.side.symbol.to.print around.importance = “”,
  color.for.printing.importance.text = “dark red”,
  color.for.printing.part.worth.text = “black”,
  draw.gray.background = TRUE,
  draw.optional.grid.lines = TRUE,
  print.internal.consistency = TRUE,
  fix.max.to.4 = FALSE,
  put.title.on.spine.chart = FALSE,
  title.on.spine.chart = paste（“TITLE GOES HERE IF WE ASK FOR ONE”, sep=“”）,
  plot.framing.box = TRUE,
  do.ordered.attributes = TRUE）{

# fix.max.to.4  option to override the range for part−worth plotting

if（!do.ordered.attributes）effect.names <−conjoint.results$attributes
if（do.ordered.attributes）effect.names <−
  conjoint.results$ordered.attributes

number.of.levels.of.attribute <−NULL
for（index.for.factor in seq（along=effect.names））
  number.of.levels.of.attribute <−c（number.of.levels.of.attribute,
    length（conjoint.results$xlevels[[effect.names[index.for.factor]]]））

# total number of levels needed for vertical length of spine the spine plot
total.number.of.levels <−sum（number.of.levels.of.attribute）

# define size of spaces based upon the number of part−worth levels to plot
if（total.number.of.levels <= 20）{
  smaller.space <−0.01
  small.space <−0.02
```

```
 medium.space <-0.03
 large.space <-0.04
}

if ( total.number.of.levels > 20 ) {
 smaller.space <-0.01 * 0.9
 small.space <-0.02 * 0.9
 medium.space <-0.03 * 0.9
 large.space <-0.04 * 0.9
}

if ( total.number.of.levels > 22 ) {
 smaller.space <-0.01 * 0.85
 small.space <-0.02 * 0.85
 medium.space <-0.03 * 0.825
 large.space <-0.04 * 0.8
}

if ( total.number.of.levels > 25 ) {
 smaller.space <-0.01 * 0.8
 small.space <-0.02 * 0.8
 medium.space <-0.03 * 0.75
 large.space <-0.04 * 0.75
}

if ( total.number.of.levels > 35 ) {
 smaller.space <-0.01 * 0.65
 small.space <-0.02 * 0.65
 medium.space <-0.03 * 0.6
 large.space <-0.04 * 0.6
}

# of course there is a limit to how much we can plot on one page
if ( total.number.of.levels > 45 )
 stop ( "\n\nTERMINATED: More than 45 part-worths on spine chart\n" )
part.worth.plotting.list <-conjoint.results$part.worths

# check the range of part-worths to see which path to go down for plotting
# initialize these toggles to start
max.is.less.than.40 <-FALSE
max.is.less.than.20 <-FALSE
max.is.less.than.10 <-FALSE
max.is.less.than.4 <-FALSE
```

```
max.is.less.than.2 <-FALSE
max.is.less.than.1 <-FALSE

if ( max ( abs ( min ( unlist ( part.worth.plotting.list ) , na.rm=TRUE ) ) ,
 max ( unlist ( part.worth.plotting.list ) , na.rm=TRUE ) ) <= 40 ) {
 max.is.less.than.40 <-TRUE
 max.is.less.than.20 <-FALSE
 max.is.less.than.10 <-FALSE
 max.is.less.than.4 <-FALSE
 max.is.less.than.2 <-FALSE
 max.is.less.than.1 <-FALSE
 }

if ( max ( abs ( min ( unlist ( part.worth.plotting.list ) , na.rm=TRUE ) ) ,
 max ( unlist ( part.worth.plotting.list ) , na.rm=TRUE ) ) <= 20 ) {
 max.is.less.than.40 <-FALSE
 max.is.less.than.20 <-TRUE
 max.is.less.than.10 <-FALSE
 max.is.less.than.4 <-FALSE
 max.is.less.than.2 <-FALSE
 max.is.less.than.1 <-FALSE
 }

if ( max ( abs ( min ( unlist ( part.worth.plotting.list ) , na.rm=TRUE ) ) ,
 max ( unlist ( part.worth.plotting.list ) , na.rm=TRUE ) ) <= 10 ) {
 max.is.less.than.40 <-FALSE
 max.is.less.than.20 <-FALSE
 max.is.less.than.10 <-TRUE
 max.is.less.than.4 <-FALSE
 max.is.less.than.2 <-FALSE
 max.is.less.than.1 <-FALSE
 }

if ( max ( abs ( min ( unlist ( part.worth.plotting.list ) , na.rm=TRUE ) ) ,
 max ( unlist ( part.worth.plotting.list ) , na.rm=TRUE ) ) <= 4 ) {
 max.is.less.than.40 <-FALSE
 max.is.less.than.20 <-FALSE
 max.is.less.than.4 <-TRUE
 max.is.less.than.10 <-FALSE
 max.is.less.than.2 <-FALSE
 max.is.less.than.1 <-FALSE
 }
```

```
if ( max ( abs ( min ( unlist ( part.worth.plotting.list ) , na.rm=TRUE ) ) ,
 max ( unlist ( part.worth.plotting.list ) , na.rm=TRUE ) ) <= 2 ) {
 max.is.less.than.40 <-FALSE
 max.is.less.than.20 <-FALSE
 max.is.less.than.4 <-FALSE
 max.is.less.than.10 <-FALSE
 max.is.less.than.2 <-TRUE
 max.is.less.than.1 <-FALSE
 }

if ( max ( abs ( min ( unlist ( part.worth.plotting.list ) , na.rm=TRUE ) ) ,
 max ( unlist ( part.worth.plotting.list ) , na.rm=TRUE ) ) <= 1 ) {
 max.is.less.than.40 <-FALSE
 max.is.less.than.20 <-FALSE
 max.is.less.than.4 <-FALSE
 max.is.less.than.10 <-FALSE
 max.is.less.than.2 <-FALSE
 max.is.less.than.1 <-TRUE
}

# sometimes we override the range for part-worth plotting
# this is not usually done... but it is an option
if ( fix.max.to.4 ) {
 max.is.less.than.40 <-FALSE
 max.is.less.than.20 <-FALSE
 max.is.less.than.10 <-FALSE
 max.is.less.than.4 <-TRUE
 max.is.less.than.2 <-FALSE
 max.is.less.than.1 <-FALSE
 }
if ( !max.is.less.than.1 & !max.is.less.than.2 & !max.is.less.than.4 &
 !max.is.less.than.10 & !max.is.less.than.20 & !max.is.less.than.40 )
  stop ( "\n\nTERMINATED: Spine chart cannot plot |part-worth| > 40" )

# determine point positions for plotting part-worths on spine chart
if ( max.is.less.than.1 | max.is.less.than.2 | max.is.less.than.4 |
 max.is.less.than.10 | max.is.less.than.20 | max.is.less.than.40 ) {
# begin if-block plotting when all part-worths in absolute value
# are less than one of the tested range values
# part-worth positions for plotting
# end if-block plotting when all part-worths in absolute value
# are less than one of the tested range values
# offsets for plotting vary with the max.is.less.than setting
```

```
  if ( max.is.less.than.1 ) {
   list.scaling <−function ( x ) {0.75 + x/5}
   part.worth.point.position <−
    lapply ( part.worth.plotting.list, list.scaling )
 }

  if ( max.is.less.than.2 ) {
   list.scaling <−function ( x ) {0.75 + x/10}
   part.worth.point.position <−
    lapply ( part.worth.plotting.list, list.scaling )
 }

  if ( max.is.less.than.4 ) {
   list.scaling <−function ( x ) {0.75 + x/20}
   part.worth.point.position <−
    lapply ( part.worth.plotting.list, list.scaling )
 }

   if ( max.is.less.than.10 ) {
   list.scaling <−function ( x ) {0.75 + x/50}
   part.worth.point.position <−
    lapply ( part.worth.plotting.list, list.scaling )
 }

  if ( max.is.less.than.20 ) {
   list.scaling <−function ( x ) {0.75 + x/100}
   part.worth.point.position <−
    lapply ( part.worth.plotting.list, list.scaling )
 }

  if ( max.is.less.than.40 ) {
   list.scaling <−function ( x ) {0.75 + x/200}
   part.worth.point.position <−
    lapply ( part.worth.plotting.list, list.scaling )
 }

  part.worth.point.position <−lapply ( part.worth.plotting.list, list.scaling )
  }

if ( plot.framing.box ) plot ( c ( 0, 0, 1, 1 ) , c ( 0, 1, 0, 1 ) , xlab="", ylab="",
 type="n", xaxt="n", yaxt="n" )

if ( !plot.framing.box ) plot ( c ( 0, 0, 1, 1 ) , c ( 0, 1, 0, 1 ) , xlab="", ylab="",
```

```
  type="n", xaxt="n", yaxt="n", bty="n" )

 if ( put.title.on.spine.chart ) {
  text ( c ( 0.50 ) , c ( 0.975 ) , pos=3, labels=title.on.spine.chart, cex=01.5 )
  y.location <-0.925 # starting position with title
  }

 if ( !put.title.on.spine.chart ) y.location <-0.975 # no-title start

 # store top of vertical line for later plotting needs
 y.top.of.vertical.line <-y.location

 x.center.position <-0.75 # horizontal position of spine

 # begin primary plotting loop
 # think of a plot as a collection of text and symbols on screen or paper
 # we are going to construct a plot one text string and symbol at a time
 # ( note that we may have to repeat this process at the end of the program )
 for ( k in seq ( along=effect.names ) ) {
  y.location <-y.location -large.space
  text ( c ( 0.4 ) , c ( y.location ) , pos=2,
   labels=paste ( effect.name.map ( effect.names[k] ) , "", sep= "" ) , cex=01.0 )
  text ( c ( 0.525 ) , c ( y.location ) , pos=2, col=color.for.printing.importance.text,
  labels=paste ( "", left.side.symbol.to.print.around.importance,
  pretty.print (
   unlist ( conjoint.results$attribute.importance[effect.names[k]] ) ) , "%",
   right.side.symbol.to.print.around.importance, sep= "" ) , cex=01.0 )

 # begin loop for printing part-worths
  for ( m in seq ( 1:number.of.levels.of.attribute[k] ) ) {
   y.location <-y.location -medium.space
   text ( c ( 0.4 ) , c ( y.location ) , pos=2,
   conjoint.results$xlevel[[effect.names[k]]][m], cex=01.0 )
 #  part.worth.label.data.frame[k, m], cex=01.0 )

 text ( c ( 0.525 ) , c ( y.location ) , pos=2,
 col=color.for.printing.part.worth.text,
 labels=paste ( "", left.side.symbol.to.print.around.part.worths,
 pretty.print ( part.worth.plotting.list[[effect.names[k]]][m] ) ,
 right.side.symbol.to.print.around.part.worths, sep= "" ) , cex=01.0 )

 points ( part.worth.point.position[[effect.names[k]]][m], y.location,
      type = "p", pch = 20, col = color.for.part.worth.point, cex = 2 )
```

```
    segments ( x.center.position, y.location,
    part.worth.point.position[[effect.names[k]]][m], y.location,
     col = color.for.part.worth.line, lty = 1, lwd = 2 )
    }
  }

y.location <-y.location -medium.space

# begin center axis and bottom plotting
y.bottom.of.vertical.line <-y.location  # store top of vertical line

below.y.bottom.of.vertical.line <-y.bottom.of.vertical.line -small.space/2

if ( !draw.gray.background ) {
# four optional grid lines may be drawn on the plot parallel to the spine
  if ( draw.optional.grid.lines ) {
    segments ( 0.55, y.top.of.vertical.line, 0.55,
     y.bottom.of.vertical.line, col = "black", lty = "solid", lwd = 1 )

    segments ( 0.65, y.top.of.vertical.line, 0.65,
     y.bottom.of.vertical.line, col = "gray", lty = "solid", lwd = 1 )

    segments ( 0.85, y.top.of.vertical.line, 0.85,
     y.bottom.of.vertical.line, col = "gray", lty = "solid", lwd = 1 )

    segments ( 0.95, y.top.of.vertical.line, 0.95,
     y.bottom.of.vertical.line, col = "black", lty = "solid", lwd = 1 )
    }
  }

# gray background for plotting area of the points
if ( draw.gray.background ) {
  rect ( xleft = 0.55, ybottom = y.bottom.of.vertical.line,
    xright = 0.95, ytop = y.top.of.vertical.line, density = -1, angle = 45,
    col = "light gray", border = NULL, lty = "solid", lwd = 1 )

 # four optional grid lines may be drawn on the plot parallel to the spine
  if ( draw.optional.grid.lines ) {
    segments ( 0.55, y.top.of.vertical.line, 0.55,
     y.bottom.of.vertical.line, col = "black", lty = "solid", lwd = 1 )

    segments ( 0.65, y.top.of.vertical.line, 0.65,
     y.bottom.of.vertical.line, col = "white", lty = "solid", lwd = 1 )
```

```
    segments ( 0.85, y.top.of.vertical.line, 0.85,
     y.bottom.of.vertical.line, col = "white", lty = "solid", lwd = 1 )

    segments ( 0.95, y.top.of.vertical.line, 0.95,
     y.bottom.of.vertical.line, col = "black", lty = "solid", lwd = 1 )
    }
  }

# draw the all-important spine on the plot
segments ( x.center.position, y.top.of.vertical.line, x.center.position,
  y.bottom.of.vertical.line, col = "black", lty = "dashed", lwd = 1 )

# horizontal line at top
segments ( 0.55, y.top.of.vertical.line, 0.95, y.top.of.vertical.line,
    col = "black", lty = 1, lwd = 1 )

# horizontal line at bottom
segments ( 0.55, y.bottom.of.vertical.line, 0.95, y.bottom.of.vertical.line,
      col = "black", lty = 1, lwd = 1 )

# plot for ticks and labels
segments ( 0.55, y.bottom.of.vertical.line,
  0.55, below.y.bottom.of.vertical.line,
  col = "black", lty = 1, lwd = 1 )  # tick line at bottom

segments ( 0.65, y.bottom.of.vertical.line,
  0.65, below.y.bottom.of.vertical.line,
  col = "black", lty = 1, lwd = 1 )  # tick line at bottom

segments ( 0.75, y.bottom.of.vertical.line,
  0.75, below.y.bottom.of.vertical.line,
  col = "black", lty = 1, lwd = 1 )  # tick line at bottom

segments ( 0.85, y.bottom.of.vertical.line,
  0.85, below.y.bottom.of.vertical.line,
  col = "black", lty = 1, lwd = 1 )  # tick line at bottom

segments ( 0.95, y.bottom.of.vertical.line,
  0.95, below.y.bottom.of.vertical.line,
  col = "black", lty = 1, lwd = 1 )  # tick line at bottom

# axis labels vary with the max.is.less.than range being used
if ( max.is.less.than.1 ) text ( c ( 0.55, 0.65, 0.75, 0.85, 0.95 ) ,
```

```
  rep ( below.y.bottom.of.vertical.line, times=5 ) ,
  pos=1, labels=c ( "-1", "-0.5", "0", "+0.5", "+1" ) , cex=0.75 )

if ( max.is.less.than.2 ) text ( c ( 0.55, 0.65, 0.75, 0.85, 0.95 ) ,
  rep ( below.y.bottom.of.vertical.line, times=5 ) ,
  pos=1, labels=c ( "-2", "-1", "0", "+1", "+2" ) , cex=0.75 )

if ( max.is.less.than.4 ) text ( c ( 0.55, 0.65, 0.75, 0.85, 0.95 ) ,
  rep ( below.y.bottom.of.vertical.line, times=5 ) ,
  pos=1, labels=c ( "-4", "-2", "0", "+2", "+4" ) , cex=0.75 )

if ( max.is.less.than.10 ) text ( c ( 0.55, 0.65, 0.75, 0.85, 0.95 ) ,
  rep ( below.y.bottom.of.vertical.line, times=5 ) ,
  pos=1, labels=c ( "-10", "-5", "0", "+5", "+10" ) , cex=0.75 )

if ( max.is.less.than.20 ) text ( c ( 0.55, 0.65, 0.75, 0.85, 0.95 ) ,
  rep ( below.y.bottom.of.vertical.line, times=5 ) ,
  pos=1, labels=c ( "-20", "-10", "0", "+10", "+20" ) , cex=0.75 )

if ( max.is.less.than.40 ) text ( c ( 0.55, 0.65, 0.75, 0.85, 0.95 ) ,
  rep ( below.y.bottom.of.vertical.line, times=5 ) ,
  pos=1, labels=c ( "-40", "-20", "0", "+20", "+40" ) , cex=0.75 )

y.location <-below.y.bottom.of.vertical.line -small.space

text ( .75, y.location, pos=1, labels=c ( "Part-Worth" ) ,
  cex=0.95 )
y.location <-below.y.bottom.of.vertical.line -small.space
text ( 0.75, y.location, pos=1, labels=c ( "Part-Worth" ) , cex=0.95 )

if ( print.internal.consistency ) {
  y.location <-y.location -medium.space
  text ( c ( 0.525 ) , c ( y.location ) , pos=2, labels=paste ( "Internal consistency: ",
  pretty.print ( conjoint.results$internal.consistency ) ,
  sep="" ) )
  }

# if we have grid lines we may have plotted over part-worth points
# if we have a gray background then we have plotted over part-worth points
# so let us plot those all-important part-worth points and lines once again
if ( draw.gray.background || draw.optional.grid.lines ) {
  y.location <-y.top.of.vertical.line  # retreive the starting value
```

```
# repeat the primary plotting loop
for ( k in seq ( along=effect.names ) ) {
 y.location <-y.location -large.space
 text ( c ( 0.4 ) , c ( y.location ) , pos=2,
labels=paste ( effect.name.map ( effect.names[k] ) , "", sep="" ) , cex=01.0 )
  text ( c ( 0.525 ) , c ( y.location ) , pos=2, col=color.for.printing.importance.text,
   labels=paste ( "", left.side.symbol.to.print.around.importance,
   pretty.print (
   unlist ( conjoint.results$attribute.importance[effect.names[k]] ) ) , "%",
right.side.symbol.to.print.around.importance, sep= "" ) , cex=01.0 )

 # begin loop for printing part-worths
   for ( m in seq ( 1:number.of.levels.of.attribute[k] ) ) {
     y.location <-y.location -medium.space
     text ( c ( 0.4 ) , c ( y.location ) , pos=2,
     conjoint.results$xlevel[[effect.names[k]]][m], cex=01.0 )

     text ( c ( 0.525 ) , c ( y.location ) ,
      pos=2, col=color.for.printing.part.worth.text,
      labels=paste ( "", left.side.symbol.to.print.around.part.worths,
      pretty.print ( part.worth.plotting.list[[effect.names[k]]][m] ) ,
      right.side.symbol.to.print.around.part.worths, sep= "" ) , cex=01.0 )

   points ( part.worth.point.position[[effect.names[k]]][m], y.location,
    type = "p", pch = 20, col = color.for.part.worth.point, cex = 2 )
   segments ( x.center.position, y.location,
   part.worth.point.position[[effect.names[k]]][m], y.location,
     col = color.for.part.worth.line, lty = 1, lwd = 2 )
     }
   }
  }
}

# user-defined function for plotting descriptive attribute names
effect.name.map <-function ( effect.name ) {
 if ( effect.name=="price" ) return ( "Ticket Price" )
 if ( effect.name=="seating" ) return ( "Seating Area" )
 if ( effect.name=="boxvip" ) return ( "Box/VIP" )
 if ( effect.name=="frontrow" ) return ( "Front Row" )
 if ( effect.name=="promotion" ) return ( "Promotion" )
 }
# read in conjoint survey profiles with respondent ranks
conjoint.data.frame <-read.csv ( "sporting_event_ranking.csv" )
```

```
# set up sum contrasts for effects coding as needed for conjoint analysis
options ( contrasts=c ( "contr.sum", "contr.poly" ) )
# main effects model specification
main.effects.model <-
  {ranking ~ price + seating + boxvip + frontrow + promotion}

# fit linear regression model using main effects only ( no interaction terms )
main.effects.model.fit <-lm ( main.effects.model, data=conjoint.data.frame )
print ( summary ( main.effects.model.fit ) )

# save key list elements of the fitted model as needed for conjoint measures
conjoint.results <-
 main.effects.model.fit[c ( "contrasts", "xlevels", "coefficients" ) ]
conjoint.results$attributes <-names ( conjoint.results$contrasts )
# compute and store part-worths in the conjoint.results list structure
part.worths <-conjoint.results$xlevels  # list of same structure as xlevels
end.index.for.coefficient <-1  # intitialize skipping the intercept
part.worth.vector <-NULL # used for accumulation of part worths
for ( index.for.attribute in seq ( along=conjoint.results$contrasts ) ) {
 nlevels <-length ( unlist ( conjoint.results$xlevels[index.for.attribute] ) )
 begin.index.for.coefficient <-end.index.for.coefficient + 1
 end.index.for.coefficient <-begin.index.for.coefficient + nlevels -2
 last.part.worth <--sum ( conjoint.results$coefficients[
  begin.index.for.coefficient:end.index.for.coefficient] )
 part.worths[index.for.attribute] <-
  list ( as.numeric ( c ( conjoint.results$coefficients[
   begin.index.for.coefficient:end.index.for.coefficient],
   last.part.worth ) ) )
 part.worth.vector <-
  c ( part.worth.vector, unlist ( part.worths[index.for.attribute] ) )
 }
conjoint.results$part.worths <-part.worths

# compute and store part-worth ranges for each attribute
part.worth.ranges <-conjoint.results$contrasts
for ( index.for.attribute in seq ( along=conjoint.results$contrasts ) )
 part.worth.ranges[index.for.attribute] <-
 dist ( range ( conjoint.results$part.worths[index.for.attribute] ) )
conjoint.results$part.worth.ranges <-part.worth.ranges

sum.part.worth.ranges <-sum ( as.numeric ( conjoint.results$part.worth.ranges ) )

# compute and store importance values for each attribute
```

```
attribute.importance <-conjoint.results$contrasts
for ( index.for.attribute in seq ( along=conjoint.results$contrasts ) )
  attribute.importance[index.for.attribute] <-
  ( dist ( range ( conjoint.results$part.worths[index.for.attribute] ) ) /
  sum.part.worth.ranges ) * 100
conjoint.results$attribute.importance <-attribute.importance

# data frame for ordering attribute names
attribute.name <-names ( conjoint.results$contrasts )
attribute.importance <-as.numeric ( attribute.importance )
temp.frame <-data.frame ( attribute.name, attribute.importance )
conjoint.results$ordered.attributes <-
  as.character ( temp.frame[sort.list (
  temp.frame$attribute.importance, decreasing = TRUE ) , "attribute.name"] )

# respondent internal consistency added to list structure
conjoint.results$internal.consistency <-summary ( main.effects.model.fit ) $r.squared

# user-defined function for printing conjoint measures
if ( print.digits == 2 )
  pretty.print <-function ( x ) {sprintf ( "%1.2f", round ( x, digits = 2 ) ) }
if ( print.digits == 3 )
  pretty.print <-function ( x ) {sprintf ( "%1.3f", round ( x, digits = 3 ) ) }

# report conjoint measures to console
# use pretty.print to provide nicely formated output
for ( k in seq ( along=conjoint.results$ordered.attributes ) ) {
  cat ( "\n", "\n" )
  cat ( conjoint.results$ordered.attributes[k], "Levels: ",
  unlist ( conjoint.results$xlevels[conjoint.results$ordered.attributes[k]] ) )

  cat ( "\n", "Part-Worths: " )
  cat ( pretty.print ( unlist ( conjoint.results$part.worths
   [conjoint.results$ordered.attributes[k]] ) ) )

  cat ( "\n", "Attribute Importance: " )
  cat ( pretty.print ( unlist ( conjoint.results$attribute.importance
   [conjoint.results$ordered.attributes[k]] ) ) )
  }

# plotting of spine chart begins here
# all graphical output is routed to external pdf file
pdf ( file = "fig_zsports_willingness_to_pay.pdf", width=8.5, height=11 )
```

```
spine.chart ( conjoint.results )
dev.off ( ) # close the graphics output device
```

示例代码6.4 体育项目偏好的联合分析（Python语言）

```
# Consumer Preferences for Sporting Events---Conjoint Analysis ( Python )

# prepare for Python version 3x features and functions
from __future__ import division, print_function

# import packages for analysis and modeling
import pandas as pd # data frame operations
import numpy as np # arrays and math functions
import statsmodels.api as sm # statistical models ( including regression )
import statsmodels.formula.api as smf # R-like model specification
from patsy.contrasts import Sum

# read in conjoint survey profiles with respondent ranks
conjoint_data_frame = pd.read_csv ( 'sporting_event_ranking.csv' )

# set up sum contrasts for effects coding as needed for conjoint analysis
# using C ( effect, Sum ) notation within main effects model specification
main_effects_model = 'ranking ~ C ( price, Sum ) + C ( seating, Sum ) + \
  C ( boxvip, Sum ) + C ( frontrow, Sum ) + C ( promotion, Sum ) '

# fit linear regression model using main effects only ( no interaction terms )
main_effects_model_fit = \
  smf.ols ( main_effects_model, data = conjoint_data_frame ) .fit ( )
print ( main_effects_model_fit.summary ( ) )
conjoint_attributes = ['price', 'seating', 'boxvip', 'frontrow', 'promotion']

# build part-worth information one attribute at a time
level_name = []
part_worth = []
part_worth_range = []
end = 1 # initialize index for coefficient in params
for item in conjoint_attributes:
  level_set = set ( conjoint_data_frame[item] )
  nlevels = len ( level_set )
  level_name.append ( list ( sorted ( list ( level_set ) ) ) )
  begin = end
```

```
    end = begin + nlevels -1
    new_part_worth = list(main_effects_model_fit.params[begin:end])
    new_part_worth.append((-1) * sum(new_part_worth))
    part_worth_range.append(max(new_part_worth) -min(new_part_worth))
    part_worth.append(new_part_worth)
    # end set to begin next iteration

# compute attribute relative importance values from ranges
attribute_importance = []
for item in part_worth_range:
    attribute_importance.append(round(100 * (item / sum(part_worth_range)),2))
# user-defined dictionary for printing descriptive attribute names
effect_name_dict = {'price' : 'Ticket Price', \
    'seating' : 'Seating Area', 'boxvip' : 'Box/VIP', \
    'frontrow' : 'Front Row', 'promotion' : 'Promotion'}

# report conjoint measures to console
index = 0  # initialize for use in for-loop
for item in conjoint_attributes:
    print('\nAttribute:', effect_name_dict[item])
    print('    Importance:', attribute_importance[index])
    print('    Level Part-Worths')
    for level in range(len(level_name[index])):
        print('       ', level_name[index][level], part_worth[index][level])
    index = index + 1
```

第七章 推广品牌和产品

霍布斯（Hobbs）：“还缠着我，马克斯（Max）？”

马克斯：“是的。路的尽头，霍布斯。”

霍布斯：“想听听我认为有什么机会吗？”

马克斯：“所以，你清楚我的想法。”

霍布斯：“这只需要3秒钟。”

马克斯：“他们来了，又走了，霍布斯。他们来了，又走了。我猜我会在这里比你或周围任何人都待得更久。我来这里是为了保护比赛。”

霍布斯：“谁的比赛？”

马克斯：“我是通过制造或破坏你的喜好来做到的。”

霍布斯：“你有没有打过球，马克斯？”

马克斯：“没有，从来没有。但我让它看起来更有趣。你知道，无论你是坏蛋还是英雄，今天它都会发生。给我一个简短的故事。再见。”

——《天生好手》（1984）中的罗伊·霍布斯（罗伯特·雷德福饰演）和马克斯·默西（罗伯特·杜瓦尔饰演）

—Robert Redford as Roy Hobbs, and Robert Duval as Max Mercy in *The Natural* (1984)

那是 7 月的一个星期四的晚上，笔者在考虑去球场。洛杉矶道奇队正在与科罗拉多洛基队比赛。笔者拿着球票应该可以领到一个阿德里安・冈萨雷斯（Adrian Gonzalez）的玩偶。虽然笔者对这个玩偶并不感兴趣，但是在道奇体育场看球赛听起来很有趣。在 4 月和 5 月，道奇队的战绩并不是最好的，但到了 7 月，情况看起来好多了。笔者想知道玩偶是不是会为球场吸引更多球迷。道奇队的管理层可能也想知道，他们也许正在计划为亚西尔・普伊格（Yasiel Puig）制作玩偶。

假设我们为道奇队工作，并想了解促销及其球迷观赛的影响。我们将这个例子称为“玩偶”与“道奇犬”，或者摇一摇玩偶来表示是和否。这个例子参考了 2012 赛季美国职业棒球大联盟的数据。

表 7.1 是道奇队主场比赛的数据。道奇体育场可容纳 56 000 人，是世界上最大的球场。可以看到，道奇体育场在 2012 年仅有 1 次比赛满座。2012 年仅有 1 次帽子促销和 3 次 T 恤促销，还不足以得出有意义的推论。烟花在周五晚上使用了 13 次，其中 1 次是在 7 月 4 日。有 11 次玩偶促销是在夜间比赛中，其中 6 次是在周二晚上。

表7.1　玩偶和道奇犬

月份	日期	观众数	星期	对手	温度/华氏度	天气	白天/晚上	帽子	T恤	烟花	玩偶
4	10	56 000	星期二	海盗队	67	晴	白天	否	否	否	否
4	11	29 729	星期三	海盗队	58	多云	晚上	否	否	否	否
4	12	28 328	星期四	海盗队	57	多云	晚上	否	否	否	否
4	13	31 601	星期五	海盗队	54	多云	晚上	否	否	是	否
4	14	46 549	星期六	海盗队	57	多云	晚上	否	否	否	否
4	15	38 359	星期日	海盗队	65	晴	白天	否	否	否	否
4	23	26 376	星期一	勇士队	60	多云	晚上	否	否	否	否
4	24	44 014	星期二	勇士队	63	多云	晚上	否	否	否	否
4	25	26 345	星期三	勇士队	64	多云	晚上	否	否	否	否
4	27	44 807	星期五	国民队	66	晴	晚上	否	否	是	否
4	28	54 242	星期六	国民队	71	晴	晚上	否	是	否	是
4	29	48 753	星期日	国民队	74	晴	白天	否	否	否	否
5	7	43 713	星期一	巨人队	67	晴	晚上	否	否	否	否
5	8	32 799	星期二	巨人队	75	晴	晚上	否	否	否	否
5	9	33 993	星期三	巨人队	71	晴	晚上	否	否	否	否
5	11	35 591	星期五	洛矶队	65	晴	晚上	否	否	是	否
5	12	33 735	星期六	洛矶队	65	晴	晚上	否	否	否	否
5	13	49 124	星期日	洛矶队	70	晴	白天	否	否	否	否
5	14	24 312	星期一	蛇队	67	晴	晚上	否	否	否	否
5	15	47 077	星期二	蛇队	70	晴	晚上	否	否	否	是

续表

月份	日期	观众数	星期	对手	温度/华氏度	天气	白天/晚上	帽子	T恤	烟花	玩偶
5	18	40 906	星期五	红雀队	64	晴	晚上	否	否	是	否
5	19	39 383	星期六	红雀队	67	晴	晚上	否	否	否	否
5	20	44 005	星期日	红雀队	77	晴	晚上	否	否	否	否
5	25	36 283	星期五	太空人队	59	多云	晚上	否	否	是	否
5	26	36 561	星期六	太空人队	61	多云	晚上	否	否	否	否
5	27	33 306	星期日	太空人队	70	晴	白天	否	否	否	否
5	28	38 016	星期一	酿酒人队	73	晴	晚上	否	否	否	否
5	29	51 137	星期二	酿酒人队	74	晴	晚上	否	否	否	是
5	30	25 509	星期三	酿酒人队	69	晴	晚上	否	否	否	否
5	31	26 773	星期四	酿酒人队	70	晴	晚上	否	否	否	否
6	11	50 559	星期一	天使队	68	晴	晚上	否	是	否	否
6	12	55 279	星期二	天使队	66	多云	晚上	否	否	否	是
6	13	43 494	星期三	天使队	67	晴	晚上	否	否	否	否
6	15	40 432	星期五	白袜队	67	晴	晚上	否	否	是	否
6	16	45 210	星期六	白袜队	68	晴	晚上	否	否	否	否
6	17	53 504	星期日	白袜队	74	晴	白天	否	否	否	否
6	28	49 006	星期四	大都会队	75	晴	晚上	否	否	否	是
6	29	49 763	星期五	大都会队	72	晴	晚上	否	否	是	否
6	30	44 217	星期六	大都会队	78	晴	白天	否	否	否	否
7	1	55 359	星期日	大都会队	75	晴	晚上	否	否	否	是
7	2	34 493	星期一	红人队	70	晴	晚上	否	否	否	否
7	3	33 884	星期二	红人队	70	多云	晚上	是	否	否	否
7	4	53 570	星期三	红人队	70	晴	晚上	否	否	是	否
7	13	43 873	星期五	教士队	76	多云	晚上	否	否	是	否
7	14	54 014	星期六	教士队	75	晴	晚上	否	否	否	是
7	15	39 715	星期日	教士队	77	晴	白天	否	否	否	否
7	16	32 238	星期一	费城人队	67	晴	晚上	否	否	否	否
7	17	53 498	星期二	费城人队	70	晴	晚上	否	否	否	否
7	18	39 955	星期三	费城人队	80	多云	白天	否	否	否	否
7	30	33 180	星期一	蛇队	73	晴	晚上	否	否	否	是
7	31	52 832	星期二	蛇队	75	多云	晚上	否	否	否	否
8	1	36 596	星期三	蛇队	79	晴	白天	否	否	否	否
8	3	43 537	星期五	小熊队	73	晴	晚上	否	否	是	否
8	4	46 588	星期六	小熊队	73	多云	晚上	否	否	否	否
8	5	42 495	星期日	小熊队	83	晴	白天	是	否	否	否
8	6	32 659	星期一	洛矶队	79	晴	晚上	否	否	否	否

续表

月份	日期	观众数	星期	对手	温度/华氏度	天气	白天/晚上	帽子	T恤	烟花	玩偶
8	7	55 024	星期二	洛矶队	80	晴	晚上	否	否	否	是
8	8	37 084	星期三	洛矶队	84	晴	晚上	否	否	否	否
8	20	36 878	星期一	巨人队	80	晴	晚上	否	否	否	否
8	21	56 000	星期二	巨人队	75	晴	晚上	否	否	否	是
8	22	40 173	星期三	巨人队	75	晴	晚上	否	否	否	否
8	24	39 805	星期五	马林鱼队	71	晴	晚上	否	否	是	否
8	25	40 284	星期六	马林鱼队	70	晴	晚上	否	否	否	否
8	26	41 907	星期日	马林鱼队	81	晴	白天	否	否	否	否
8	30	54 621	星期四	蛇队	80	晴	晚上	否	否	否	是
8	31	37 622	星期五	蛇队	77	晴	晚上	否	否	是	否
9	1	35 992	星期六	蛇队	81	晴	晚上	否	否	否	否
9	2	31 607	星期日	蛇队	89	晴	白天	否	否	否	否
9	3	33 540	星期一	教士队	84	多云	晚上	否	否	否	否
9	4	40 619	星期二	教士队	78	晴	晚上	否	是	否	否
9	5	50 560	星期三	教士队	77	多云	晚上	否	否	否	否
9	13	43 309	星期四	红雀队	80	晴	晚上	否	否	否	否
9	14	40 167	星期五	红雀队	85	晴	晚上	否	否	是	否
9	15	42 449	星期六	红雀队	95	晴	晚上	否	否	否	否
9	16	35 754	星期日	红雀队	86	晴	白天	否	否	否	否
9	28	37 133	星期五	洛矶队	77	晴	晚上	否	否	是	否
9	29	40 724	星期六	洛矶队	84	多云	晚上	否	否	否	否
9	30	35 607	星期日	洛矶队	95	晴	白天	否	否	否	否
10	1	33 624	星期一	巨人队	86	晴	晚上	否	否	否	否
10	2	42 473	星期二	巨人队	83	晴	晚上	否	否	否	否
10	3	34 014	星期三	巨人队	82	多云	晚上	否	否	否	否

探索性图形有助于找到可能用于预测观众人数和评估促销对上座率影响的模型。图 7.1 是一周中按天统计的观众数分布，图 7.2 是按月统计的观众数分布。类似这样的箱形图展示了数据的整体价值。其中，箱子覆盖了分布中间约 50% 的部分，中心线代表中值。虚线延伸到分布中的极值 [1]。通过查看箱形图，可以按天和按月来比较上座率。

[1] 为了确定虚线的长度，首先计算四分位间距，即 25% 分位点和 75% 分位点之间的距离。虚线的端点由所谓的相邻值定义。上方的虚线延伸到上相邻值。上相邻值位于盒子上方 1.5 倍四分位距处。或者，如果分布中的最大值小于上相邻值，上方的虚线应当延伸到最大值。通常把离群值看作是虚线以外的点，这些离群值点使用空心圆来表示。箱形图是约翰·图基（John Tukey, 1977）发明的。

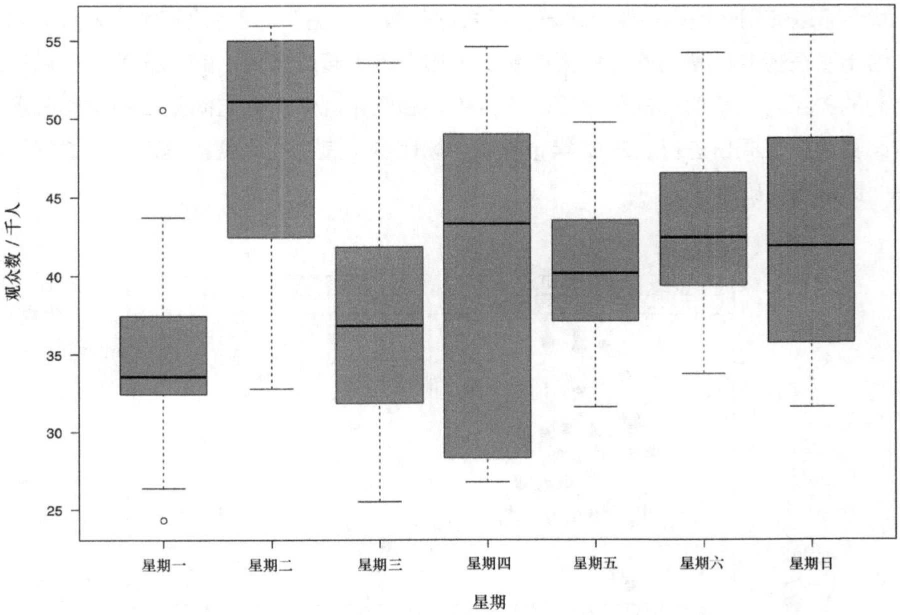

图7.1　一周内按天统计的道奇体育场观众数

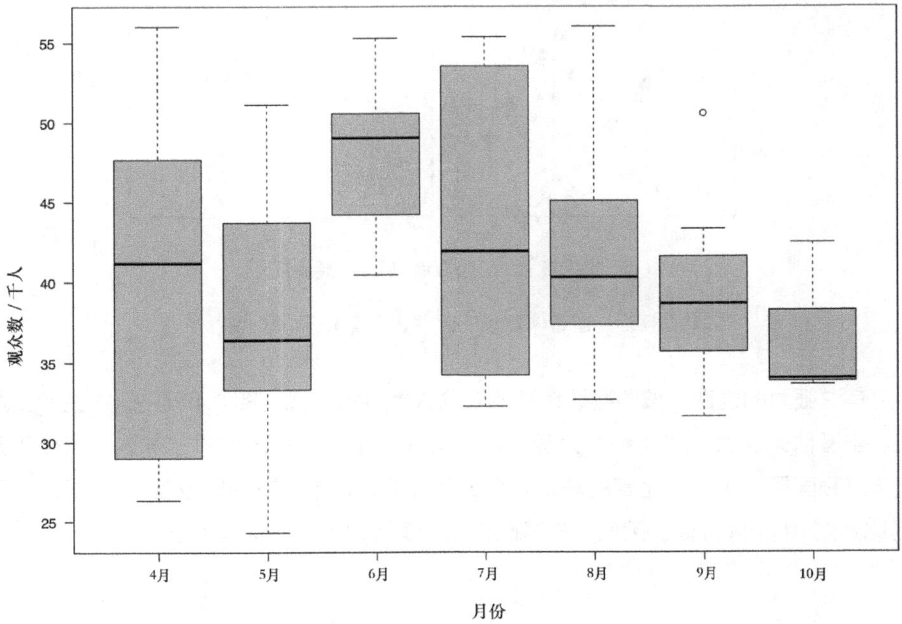

图7.2　按月统计的道奇体育场观众数

我们可以使用一组散点图来进一步探索这些数据。图 7.3 是温度和观众人数之间的关系，给出了在控制比赛时间（白天或晚上）和天气（晴或多云）的情况下温度和观众人数之间的关系。在晴朗的白天进行的比赛中，温度和观众人数之间呈温和反比关系。白天的比赛通常在周日进行。2012 年，除了一场比赛，其余的比赛都是在晴朗的白天进行的——这是洛杉矶的优点。

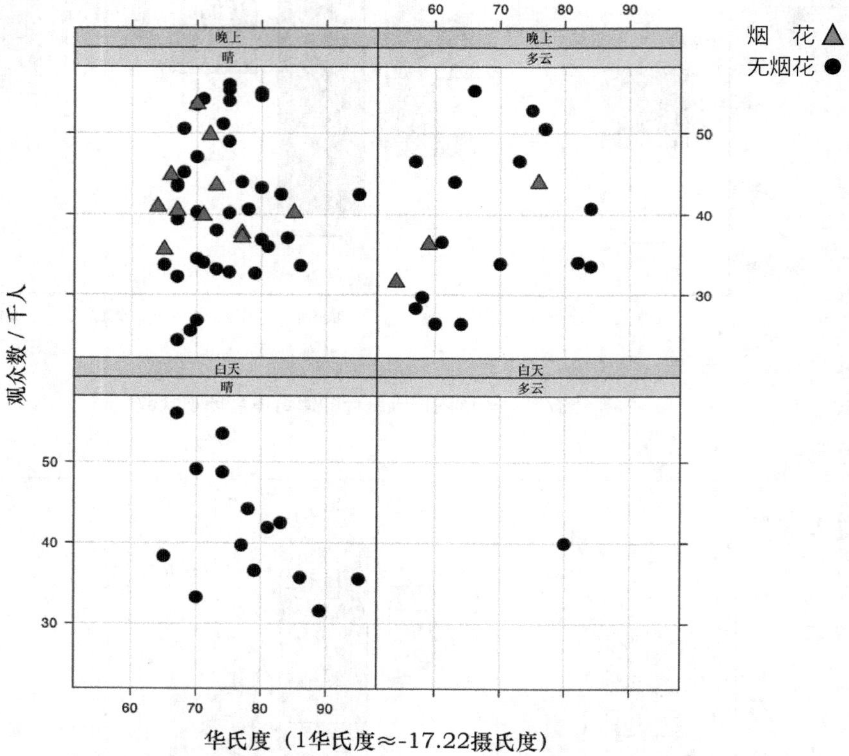

图7.3　道奇体育场的天气、烟花和观众人数

更有说服力的也许是按照客队统计的观众人数的条形图，图 7.4 就是这样的单变量散点图。当客队来自大城市（纽约大都会队、芝加哥小熊队、芝加哥白袜队、洛杉矶天使队和华盛顿国民队）时，比赛的观众人数更多。但是，这项研究只包含 17 个客队，只有 81 场比赛或 81 个观察值。因此，将客队作为分类预测的变量会有问题。

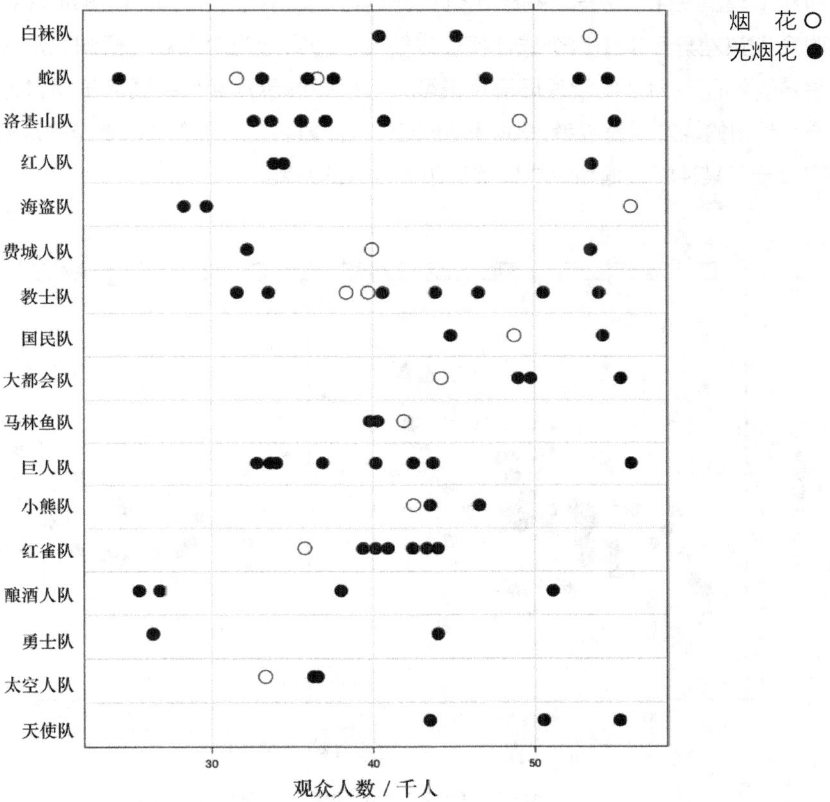

图7.4　道奇体育场的观众人数与客队

为了向管理层提供有关促销活动的建议，我们想知道促销活动是否会对观众人数产生正向影响。如果促销活动确实有正向影响，那么这种影响会有多大。因此，我们建立了一个线性模型来预测观众人数，然后观察这个模型的运行情况。模型的解释变量包括预测月份、星期和表示是否有赠送玩偶的促销活动的变量。我们按照特定的顺序加入这些解释变量，以便回答这样一个基础性的问题：“在控制比赛日期（月份和星期）的情况下，赠送玩偶的促销会增加观众人数吗？”作为数据科学家，我们采用了训练和测试的方案来提供对模型预测效果的真实评价。

对于洛杉矶道奇队的玩偶促销，拟合的模型很好地预测了有玩偶赠送时观众人数会更多。计算机程序可以提供拟合优度指数。但是，更重要的是计算机程序在散点图上显示的观众人数预测值。

训练和测试方案是如何在为道奇队开发的模型中发挥作用的？图 7.5 是数据科学家和业务经理可以理解的模型预测效果图。使用训练集拟合的模型对测试集依然适用。

在图 7.5 中，“训练”是指训练集，即拟合模型使用的数据；“测试”是指测试集，即测试模型使用的数据。在该示例代码运行过程中可以看到，在测试集中，超过 45% 的观众人数差异可以由这个线性模型来解释，即实际观众人数与预测观众人数相关系数的平方。然而，为了向管理层解释模型，最好是展示预测效果图而不是讨论相关系数的平方、预测的均方误差或者其他模型的汇总统计量。这是为道奇队制作的众多图中的一幅。它展示了某种将数据划分成训练集和测试集的方案。

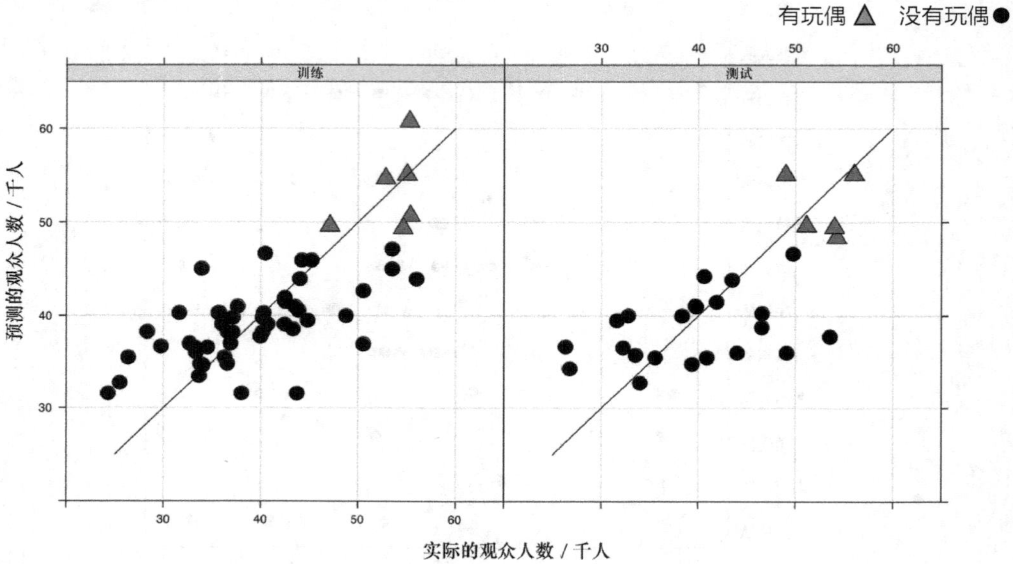

图7.5　回归模型的效果：玩偶和观众人数

运行研究 2012 年洛杉矶道奇队所有主场比赛数据的代码，可以得到一系列回归系数，即线性模型中参数的估计值，如表 7.2 所示，方差的序列分析表明，在控制了月份和星期的情况下，玩偶促销具有统计上显著的影响。对模型残差的检验可以识别统计上显著的异常值——本研究中没有这个问题。最重要的是，模型可以评估玩偶促销的效果。特别是，我们可以看到在其他条件不变的情况下，玩偶促销有可能为每场比赛增加 10 715 名观众。

由于这里选取的棒球促销的例子结构简单，因此可以采用普通最小二乘回归。这是一项使用棒球比赛作为分析单元的横截面研究。

这里还可以采用更复杂的模型。诊断图可以为数据科学家改进所提出的模型提供更多的信息。尽管如此，有趣的是要关注线性回归模型可以提供多少信息。这个小例子中的预测模型使用图形摘要来呈现研究结果，可以帮助指导管理决策。

数据科学有别于统计数据之处在于它关注业务需求。在评估模型效用时，数据科学家会同时考虑财务标准和统计标准。而且，在向管理层提供预测时，数据科学家会提供财务分析和对统计模型的描述。

使用为道奇队促销拟合的预测模型，不仅可以预测在即将到来的赛季中每场比赛的观众人数，而且可以预测在有或者没有玩偶促销的情况下的观众人数。了解与玩偶促销相关的固定成本和可变成本，以及门票销售和特许权的预期收入，就可以帮助洛杉矶道奇队评估玩偶促销的财务贡献。

表7.2 月份、星期和玩偶促销对观众人数影响的回归分析

因变量：观众人数	
月份（5月）	−2 385.625
月份（6月）	7 163.234**
月份（7月）	2 849.828
月份（8月）	2 377.924
月份（9月）	29.03
月份（10月）	−662.668
星期（星期二）	911.494***
星期（星期三）	2 460.023
星期（星期四）	775.364
星期（星期五）	4 883.818*
星期（星期六）	6 372.056**
星期（星期日）	6 724.003***
玩偶促销（是）	10 714.900***
常数项	33 909.160***
观察值数量	81
R^2	0.544
调整的R^2	0.456
残差标准误	6 120.158（*df*=67）
*F*统计量	6.158***（*df*=13; 67）
注：***在1%的水平显著，**在5%的水平显著，*在10%的水平显著。	

在本例中，考虑到即将到来赛季的成本，当订购数量达到 20 000 个时，预计单个玩偶的成本不超过 3 美元。进入道奇体育场的前 50 000 名球迷将获得玩偶。为了完成工作，我们将使用成本 / 数量 / 利润分析来评估利润贡献 [1]。

在美国职业棒球大联盟的球队中，道奇队在 2012 年的观众人数排名中为第三名，在 2013 年和 2014 年的观众人数排名中均为第一名（Knight, 2015）。道奇队是众多通过促

[1] 成本 / 数量 / 利润分析是管理会计中的一种常用技术，又称为盈亏平衡分析或成本效益分析。对道奇队促销活动进行财务分析是富有挑战的，因为门票价格因比赛类型和座位位置而异。2013 年（4 星级）玩偶比赛的门票价格从顶层座位的 20 美元到 VIP 场地包厢座位的 120 美元不等。2014 年，顶层座位和 VIP 场地包厢座位的价格分别上涨至 25 美元和 140 美元。门票收入的一部分用于支持特许经营权和分发玩偶所需的工作人员。我们将从道奇管理层获得这些成本的估算。

销来增加观众人数的美国职业棒球大联盟球队中的一员。报告显示，玩偶促销越来越多。2012 年共发出了 227 万个玩偶（Broughton, 2012），2013 年发出约 270 万个玩偶（Foster, 2013）。

类似赠送玩偶这样的促销活动不仅能够增加观众人数，还能够增强品牌在消费者心中的印象。广告和促销属于营销组合的“促销”部分或 4 个“P”：产品（product）、价格（price）、促销（promotion）和地点（place）。这里的“产品”包括产品或服务，“价格”是指单纯的价格，“地点”是指分销渠道（面对面销售、批发、零售、实体店、邮购、线上或移动）。广告和促销被营销学者视为独特的研究领域。广告是指消息和营销传播，而促销是指公司在除消息之外所做的事情。

正如所展示的，传统的回归模型与这些研究领域特别相关。有关回归模型的参考资料包括库特纳、纳赫茨海姆、内特和利（Kutner, Nachtsheim, Neter & Li, 2004）、瑞安（Ryan, 2008）、查特吉和哈迪（Chatterjee & Hadi, 2012）的研究。有关 R 语言回归编程指南，请参考维纳布尔斯和里普利（Venables & Ripley, 2002）、福克斯和韦斯伯格（Fox & Weisberg, 2011）、福克斯（Fox, 2014）的研究。

在传统的线性模型之外，可以考虑数据自适应回归方法，如艾曾曼（Izenman, 2008）和黑斯蒂、蒂布希拉尼、弗里德曼（Hastie, Tibshirani & Friedman, 2009）所述的方法。附录 A 中讨论了传统方法和数据自适应（机器学习）方法。

有关广告和促销，可以参考营销管理教科书（Dickson, 1997; Kotler & Keller, 2012）。市场响应模型试图预测各类产品的销售额和市场份额。这些方法基于计量经济学和时间序列方法。汉森、帕森斯和舒尔茨（Hanssens, Parsons & Schultz, 2001）讨论了市场响应建模。利林和兰加斯瓦米（Lilien & Rangaswamy, 2003）建议将市场响应建模应用于销售人员和渠道的管理。

如果希望探索有关所有美国职业棒球大联盟球队的模型，可以访问出版商和 GitHub 的网站，获取 2012 年所有球队的完整促销和观众人数数据。这些数据的格式与表 7.1 的道奇队数据类似，同时还增加了年份和主队这两列。拥有所有球队的数据使我们能够探索其他的建模方法，如为单个球队建模，为多个球队建立组合模型，或者为球队比赛日的观察值建立层次模型。在预测美国职业棒球大联盟球场的观众人数时，需要考虑到球场经常满负荷运转的情况，因此，可能需要特殊的模型来处理这种情况（Lemke, Leonard & Tlhokwane, 2010）。

示例代码 7.1 给出了“摇一摇玩偶来表示是和否”的 R 语言程序，其中使用了福克斯（Fox, 2014）的回归包和萨卡尔（Sarkar, 2014）的图形包。具有相同功能的 Python 语言程序如示例代码 7.2 所示。

示例代码7.1 摇一摇玩偶来表示是和否（R语言）

```
# Predictive Model for Los Angeles Dodgers Promotion and Attendance（R）

library（car）# special functions for linear regression
library（lattice）# graphics package

# read in data and create a data frame called dodgers
dodgers <-read.csv（“dodgers.csv”）
print（str（dodgers））# check the structure of the data frame

# define an ordered day-of-week variable
# for plots and data summaries
dodgers$ordered_day_of_week <-with（data=dodgers,
 ifelse（（day_of_week == “Monday”）, 1,
 ifelse（（day_of_week == “Tuesday”）, 2,
 ifelse（（day_of_week == “Wednesday”）, 3,
 ifelse（（day_of_week == “Thursday”）, 4,
 ifelse（（day_of_week == “Friday”）, 5,
 ifelse（（day_of_week == “Saturday”）, 6, 7））））））
dodgers$ordered_day_of_week <-factor（dodgersSordered_day_of_week, levels=1:7,
labels=c（“Mon”, “Tue”, “Wed”, “Thur”, “Fri”, “Sat”, “Sun”））

# exploratory data analysis with standard graphics: attendance by day of week
with（data=dodgers, plot（ordered_day_of_week, attend/1000,
xlab = “Day of Week”, ylab = “Attendance（thousands）”,
col = “violet”, las = 1））

# when do the Dodgers use bobblehead promotions
with（dodgers, table（bobblehead, ordered_day_of_week））# bobbleheads on Tuesday

# define an ordered month variable
# for plots and data summaries
dodgers$ordered_month <-with（data=dodgers,
 ifelse（（month == “APR”）, 4,
 ifelse（（month == “MAY”）, 5,
 ifelse（（month == “JUN”）, 6,
 ifelse（（month == “JUL”）, 7,
 ifelse（（month == “AUG”）, 8,
 ifelse（（month == “SEP”）, 9, 10））））））
dodgers$ordered_month <-factor（dodgers$ordered_month, levels=4:10,
labels = c（“April”, “May”, “June”, “July”, “Aug”, “Sept”, “Oct”））

# exploratory data analysis with standard R graphics: attendance by month
```

```
with ( data=dodgers, plot ( ordered_month, attend/1000, xlab = "Month",
ylab = "Attendance ( thousands ) ", col = "light blue", las = 1 ) )

# exploratory data analysis displaying many variables
# looking at attendance and conditioning on day/night
# the skies and whether or not fireworks are displayed
library ( lattice ) # used for plotting
# let us prepare a graphical summary of the dodgers data
group.labels <-c ( "No Fireworks", "Fireworks" )
group.symbols <-c ( 21, 24 )
group.colors <-c ( "black", "black" )
group.fill <-c ( "black", "red" )
xyplot ( attend/1000 ~ temp | skies + day_night,
  data = dodgers, groups = fireworks, pch = group.symbols,
  aspect = 1, cex = 1.5, col = group.colors, fill = group.fill,
  layout = c ( 2, 2 ) , type = c ( "p", "g" ) ,
  strip=strip.custom ( strip.levels=TRUE, strip.names=FALSE, style=1 ) ,
  xlab = "Temperature ( Degrees Fahrenheit ) ",
  ylab = "Attendance ( thousands ) ",
  key = list ( space = "top",
    text = list ( rev ( group.labels ) , col = rev ( group.colors ) ) ,
    points = list ( pch = rev ( group.symbols ) , col = rev ( group.colors ) ,
    fill = rev ( group.fill ) ) ) )
# attendance by opponent and day/night game
group.labels <-c ( "Day", "Night" )
group.symbols <-c ( 1, 20 )
group.symbols.size <-c ( 2, 2.75 )
bwplot ( opponent ~ attend/1000, data = dodgers, groups = day_night,
  xlab = "Attendance ( thousands ) ",
  panel = function ( x, y, groups, subscripts, ... )
   {panel.grid ( h = ( length ( levels ( dodgers$opponent ) ) -1 ) , v = -1 )
    panel.stripplot ( x, y, groups = groups, subscripts = subscripts,
    cex = group.symbols.size, pch = group.symbols, col = "darkblue" )
   },
  key = list ( space = "top",
  text = list ( group.labels, col = "black" ) ,
  points = list ( pch = group.symbols, cex = group.symbols.size,
  col = "darkblue" ) ) )

# employ training-and-test regimen for model validation
set.seed ( 1234 ) # set seed for repeatability of training-and-test split
training_test <-c ( rep ( 1, length=trunc ( ( 2/3 ) *nrow ( dodgers ) ) ) ,
rep ( 2, length= ( nrow ( dodgers ) -trunc ( ( 2/3 ) *nrow ( dodgers ) ) ) ) )
```

```
dodgers$training_test <-sample（training_test）# random permutation
dodgers$training_test <-factor（dodgers$training_test,
 levels=c（1, 2）, labels=c（“TRAIN”, “TEST”））
dodgers.train <-subset（dodgers, training_test == ”TRAIN”）
print（str（dodgers.train））# check training data frame
dodgers.test <-subset（dodgers, training_test == “TEST”）
print（str（dodgers.test））# check test data frame

# specify a simple model with bobblehead entered last
my.model <-{attend ~ ordered_month + ordered_day_of_week + bobblehead}
# fit the model to the training set
train.model.fit <-lm（my.model, data = dodgers.train）
# summary of model fit to the training set
print（summary（train.model.fit））
# training set predictions from the model fit to the training set
dodgers.train$predict_attend <-predict（train.model.fit）
# test set predictions from the model fit to the training set
dodgers.test$predict_attend <-predict（train.model.fit,
 newdata = dodgers.test）
# compute the proportion of response variance
# accounted for when predicting out-of-sample
cat（“\n”, “Proportion of Test Set Variance Accounted for: ”,
round（（with（dodgers.test, cor（attend, predict_attend）^2））,
 digits=3）, “\n”, sep=“”）
# merge the training and test sets for plotting
dodgers.plotting.frame <-rbind（dodgers.train, dodgers.test）

# generate predictive modeling visual for management
group.labels <-c（“No Bobbleheads”, “Bobbleheads”）
group.symbols <-c（21, 24）
group.colors <-c（“black”, “black”）
group.fill <-c（“black”, “red”）
xyplot（predict_attend/1000 ~ attend/1000 | training_test,
    data = dodgers.plotting.frame, groups = bobblehead, cex = 2,
    pch = group.symbols, col = group.colors, fill = group.fill,
    layout = c（2, 1）, xlim = c（20, 65）, ylim = c（20, 65）,
    aspect=1, type = c（“p”, “g”）,
    panel=function（x, y, ...）
       {panel.xyplot（x, y, ...）
        panel.segments（25, 25, 60, 60, col= “black”, cex=2）
       },
    strip=function（...）strip.default（..., style=1）,
    xlab = “Actual Attendance（thousands）”,
```

```
    ylab = "Predicted Attendance (thousands)",
    key = list (space = "top",
        text = list (rev (group.labels), col = rev (group.colors)),
        points = list (pch = rev (group.symbols),
        col = rev (group.colors),
        fill = rev (group.fill))))
# use the full data set to obtain an estimate of the increase in
# attendance due to bobbleheads, controlling for other factors
my.model.fit <-lm (my.model, data = dodgers) # use all available data
print (summary (my.model.fit))
# tests statistical significance of the bobblehead promotion
# type I anova computes sums of squares for sequential tests
print (anova (my.model.fit))
cat ("\n", "Estimated Effect of Bobblehead Promotion on Attendance: ",
round (my.model.fit$coefficients[length (my.model.fit$coefficients)],
digits = 0), "\n", sep="")
# standard graphics provide diagnostic plots
plot (my.model.fit)
# additional model diagnostics drawn from the car package
library (car)
residualPlots (my.model.fit)
marginalModelPlots (my.model.fit)
print (outlierTest (my.model.fit))
```

示例代码7.2　摇一摇玩偶来表示是和否（Python语言）

```
# Predictive Model for Los Angeles Dodgers Promotion and Attendance (Python)

# prepare for Python version 3x features and functions
from __future__ import division, print_function
from future_builtins import ascii, filter, hex, map, oct, zip

# import packages for analysis and modeling
import pandas as pd # data frame operations
from pandas.tools.rplot import RPlot, TrellisGrid, GeomPoint, \
  ScaleRandomColour # trellis/lattice plotting
import numpy as np # arrays and math functions
from scipy.stats import uniform # for training-and-test split
import statsmodels.api as sm # statistical models (including regression)
import statsmodels.formula.api as smf # R-like model specification
import matplotlib.pyplot as plt # 2D plotting

# read in Dodgers bobbleheads data and create data frame
```

```
dodgers = pd.read_csv（“dodgers.csv”）
# examine the structure of the data frame
print（“\nContents of dodgers data frame ---------------”）
# attendance in thousands for plotting
dodgers[‘attend_000’] = dodgers[‘attend’]/1000
# print the first five rows of the data frame
print（pd.DataFrame.head（dodgers））

mondays = dodgers[dodgers[‘day_of_week’] == ‘Monday’]
tuesdays = dodgers[dodgers[‘day_of_week’] == ‘Tuesday’]
wednesdays = dodgers[dodgers[‘day_of_week’] == ‘Wednesday’]
thursdays = dodgers[dodgers[‘day_of_week’] == ‘Thursday’]
fridays = dodgers[dodgers[‘day_of_week’] == ‘Friday’]
saturdays = dodgers[dodgers[‘day_of_week’] == ‘Saturday’]
sundays = dodgers[dodgers[‘day_of_week’] == ‘Sunday’]

# convert days‘ attendance into list of vectors for box plot
data = [mondays[‘attend_000’], tuesdays[‘attend_000’],
   wednesdays[‘attend_000’], thursdays[‘attend_000’],
   fridays[‘attend_000’], saturdays[‘attend_000’],
   sundays[‘attend_000’]]
ordered_day_names = [‘Mon’, ‘Tue’, ‘Wed’, ‘Thur’, ‘Fri’, ‘Sat’, ‘Sun’]

# exploratory data analysis: box plot for day of the week
fig, axis = plt.subplots（）
axis.set_xlabel（‘Day of Week’）
axis.set_ylabel（‘Attendance（thousands）’）
day_plot = plt.boxplot（data, sym=‘o’, vert=1, whis=1.5）
plt.setp（day_plot[‘boxes’], color = ‘black’）
plt.setp（day_plot[‘whiskers’], color = ‘black’）
plt.setp（day_plot[‘fliers’], color = ‘black’, marker = ‘o’）
axis.set_xticklabels（ordered_day_names）
plt.show（）
plt.savefig（‘fig_advert_promo_dodgers_eda_day_of_week_Python.pdf’,
   bbox_inches = ‘tight’, dpi=None, facecolor=‘w’, edgecolor=‘b’,
   orientation=‘portrait’, papertype=None, format=None,
   transparent=True, pad_inches=0.25, frameon=None）
april = dodgers[dodgers[‘month’] == ‘APR’]
may = dodgers[dodgers[‘month’] == ‘MAY’]
june = dodgers[dodgers[‘month’] == ‘JUN’]
july = dodgers[dodgers[‘month’] == ‘JUL’]
august = dodgers[dodgers[‘month’] == ‘AUG’]
september = dodgers[dodgers[‘month’] == ‘SEP’]
october = dodgers[dodgers[‘month’] == ‘OCT’]
data = [april[‘attend_000’], may[‘attend_000’],
```

```
    june['attend_000'], july['attend_000'],
    august['attend_000'], september['attend_000'],
    october['attend_000']]
ordered_month_names = ['April', 'May', 'June', 'July', 'Aug', 'Sept', 'Oct']

fig, axis = plt.subplots()
axis.set_xlabel('Month')
axis.set_ylabel('Attendance (thousands)')
day_plot = plt.boxplot(data, sym='o', vert=1, whis=1.5)
plt.setp(day_plot['boxes'], color = 'black')
plt.setp(day_plot['whiskers'], color = 'black')
plt.setp(day_plot['fliers'], color = 'black', marker = 'o')
axis.set_xticklabels(ordered_month_names)
plt.show()
plt.savefig('fig_advert_promo_dodgers_eda_month_Python.pdf',
    bbox_inches = 'tight', dpi=None, facecolor= 'w', edgecolor= 'b',
    orientation='portrait', papertype=None, format=None,
    transparent=True, pad_inches=0.25, frameon=None)

# trellis/lattice plot attendance by temp, conditioning on skies
# and day_night with bobblehead NO/YES shown in distinct colors
plt.figure()
plot = RPlot(dodgers, x = 'temp', y = 'attend_000')
plot.add(TrellisGrid(['day_night', 'skies']))
plot.add(GeomPoint(colour = ScaleRandomColour('bobblehead')))
plot.render(plt.gcf())
plt.show()
plt.savefig('fig_advert_promo_dodgers_eda_many.pdf',
    bbox_inches = 'tight', dpi=None, facecolor='w', edgecolor= 'b',
    orientation='portrait', papertype=None, format=None,
    transparent=True, pad_inches=0.25, frameon=None)

# map day_of_week to ordered_day_of_week
day_to_ordered_day = {'Monday' : '1Monday',
    'Tuesday' : '2Tuesday',
    'Wednesday' : '3Wednesday',
    'Thursday' : '4Thursday',
    'Friday' : '5Friday',
    'Saturday' : '6Saturday',
    'Sunday' : '7Sunday'}
dodgers['ordered_day_of_week'] = dodgers['day_of_week'].map(day_to_ordered_day)

# map month to ordered_month
month_to_ordered_month = {'APR' : '1April',
    'MAY' : '2May',
```

```
    'JUN' : '3June',
    'JUL' : '4July',
    'AUG' : '5Aug',
    'SEP' : '6Sept',
    'OCT' : '7Oct'}
dodgers['ordered_month'] = dodgers['month'].map ( month_to_ordered_month )

# employ training-and-test regimen for model validation
np.random.seed ( 1234 )
dodgers['runiform'] = uniform.rvs ( loc = 0, scale = 1, size = len ( dodgers ) )
dodgers_train = dodgers[dodgers['runiform'] >= 0.33]
dodgers_test = dodgers[dodgers['runiform'] < 0.33]
# check training data frame
print ( '\ndodgers_train data frame ( rows, columns ) :', dodgers_train.shape )
print ( dodgers_train.head ( ) )
# check test data frame
print ( '\ndodgers_test data frame ( rows, columns ) :', dodgers_test.shape )
print ( dodgers_test.head ( ) )

# specify a simple model with bobblehead entered last
my_model = str ( 'attend ~ ordered_month + ordered_day_of_week + bobblehead' )

# fit the model to the training set
train_model_fit = smf.ols ( my_model, data = dodgers_train ) .fit ( )
# summary of model fit to the training set
print ( train_model_fit.summary ( ) )
# training set predictions from the model fit to the training set
dodgers_train['predict_attend'] = train_model_fit.fittedvalues

# test set predictions from the model fit to the training set
dodgers_test['predict_attend'] = train_model_fit.predict ( dodgers_test )

# compute the proportion of response variance
# accounted for when predicting out-of-sample
print ( '\nProportion of Test Set Variance Accounted for:', \
   round ( np.power ( dodgers_test['attend'].\
   corr ( dodgers_test['predict_attend'] ) , 2 ) , 3 ) )
# use the full data set to obtain an estimate of the increase in
# attendance due to bobbleheads, controlling for other factors
my_model_fit = smf.ols ( my_model, data = d odgers ) .fit ( )
print ( my_model_fit.summary ( ) )
print ( '\nEstimated Effect of Bobblehead Promotion on Attendance:', \
   round ( my_model_fit.params[13], 0 ) )
```

第八章 实现收入增长

罗伊(Roy):“我认为高尔夫挥杆是一首诗。这首诗的关键性开场白总是扣人心弦的。双手通过小指的简单重叠形成一个整体。”

莫莉(Molly):“对。”

罗伊:“低而缓慢地将球杆头拉回来。不是用手把球杆头拉到位,而是用身体拉,通过身体转离目标,在不失去平衡的情况下把重心转向右边。节奏就是一切,完美是无法实现的。在上杆至顶点时,上半身充分转动,停留瞬间,然后完成下杆动作。在接触的过程中,有特点的干脆击球……还有罗伊·麦卡沃伊(Roy McAvoy)未完成的事业。”

莫莉:“为什么未完成?”

罗伊:“我短暂跟进了。它看起来是未完成的。”

莫莉:“为什么?”

罗伊:“好吧,有人说这是在西部得克萨斯州最简单的打球方式,有些人说这是因为我在生活中从来没有完成任何事情。你可以决定。但是,重点是每个终点都是独一无二的……这就是高尔夫挥杆的全部意义所在。这是为了掌控生活并同时放手……关于如何击打高尔夫球只有另一个可接受的理论。”

莫莉:“哦,男孩。我不敢问。那么,另一种理论是什么呢?”

罗伊:“抓住并撕碎它。”

——《锡杯》(1996)中的罗伊·麦卡沃伊(凯文·科斯特纳饰演)和莫莉·格里斯沃尔德(蕾妮·鲁索饰演)博士

—Kevin Costner as Roy McAvoy and Rene Russo as Dr. Molly Griswold in *Tin Cup* (1996)

因为获胜和营收是相关的，所以职业运动队被称为“获胜的生意”。体育消费者喜欢赢家。获胜意味着更高的门票销售额。获胜意味着进入季后赛并从更多的比赛中获取收入。获胜意味着更容易获得政府对设施的支持、招募球员，以及寻找商业合作伙伴、广告主和企业赞助商。获胜是收入增长的一部分，但不是全部。

赖因、希尔兹和格罗斯曼（Rein, Shields & Grossman, 2015）对体育组织的“胜利谬论”感到惋惜——获胜对于体育商业的成功至关重要。但是，事实并不是这样的。有许多著名球队都常常是失败者，而他们都备受球迷的喜爱并且在商业上是成功的。波士顿红袜队和芝加哥小熊队在大部分时候都见证了这一点（Goodwin, 1997; Will, 2014）。即便没有赢得冠军，球队也可能拥有品牌资产、忠实球迷和坐满了观众的体育场。联盟也可以扩大季后赛的规模，从而让更多的球队成为赢家。

与获胜同等或者更重要的是营销策略和战术。同所有企业一样，职业运动队也需要寻找新客户并留住已有客户、识别和定位细分市场、建立品牌忠诚度、开发产品和制定有效的定价计划。数据科学可以提升这些方面的成效。

没有新客户，任何企业都无法长久生存。寻找新客户的过程始于尽可能多地了解现有客户和客户群。我们确定了最有可能购买的客户类型以及可能用于找到这些客户的变量。

市场细分对象是一个消费群体，他们不同于与营销经理有关的消费者。我们可以根据地理位置、人口统计、心理和行为特征来识别市场细分。对目标市场营销来说，最有用的是易于访问和衡量的特征。

如果执行得当，那么，市场细分可以指导营销策略和战术。消费者喜欢什么、购买什么、在什么地方买以及买多少都有可能因细分市场而异。一些消费者容易被广告和促销所影响，有些人比其他人更节省。通过利用消费者市场细分的知识，营销经理可以对营销活动做出明智的决策。他们可以在产品开发、广告、促销、定价和目标营销中使用细分市场。

为了对营销管理有作用，市场细分必须是可发现和可到达的。我们必须能够从可用数据中识别消费者的细分市场，找到可以发现消费者的方式，并采取适当的营销行动。这是营销的核心——将对产品知之甚少的消费者转变为产品的购买者。

用于对市场进行细分的变量应当易于获取或可访问。我们需要避免难以测量的变量，更喜欢公开数据。常用的对市场进行细分的变量包括地理位置、年龄、收入和行为或生活方式。我们想要的是在没有经过调查抽样的情况下收集的数据。

市场细分的数据多种多样。地理数据是指人们居住的如国家、州、城市、街道位置或人口普查区域。行为数据包括消费者的职业信息、旅行方式、购物地点、阅读内容及所属的社区群体。人口统计数据包括性别、年龄、教育程度、职业和收入水平等因素。心理数据包括心理因素、态度、兴趣、人格特征和生活方式等因素。体育消费者细分中最重要的是关于体育参与的信息。

年龄是一个常见的细分变量。许多营销经理都会考虑出生日期所反映的世代。通常考虑的世代包括沉默世代（1925—1945 年出生）、婴儿潮一代（1946—1964 年出生）、X 世代（1965—1978 年出生）和千禧一代（也称为 Y 世代，1979—1994 年出生）。不同世代的消费者被认为具有不同的需求、态度和行为。代际差异会影响消费者对营销信息、产品、促销和定价的反应。例如，千禧一代对价格敏感度更低，同时对技术更精通（Kotler & Keller, 2012）。

营销经理通常为各个市场细分或市场细分组合设计产品和定制营销信息。例如，知道千禧一代更加精通技术可能会促使经理们在计算机和移动设备上投放产品广告，以触达该细分市场。或者他们可能会强调线上促销，而不是实体推广。

传统聚类分析方法广泛地应用于市场细分。它们代表根据消费者之间的相似性对其进行分组的多变量技术。消费者之间的距离度量或一致性测量指导细分过程。聚类分析旨在从数据中找到分组。聚类分析利用许多消费者相关的变量来表达消费者之间的差异。当两个消费者具有相似的年龄、婚姻状况、工作类型和教育时，他们被认为是相似的。当两个消费者在这些方面差异很大时，他们被认为是不同的。聚类分析着眼于消费者之间的差异，即彼此之间的距离，以确定其所属的群体或市场细分。

在大多数情况下，我们会进行许多聚类分析并提供一组聚类方案。我们首先要看看当把所有消费者划分成两个群体或两个组时会发生什么，然后再尝试分成三个组、四个组，以此类推。组的数量是聚类方案的重要特征。如果组太多，那么聚类方案可能难以在产品营销中使用。

在许多情况下，组的数量会是 10 个或者更少。同时，我们还要确保聚类方案得到的所有组或者细分都包含足够数量的消费者，以确保能够吸引营销的关注。在评估方案时需要注意每个聚类的消费者的比例。管理层可能对非常小的组没有什么兴趣。组中的消费者越少，潜在的销售收入就越低。

从聚类算法得到许多聚类方案中进行选择，既是一门科学，也是一门艺术。在市场细分的情境中，有许多因素需要考虑。我们寻找描述性统计易于解释的市场细分。在确定市场细分后，可以到完整数据库中查看顾客或客户信息，以确定市场细分中的成员和销售订单历史记录与 / 或对销售和营销活动的反应之间是否存在关联。

大众营销将所有客户视为一个群体。一对一营销每次只关注一个客户。针对特定客户群或细分市场的目标营销介于大众营销和一对一营销之间。目标营销将营销活动指向最有可能购买的客户。

市场细分和目标营销通常是携手并进的。但是，有些市场营销人员在哲学上反对使用细分市场进行顾客定位。这些研究人员不针对细分市场，而是推崇一对一的营销，即将每个人作为独立的个体。

定向是指识别最有可能购买产品的客户并将营销活动指向这些客户。这些客户会在售前活动和售后支持方面得到更多关注。定向意味着选择。一些客户被认为比其他客户更有价值。这些更有价值的客户会受到特别关注。通过熟练地瞄准目标，公司可以提高盈利能力，增加收入，降低成本。

定向最好由保留了个人详细记录的组织来执行。这些公司提供忠诚度计划或使用客户关系管理系统。销售交易需要与特定客户相关联并保存在数据库中。记录收入（现金流入）和支出（现金流出）以后，我们就可以进行贴现现金流量分析，并计算每个客户的投资回报。

目标是值得追求的客户。一种说法是，目标是一个有利可图的客户——来自目标的销售收入超过销售和支持成本。另一种说法是，目标是具有积极的终身价值的客户，在公司与客户的关系中，更多资金会流入而不是流出公司。

在目标营销中，需要确定有用的因素，并确定如何在建模技术中使用这些因素。响应变量是需要预测的变量，如销售额、销量或消费者是否会购买产品。客户终身价值是一个复合响应变量。它根据客户的交易记录计算。这些交易包括对销售和成本的观察。

解释变量用于预测响应变量。解释变量可能是连续的（具有有意义的大小）或分类的（没有有意义的大小）。统计模型展示了解释变量和响应变量之间的关系。

回归和分类都可以用于目标营销。当响应变量（要预测的变量）是连续的或具有有意义的大小时，使用回归来进行预测。其中，销售额、销售量、销售成本、支持成本和客户终身价值都是具有有意义的大小响应变量。

当响应变量是分类变量（没有有意义的大小的变量）时，使用分类来进行预测。客户是否购买、客户是否留存或转向另一家公司，以及客户是否向另一个客户推荐公司的产品是没有有意义的大小响应变量。

开发用于定向的分类模型的方法与开发用于定向的回归模型的方法类似，不同之处在于响应变量是类别或者分类。对于每个客户，逻辑回归模型可以提供预测的响应概率。使用响应概率的临界值来对响应变量进行分类。例如，当临界值设置为 0.50 时，如果预测的响应概率大于 0.50，那么当前客户是目标客户；否则，当前客户不是目标客户。或者可以定向到预测响应概率为 0.40 和 0.30 等的客户，以此类推，临界值因问题而异。

在参与目标营销时，我们会查看当前客户的数据，尤其是销售交易数据。我们还评估当前客户的销售和支持成本。我们可以将每个客户视为一项投资，并计算其投资回报。如果客户的预期终身价值为正，那么保留该客户是有意义的。

客户终身价值分析借鉴了财务管理的概念。随着时间的推移，我们可以从现金流入和现金流出两个方面对投资进行评估。在追求一个潜在客户之前，需要确认其贴现现金流入（销售）是否超过贴现现金流出（成本）。当未来贴现现金流量为正时，保留现有客户是有意义的。

客户终身价值是根据与每位客户的经历计算的。对于现金流入，应注意销售交易记录中记录的客户购买历史。对于现金流出，应注意客户关系管理系统记录的销售和支持成本记录。在维护客户的详细记录时，最好进行客户终身价值分析。

用于评估客户的数据可以被组织为面板数据或纵贯数据。数据中的行对应客户，列对应时间段。历史交易数据可能不完整，未来的现金流量也未知。因此，我们使用预测模型来估算现金流量。利用现有数据来估计缺失的历史观测资料，并利用历史的观察值预测未来的观察值。

直销人员是典型的目标营销者。他们的工作包括通过电话、邮件、电子邮件和在线渠道直接联系潜在客户和已有客户。直销人员逐一收集和维护过去的联系人、邮件、往来通信和业务交易。这些数据用于指导促销和直销计划。直接邮寄和对外通信包括产品手册和公告，以及有关产品价格、赠品和促销的优惠券和信息。

每种直销都可以根据其对公司利润的贡献来评估。邮件和在线活动都会有相关费用和来自订购者的收入。直销邮件或线上优惠的响应比率或比例是值得关注的关键数字，因为它决定了促销的成败。正确构建直销促销需要实地实验。通过邮件一次发送整个清单是不明智的。

在做直销实验时，可以将列表分成几部分，并在不同部分使用不同的直销邮件或广告文案。在测试邮件中，获得最高利润的条件为后续的邮件提供了基础。每次直销都可以分析许多处理条件。

直销和数据库营销人员构建模型来预测谁会被营销促销影响而购买。传统模型，或所谓的 RFM（rencency, frequency, monetary）模型，考虑之前购买的临近性（最近购买日期）、频率（购买数量）和货币价值（销售收入）。更复杂的模型利用了与邻近性、频率、货币价值和客户人口统计相关的各种解释变量。

定价研究提出了特殊挑战。有许多问题需要回答。哪些消费者愿意为产品或服务付费？他们愿意为什么样的产品或服务付费？一组竞争产品或替代产品的价格将如何影响消费者的选择？什么样的价格会产生最大的利润贡献？

在定价时，体育企业需要考虑所谓的 3C 定价：成本（cost）、消费者（consumer）和竞争（competition）。其中，“消费者”是指支付意愿和需求；“竞争”是指替代产品，而不是比赛中的体育竞争。考虑到体育管理中的应用，我们需要研究门票的支付意愿。

门票价格因其在贡献团队收入方面的重要性而值得特别提及。成本特别是球员成本是否会拉高票价？也许并不会。福特和温弗里（Fort & Winfree, 2013）消除了球员薪酬需求会引发门票价格上涨的观念。相反，消费者需求的增加会使门票价格和球员工资变得更高。许多球队经常会被出售，这表明他们可以设定更高的门票价格。我们不应该问为什么门票价格很高，而应该问门票价格为什么不高。

为了更好地确定门票价格，需要了解消费者的需求。换句话说，定价研究和需求估算是相辅相成的。正如之前所见，价格可以作为联合和选择研究的一个属性，提供一种估计消费者支付意愿和消费者需求曲线的机制。如果运动队能够理解消费者的支付意愿，就可以更好地设定门票、特许权和品牌商品的价格。微观经济学和计量经济学领域的许多工作都涉及需求参数和需求的价格弹性的估计。

从经济学的角度来看，需求的价格弹性是需求量的百分比变化除以价格的百分比变化。当需求的价格弹性小于 1.0 时，价格的大幅度变化会引起需求量的微小变化。这种情况与对必需品或者生活中必不可少的商品和服务的期待一致。当需求的价格弹性大于 1.0 时，价格的微小变化会引起需求量的大幅度变化。这种情况对应体育和服务等奢侈商品和服务。

因为市场和影响市场价格的变量在不断变化，所以很容易定义价格弹性，但是估算价格弹性并不容易。经济研究人员关注总体的消费者行为、需求函数和价格弹性，营销研究人员则关注影响需求的消费者异质性和营销组合因素。产品的需求和购买数量取决于可用于购物的时间和花费，并因消费者的偏好和生活状况而异。价格敏感度是指消费者个体需求的差异。一些营销理论学家使用“参考价格”这一术语，来描述消费者在判断产品价格时使用的假定内部标准。

单一产品测试是一种专业的定价研究方法。该方法将产品或者产品描述（包括价格）与可能的竞品集合放在一起，然后询问受访消费者是否愿意购买产品。根据许多价格点的众多受访者，单一产品测试可以给出关于价格敏感度的有意义的估计，有助于找到能够获得最高利润贡献的价格。

因为体育场有许多类座位，不同类座位的门票价格各不相同，所以为体育赛事设定门票价格是一个复杂的过程。通过了解对各种门票的支付意愿和体育场内不同类门票的座位容量，我们可以使用数学规划来最大化（或最小化）目标。数学规划需要目标，那么，目标是什么呢?

球队是否会以最大化门票收入为目标来设定门票价格? 奇怪的是，这个问题的答案是否定的。许多球队将门票价格设定为低于可获得最大化收入的价格。正如福特和温弗里（Fort & Winfree, 2013）指出的，球队采取这样的做法有许多原因。

低于支付意愿的价格与经济学中的消费者剩余相关，这会使球迷产生好感。季票门票会大幅打折以吸引球迷购买。较低的价格确保更多球迷会前往观赛，从而提高特许权和商品销售收入。当广告商确信比赛会满座时，体育场内的广告更容易卖出。较低的门票价格能够吸引新球迷——他们尝试性地购买之后可能会重复购买。此外，球队的声誉不仅依赖于胜利，而且依赖于有大量活跃球迷来到体育馆。

体育比赛门票定价、航空公司和酒店的定价同样受容量限制。航空公司或酒店机票定价的目标是收益最大化，而不是售出所有座位或者酒店房间。而球队有多个目标。他们希望在售出尽可能多的座位的同时获得尽可能高的收入。为了定义易处理的单目标数学规划模型，我们对问题进行简化，将在售出所有座位的情况下把最大化门票收入作为目标。

假设我们为达拉斯牛仔队工作。达拉斯牛仔队的主场 AT & T 体育场有许多类座位，从价格为 80 美元的有限能见度座位的门票到价格超过 36 000 美元的最好的豪华套票。在售出所有座位的同时最大化门票收入这一目标下，这样的定价是否是最优的呢？我们可以使用数学规划来回答这个问题。或许达拉斯牛仔队应该提高低端门票的价格，同时降低高端门票的价格。

在制订收入增长和定价计划时，考虑与供应商和买方相关的业务是有益的。我们绘制了一张图来展示潜在进入者和替代产品。图 8.1 是使用波特（Porter, 1980）开发的五力模型对金州勇士队所做的战略分析。

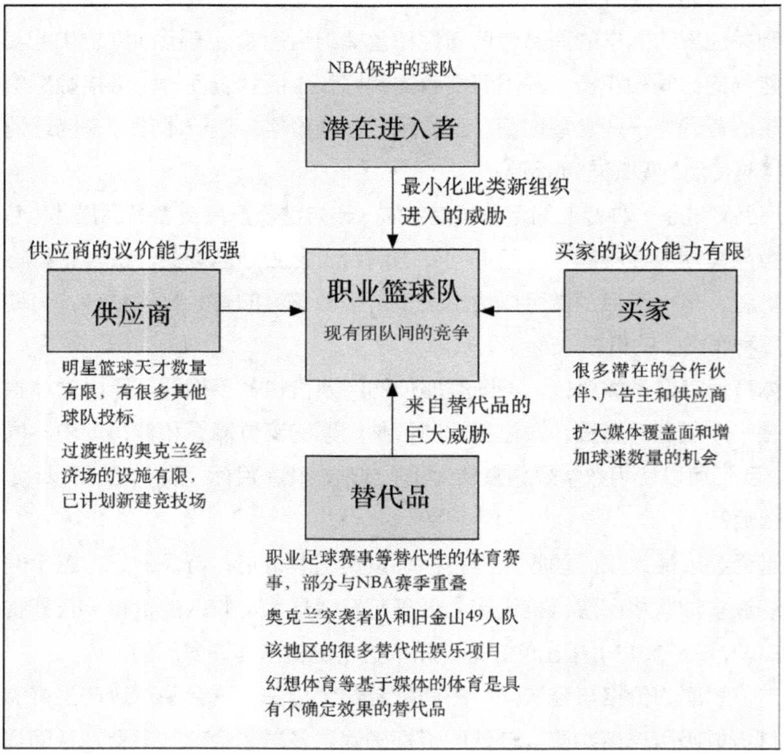

图8.1 NBA球队的竞争分析：金州勇士队

金州勇士队与其他球队争夺国家关注度和品牌忠诚度。但是，和其他 NBA 球队一样，他们是联盟中的合作伙伴，在旧金山湾区以职业篮球队的形式出现，不受新加入者的影响。

这项业务中最困难的部分是管理参与者和设施等资源。金州勇士队在激烈的劳动力市场中竞争，明星球员供不应求。其他 NBA 球队对明星球员的需求也很大。NBA 在全国篮球运动员协会（National Basketball Players Association）面临一个很难对付的谈判者。虽然球员协议延续至2020—2021赛季，但是球队和球员都可以提前选择退出（Streeter, 2015）。

该球队拥有忠实的球迷基础和巨大的成长机会。赢得NBA总决赛对球队的球迷基础会产生很强的正向影响。它有机会通过媒体、业务合作伙伴、广告主和赞助商来实现收入增长。在球队进入旧金山地区规划的更新、更大的体育场之后，这些机会应该会增长。采用旧金山巨人队使用的增加球迷的参与度方法，可以增加体育场内的收入（Schlough, 2015）。

媒体的增长超乎寻常。NBA总裁亚当·西尔弗（Adam Silver）将媒体视为扩大球队及其成员国际影响力的一种方式。在社交媒体方面，NBA已经在美国的各大联盟中占据领先地位。全球有7.59亿用户关注了该联盟或者对NBA球队表达了积极的感受（在社交媒体上点“喜欢”）（Keating, 2015）。由于NBA与娱乐与体育节目电视网（Entertainment and Sports Programming Network, ESPN）和特纳广播系统达成的一项为期7年，价值240亿美元的交易于2016年生效，因此电视收入也有增长。

当赛季重叠时，包括职业球队在内的替代产品会受到威胁。旧金山湾区还有许多娱乐选择。与其他职业球队一样，金州勇士队可能对幻想体育抱有不置可否的态度。或许参与幻想体育能够使球迷与球队和球员有更多的接触。球迷可以在场上看到他们最喜欢的幻想球员。此外，幻想体育消耗了球迷可自由支配收入的一部分，从而使他们花在门票和商品上的钱变得更少。也可以认为，幻想体育在帮助球队与球迷建立联结方面没有什么作用，因为幻想体育将球员视为独立于其所属球队的个体。

营销管理的参考书中描述了市场细分的好处（Dickson, 1997; Kotler & Keller, 2012）。施特恩塔尔和塔伯特（Sternthal & Tybout, 2001）以及塞斯佩德斯、多盖尔蒂和斯金纳（Cespedes, Dougherty & Skinner, 2013）综述了市场细分和定向中的管理问题。弗兰克、梅西和温德（Frank, Massey & Wind, 1972），尼尔（Neal, 2000），韦德尔和镰仓（Wedel & Kamakura, 2000）讨论了市场细分的目的和方法。

旺德曼（Wunderman, 1996）和纳什（Nash, 2000, 1995）综述了传统直销。休斯（Hughes, 2000）讨论了与数据库营销和在线直销相关的策略。直销和数据库营销是营销数据科学中广泛应用的领域。阿南德和布什内尔（Anand & Büchner, 2002）讨论了它们在交叉销售中的应用，即从现有客户列表中寻找其他产品的机会。布拉特伯格、基姆和奈斯琳（Blattberg, Kim & Neslin, 2008）综述了直销和数据库营销中的建模方法，对RFM模型、提升图和设置概率阈值的替代方法等进行了广泛讨论。

贝叶斯使用“消费者异质性”一词来描述客户之间的个体差异。该方法根据消费者在基础属性参数中的位置来描述他们，比把他们描述为市场细分中的成员能够提供更丰富的信息。罗西、艾伦比和麦卡洛克（Rossi, Allenby & McCulloc, 2005）综述了贝叶斯方法在市场营销中的应用，罗西（Rossi, 2014）和塞尔马斯（Sermas, 2014）提供了用 R 语言包实施贝叶斯方法。

有关定价理论及相关研究，可以参考关于微观经济学（Pindyck & Rubinfeld, 2004; J.Hirshleifer, Glazer& D.Hirshleifer, 2005; Varian, 2005）和计量经济学（Pindyck & Rubinfeld, 2000; Greene, 2002）的书。有关定价研究方法，可以参考莱昂（Lyon, 2000; 2002）、费尔德曼（Feldman, 2002）和奥姆（Orme, 2006）的研究。马德（Marder, 1997）综述了单一产品定价方法。内格尔和霍根（Nagle & Hogan, 2005）及克里希纳穆尔蒂（Krishnamurthi, 2001）综述了定价策略及其管理问题。卡利亚纳姆和温纳（Kalyanaram & Winer, 1995）总结了有关参考价格的实证研究。通过数学规划实现收入增长和收益管理对于航空公司和酒店来说都是很好理解的（Phillips, 2005; Karaesmen, van Ryzin, Talluri & Vulcano, 2008）。巴洛（Barlow, 2000）表明，类似的方法可用于销售体育场的座位。

第九章 管理财务

比利(Billy):“我没法用3 800万美元的工资总额跟1.2亿美元竞争。”

史蒂夫(Steve):“我们不会跟那些财大气粗的球队竞争。我们需要在有限的条件下工作。你要出去,尽最大的努力招募新球员。我们不会为球员支付1 700万美元的薪酬。”

比利:“我不是要你1 000万、2 000万或者3 000万美元,我只是想要得到一些帮助。把我拉近一点,我就把冠军队给你。我的意思是,这就是我来这里的原因,这就是你雇我的原因。而且,我得问你,我们在这儿做什么……”

史蒂夫:“比利,你知道,我……”

比利:“……如果不是为了赢得总冠军。”

史蒂夫:“我非常想赢……”

比利:“那是我的酒吧。我的酒吧在这里。(高举双手)我的酒吧要带领这支球队获得冠军。”

史蒂夫:“比利,我们是一个小市场的球队,你是一个小市场的总经理。我要求你不要花我没有的钱。而且,我要求你深呼吸,摆脱损失,和你的伙计一起回到房间,找出如何用我们付得起的钱找到替代我们失去的人。”

——《点球成金》(2011)中的比利·比恩(布拉德·皮特饰演)和史蒂夫(史蒂夫·达科塔饰演)

—Brad Pitt as Billy Beane and Steve Dakota as Steve in *Moneyball* (2011)

《点球成金》的精神指引着许多职业球队。在球员选秀或自由球员竞价中，球队的目标是在预算或工资上限的约束下选择最佳球员或球员组合。“最佳”是指能够在未来比赛中为球队贡献最多的额外的安打或得分。球队的计划范围可能是本赛季的剩余时间和季后赛，或未来的赛季。球员，特别是自由球员的合同费用因球员而异。

在为球队增加球员时，有许多选择需要考虑。需要确定一组备选球员，并估计每个球员在安打、得分及球队计划赢得的比赛中对球队的潜在贡献。由于球队的球员数量受限，因此引入新球员意味着放弃现有球员。有关球员位置也存在限制。例如，如果一支职业篮球队获得了一名自由球员后卫，那么球队很可能要淘汰另一名后卫。收购球员和让球员退出都有成本。此外，球员合同条款可能会规定被淘汰的球员可以继续获得全部或部分薪酬。

在理论上，可以通过数学规划来解决受约束的输出最大化问题。在实践中，球员选秀和自由球员收购是运筹学和数据科学中富有挑战性的问题。成本很难由任何程度的信心确定。这是一个许多球队对同一球员竞标的劳动力市场。此外，球员对球队的贡献，被更好地估计为一个后验概率分布，而不是单一的数字。这会使问题成为随机规划，我们将在本章后面讨论这个问题。

让我们从管理会计的成本 - 数量 - 利润分析开始考虑成本，如图 9.1 所示。这是评估与其他业务实践相关的成本和收益的常用方法。虽然成本 - 数量 - 利润分析很难适用于球员或体育场的成本，但可以用它来评估体育业务的特定方面，如门票、特许权或商品销售。

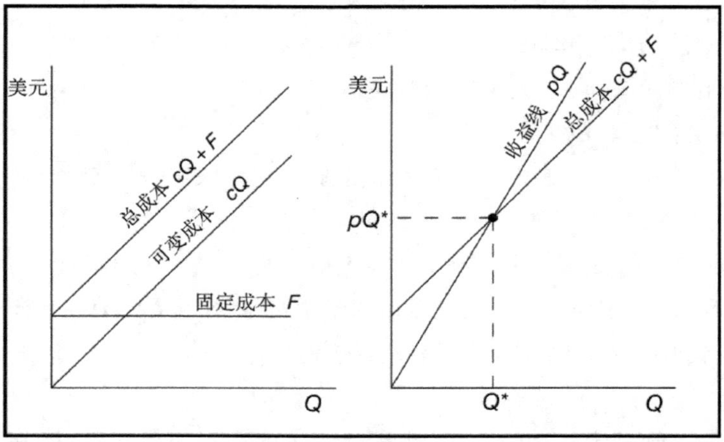

图9.1 成本-数量-利润分析

假设我们考虑在棒球比赛中出售热狗，特别是在道奇体育场出售道奇热狗。道奇热狗由 Farmer JohnR 公司提供，在道奇体育场以特定价格（设为 p）出售。出于分析目的，将成分和包装的单位成本记为 c。这部分成本被称为可变成本，因为它随销售的热狗数量变化而变化。

固定成本不随生产和销售单位数量的变化而变化。典型的固定成本包括启动成本、许可证、合同成本、管理费用和广告。道奇体育场每层都设有专门的区域用于特许经营，食品工人在这些区域工作，他们会产生固定成本 F。

可变成本随生产和销售单位数量的变化而变化——它随着生产和销售热狗数量 Q 的变化而变化。这样，总的可变成本就是 cQ。将可变成本与固定成本相加得到总成本：$cQ + F$。总收入是单位价格 p 乘以销售数量 Q，利润是总收入减去总成本。使用 π 表示利润，得到公式 $\pi = pQ-(cQ+F)$。

图 9.2 是带有阴影区域的成本 - 数量 - 利润分析。图 9.2 中使用水平线来表示固定成本，将可变成本表示为斜率 c 且垂直截距为 0 的直线，将总成本表示为与可变成本线平行且垂直截距为 F 的直线。从图 9.2 中可以看到，总成本等于销量为盈亏平衡量 Q^* 时的总收入，即盈亏平衡销售额为 pQ^*。

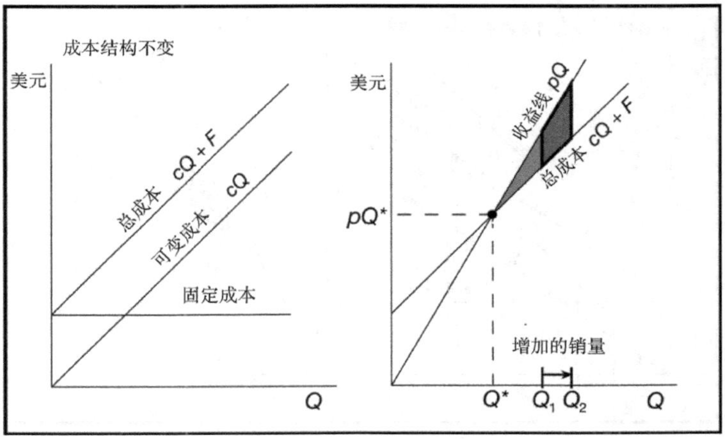

图9.2　通过增加销量来增加利润

为了从热狗销售中赚钱，球队销售的道奇热狗数量必须大于 Q^*。当球队售出的道奇热狗数量为 Q_1 时，其利润将由图中收入线和总成本线之间的浅色阴影区域表示。获得更高利润的方法之一是将销售量从第一季度的 Q_1 增加到第二季度的 Q_2。这样会增加利润，增加的利润数量由图 9.2 中深色的阴影区域表示。

图 9.3 和图 9.4 是另外两种增加利润的方法，即降低固定成本和提高运营效率。考虑到道奇热狗的销售，球队可以通过减少员工数量或缩小体育场内的销售区域来降低固定成本。这样会降低固定线和总成本线的垂直轴截距。可变成本受单位成本或每只道奇热狗的原料和包装的影响，降低单位可变成本会缩小可变线和总成本线的斜率。

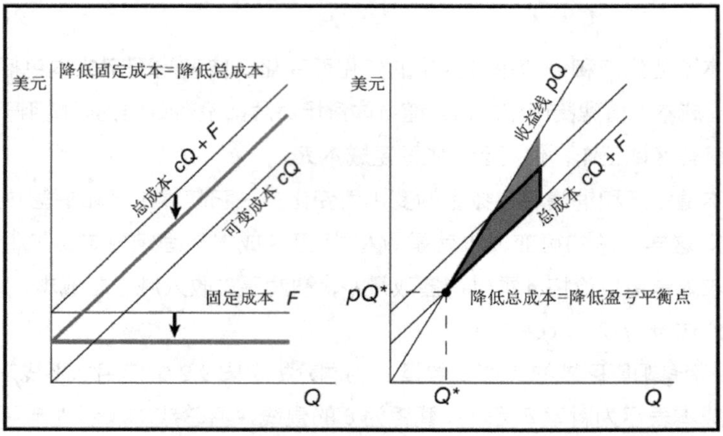

图9.3 通过降低固定成本来增加利润

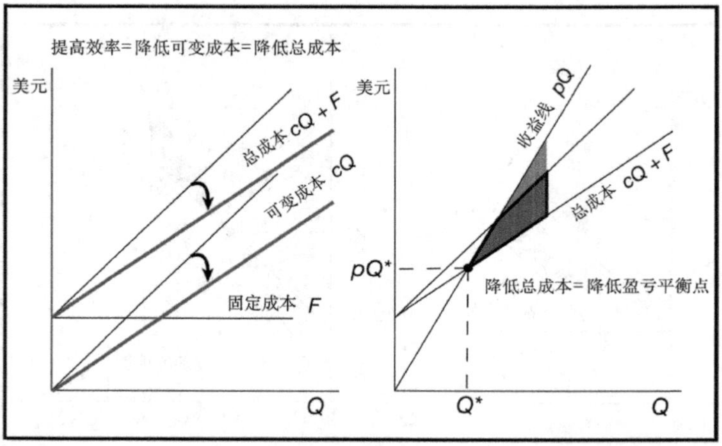

图9.4 通过提高效率来增加利润

成本－数量－利润分析提供了一种便捷的机制，可以展示三种不同的提高利润的方法：①增加销量；②降低固定成本；③提高效率，降低可变成本。成本－数量－利润分析有时也称为盈亏平衡分析。它假设销售收入是成本的线性函数。给定可变成本 c 和固定成本 F，它们构成了总成本线的斜率和截距。销售数量 p 则定义了收益线的斜率。这意味着每个售出的产品的单价为 p。

成本－数量－利润分析有助于评估短期的产品和服务问题，其中所有待售的产品和服务的成本和价格都是常数。正如先前所见，职业运动队可以使用可变或动态定价方法，而不是单一价格 p。此外，职业运动队做出的许多决定都是长期决策。

关于体育场升级、信息系统和球员长期合同的决策是投资决策，会影响球队多年的成本和收入。我们使用贴现现金流量分析等财务分析方法来评估投资决策。

看一看洛杉矶道奇队与左撇子明星球员克莱顿·克肖（Clayton Kershaw）签订长期合同的决定，这使克莱顿·克肖成为职业体育中收入最高的球员。克莱顿·克肖的合约为期 7 年，总薪酬为 2.15 亿美元，5 年之后可以选择退出。正如奈特（Knight, 2015）所指出的，凭借这份合同，克肖成为继迈克尔·乔丹（Michael Jordan）之后又一位能够在多年合约中每个赛季平均至少赚 3 000 万美元的美国运动员。

为了让克肖成为道奇队的一项很好的投资，球队必须预计每年都能够从媒体、门票销售、赞助和其他渠道获得显著的收入。此外，预期克肖加入之后，道奇队能够赢得更多比赛，而赢得更多比赛能够带来更多收入。在 2012—2014 赛季，克肖比他所代替的球员（WARP）多赢了 3.7、5.7 和 6.1 场（Miller & Wojciechowski, 2015）比赛。在 2014 年，克肖凭借这份合同赢到了全国联盟赛扬奖（the National League Cy Young award）和全国联盟最有价值球员奖（the National League Most Valuable Player award）。他是自 1968 年鲍勃·吉布森（Bob Gibson）获此殊荣之后又一位获奖的球员。

大多数企业通过贴现现金流分析来评估资本投资及其相关的年度费用或成本[1]。表 9.1 是道奇公司对克莱顿·克肖进行投资的贴现现金流分析。其中，假设资本成本为 10%（为计算方便，资本成本在年末应用）。现金流入和现金流出均表示为名义美元。除投资当年以外，所有资本成本均予以贴现。2014 年的现金流出包括克肖的 1 800 万美元签约奖金和 400 万美元薪酬。其中，签约奖金没有进行贴现，工资进行了贴现。可以想象，道奇队已经把克肖在赢球方面的贡献转换成了以美元表示的额外收入。为了使净现值为正，表 9.1 中的现金收入是猜测值。

表9.1　球员合约的贴现现金流分析：克莱顿·克肖的案例

合约年数	赛季	现金流出/百万美元	现金流入/百万美元	现金净流入/百万美元	贴现现金净流入/百万美元
0	签约	18	0	−18	−18.000
1	2014	4	30	26	23.636
2	2015	30	31	1	0.826
3	2016	32	32	0	0.000

[1] 年度支出表示现金流出，年度收入表示现金流入。在合约期内，这两种流量都会使用组织的资本成本进行贴现。为了证明资本投资的合理性，贴现现金流量的和必须为正。贴现现金流量的和又称为投资净现值。贴现用于调整货币的时间价值。想一想当前的钱比将来的钱值钱这一点。如果当前需要钱，那么我们就得付钱。价格是多少呢？货币的价格是指利率或资本成本。放贷人希望实现贷款回报。有时会根据通货膨胀或通货紧缩进行调整。有时会调整利率。一家公司在评估投资项目时会根据其资本成本进行调整。资本成本是向债权人支付的利率和向股东支付的股息率的线性组合。假设 r 表示贴现率，那么在第 N 期结束时得到的资金的现值 Y 如下：$Y=X/(1+r)^N$

续表

合约年数	赛季	现金流出/百万美元	现金流入/百万美元	现金净流入/百万美元	贴现现金净流入/百万美元
4	2017	33	33	0	0.000
5	2018	33	34	1	0.621
6	2019	32	35	3	1.693
7	2020	33	36	3	1.539
资本成本（10%）：10				净现值 5年以后：7.084 7年以后：10.317	

贴现现金流量分析是投资分析的基础。在评估潜在生命周期时，投资项目应具有正的净现值。在比较项目时，选择净现值最高的项目。

在比较投资项目时，一些财务经理喜欢使用投资回报率（return on investment, ROI）。为了计算投资回报率，假设有关现金流入量和现金流出量的知识，并计算能够产生 0 净现值的贴现率。该贴现率对应于投资回报率。要比较项目的投资回报率，应确保项目具有相同的持续时间或投资期限。

一些经理喜欢考虑投资回收期或项目贴现现金流入超过贴现现金流出所需的时间。基于投资回收期对项目进行比较并不是一个好主意。这样会促使经理们在做投资决策时变得短视。在评估投资决策时，应当考虑净现值，而不是投资回报率和投资回收期。

评估体育特许经营权的投资价值可以使用贴现现金流量进行分析。潜在投资者会考虑球队的要价、预期收入和支出（将其视为现金流入和现金流出）以及投资期限。因为球队的价值会随着时间的推移而发生巨大变化，所以投资者需要在分析中考虑资本增值。

布鲁克林篮网队在 2010 年以 3.65 亿美元的价格被收购。2015 年 1 月，这支球队在 NBA 排名第 6，总价值为 15 亿美元。2014 年布鲁克林篮网队的门票收入为 6 400 万美元，总收入为 2.12 亿美元。然而，随着球员薪水上涨至 1.15 亿美元，球队在 2014 年亏损了近 1 亿美元。这使得布鲁克林篮网队成为 2014 年唯一亏损的 NBA 球队（Badenhausen, Ozanian & Settimi, 2015a; Forbes, 2015）。

投资布鲁克林篮网队可以使用贴现现金流进行分析。通货膨胀和门票价格上涨都会使收入增加，但我们不确定控制成本的能力如何。鉴于近年来对 NBA 球队的看法，我们期待资本增值。假设投资期限为 5 年，那么可以得到如表 9.2 所示的贴现现金流量分析。

表9.2　你会收购布鲁克林篮网队吗?

结果A：5年后售价为20亿美元，无成本控制					
合约年数	赛季或赛事	现金流出/百万美元	现金流入/百万美元	现金净流入/百万美元	贴现现金净流入/百万美元
0	买入	0	1 500	−1 500	−1 500
1	2015—2016	220	320	−100	−95
2	2016—2017	230	330	−100	−91
3	2017—2018	240	340	−100	−86
4	2018—2019	250	350	−100	−82
5	2019—2020	260	360	−100	−78
5	卖出	2 000	0	2 000	1 567
贴现率（10%）		5		净现值	−366

结果B：5年后售价为20亿美元，有成本控制					
合约年数	赛季或赛事	现金流出/百万美元	现金流入/百万美元	现金净流入/百万美元	贴现现金净流入/百万美元
0	买入	0	1 500	−1 500	−1 500
1	2015—2016	220	250	−30	−29
2	2016—2017	230	250	−20	−18
3	2017—2018	240	250	−10	−9
4	2018—2019	250	250	0	0
5	2019—2020	260	250	10	8
5	卖出	2 000	0	2 000	1 567
贴现率（10%）		5		净现值	20

结果C：5年后售价为25亿美元，有成本控制					
合约年数	赛季或赛事	现金流出/百万美元	现金流入/百万美元	现金净流入/百万美元	贴现现金净流入/百万美元
0	买入	0	1 500	−1 500	−1 500
1	2015—2016	220	250	−30	−29
2	2016—2017	230	250	−20	−18
3	2017—2018	240	250	−10	−9
4	2018—2019	250	250	0	0
5	2019—2020	260	250	10	8
5	卖出	2 000	0	2 500	1 959
贴现率（10%）		5		净现值	411

我们不确定是否想要投资布鲁克林篮网队。5 年内，该球队的售价可能达到 20 亿美元。也许在组合中有一座桥梁，该队的售价为 250 万美元。应该投资布鲁克林篮网队还是将资金投入股市?

决策不会产生完全可预测的结果，我们对结果抱有不确定性。作为理性决策者，可以将 3 个结果中的净现值乘以它们的发生概率。将这 3 个乘积相加可以得到投资的预期价值，即净现值的概率加权组合。

为了继续分析，我们比较对布鲁克林篮网队投资的预期价值与相同投资期内股票市场投资的预期价值。决策分析是一种处理不确定性的方法。它考虑决策选择、可能的结果和结果的可能性。经济学家提示，理性决策者会选择具有最高预期价值的选择。决策分析的总结可以显示在决策树上，如图 9.5 所示。

决策：是否收购布鲁克林篮网队			
可能的结果	净现值/百万美元	概率	概率×净现值/百万美元
结果A：5年后售价为20亿美元，无成本控制	−366	0.20	−73
结果B：5年后售价为20亿美元，有成本控制	20	0.50	10
结果C：5年后售价为25亿美元，有成本控制	411	0.30	123
	预期价值		60

决策：投资股票市场			
可能的结果	净现值/百万美元	概率	概率×净现值/百万美元
上涨：投入150亿美元，盈利1亿美元	100	0.60	60
持平（收益率=通货膨胀率）	0	0.20	0
下跌：投入15亿美元，亏损1亿美元	−100	0.20	−20
	预期价值		40

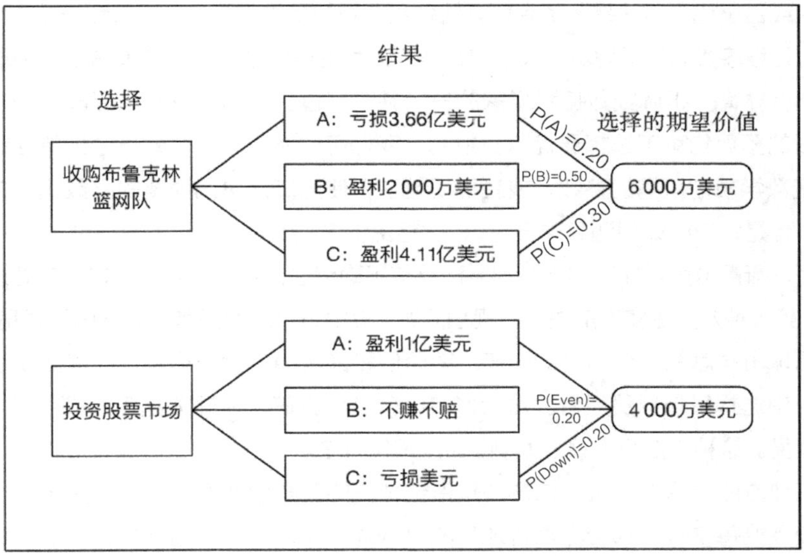

图9.5　决策分析：是否投资体育特许经营权

运动队是一项好的投资吗？我们可以通过分析职业运动队的售价来回答这个问题。例如，在美国职业棒球大联盟中，体育特许经营在这项运动的历史上一直是一项很好的投资。它可以提供比在体育以外的同等规模的企业投资更高的回报（资本收益）。然而，在几十年（20 世纪 70 年代和 20 世纪的最后 10 年）回报为负或者零的情况下，绩效结果是参差不齐的（Fort, 2006）。

福特（Fort, 2011）提出了评估体育特许经营的方法。韦尔（Weil et al., 2005）介绍了会计原则。希金斯（Higgins, 2015）及布里利、迈尔斯和艾伦（Brealey, Myers & Allen, 2013）讨论了贴现现金流量分析等财务分析方法。J. 赫什利弗、格拉泽和 D. 赫什利弗（J. Hirshleifer, Glazer & D. Hirshleifer, 2005）展示了如何在经济学和货币时间价值的背景下理解贴现现金流量分析。雷法（Raiffa, 1968）介绍了决策分析的方法，这些方法在商业、公共政策和日常生活中有广泛的应用（Stokey & Zeckhauser, 1978; Thaler, 1994; Thaler & Sunstein, 2009）。

决策分析展示了一种处理不确定性的方法。如果不仅相信对离散结果的收益和损失的估计，而且相信分配给这些结果的概率，我们就走到了理性选择的道路上。虽然计算很简单，但是对收益、损失和概率的估计并不容易。

还有其他方法和模型可以用于概率估计。基于贝叶斯的思想，可以用理性的方式进行概率估计，从先验的、主观的概率分布到后验分布。贝叶斯统计说明如何测量不确定性。随着继续收集数据和更新先验概率，对主观概率估计的依赖越来越少。

如上所述，许多体育管理决策可以被描述为约束优化问题。我们在有约束的情况下最大化收入或最小化成本。掌握了完整的信息或准确的测量方法，一切就会好起来。输入参数数据，让程序找到最优解决方案。这是数学规划的确定性世界，详情请参考附录 A。

但是，体育分析师或数据科学家的日子并不好过。考虑本章开头提出的问题——在工资上限的预算约束下选择最优球员组合。我们可以通过为每个球员分配单独的合约成本来固定数学规划所需的参数，或者确切地说，使用二元决策变量的整数规划来简化这个问题。但是，应当如何测算球员对球队的贡献呢?

然而，衡量球员对球队的贡献的方法具有不确定性。我们需要一种方法来处理这种不确定性。第一种方法是多次解决整数规划问题，其中每个问题都有一组不同的球员贡献值。

考虑球员贡献的 3 个值：最佳值、期望值和最差值。我们运行 3 次整数规划，并在每次运行中选择最佳球员组合。然后，如果有的球员在 3 种解决方案中都存在，那就找出这些球员。这种方法称为最佳案例 / 最差案例方法。

第二种方法是暴力方法。该方法从每位球员的分布中抽取一个值，并将其作为模型输入。模型的每次运行都会为每位球员随机选择一个值，从而固定参数的输入数据。运行数千次整数规划，计算每位球员在解决方案中出现的频率。暴力方法与敏感性分析类似。该方法不断改变每次整数规划运行时的输入参数，并观察解决方案发生的变化。

第三种方法是随机规划，即输入不确定的数据。随机规划使用概率分布，而不是以给定输入数据作为参数。例如，可以假设球员相对替补对球队获胜的贡献呈指数分布，且在正实数的开放区间上连续。

随机规划还提供了一种指定具有不确定性的球员成本的方法。使用随机规划，可以在考虑球员选择问题中存在不确定性的情况下，得到球队的单一最优球员组合。

科内霍、卡里翁和莫拉莱斯（Conejo, Carrion & Morales, 2010）给出了随机规划的基本原理。比尔格和卢沃（Birge & Louveaux, 2011）介绍了随机规划方法的数学原理。格什科夫和摩尔多瓦（Gershkov & Moldavanu, 2014）开发了用于解决容量约束的动态定价的随机规划理论。

哈特、莱尔德、沃森和伍德拉夫（Hart, Laird, Watson & Woodruff, 2012），沃森和伍德拉夫（Watson & Woodruff, 2012），西罗纳（Sirona, 2014），哈特和伍德拉夫（Hart & Woodruff, 2015）综述了基于 Python 语言的数学和随机规划代数建模系统。代数建模系统使得分析师可以构建抽象模型，并在为这些参数提供输入数据之前定义参数。这种系统在敏感性测试和随机规划中最为有用。基于 Python 语言的开源系统，分析师可以查询和操作模型参数及其分布，并将随机规划与贝叶斯估计方法相结合。

第十章 做假设游戏

玛吉（Maggie）：“邓恩先生？”

邓恩（Dunn）：“我欠你钱吗？”

玛吉：“不，先生。”

邓恩：“我认识你母亲吗？”

玛吉：“我不太清楚，先生。”

邓恩：“你想要什么呢？”

玛吉：“我在另一张卡片上。我也在格斗中获胜了——玛吉·菲茨杰拉德（Maggie Fitzgerald）。”

邓恩：“好吧，玛吉·菲茨杰拉德，你想要什么？”

玛吉：“您碰巧看到了吗？”

邓恩：“没有。”

玛吉：“我做得很好。我以为您可能有兴趣训练我。”

邓恩：“我不训练女孩。”

玛吉：“也许您应该训练我。看过我格斗的人都说我很坚强。”

——《百万美元宝贝》（2004）中的玛吉·菲茨杰拉德（希拉里·斯万克饰演）和弗兰基·邓恩（克林特·伊斯特伍德饰演）

—Hilary Swank as Maggie Fitzgerald, and Clint Eastwood as Frankie Dunn in *Million Dollar Baby* (2004)

做假设游戏意味着进行模拟。为了说明这个过程，可以使用模拟来选择获胜团队。以 2007 年棒球赛季选定的联盟间比赛为例，我们注意到，大都会队和洋基队在洋基体育场举行的比赛于 2007 年 6 月 15 日（星期五）、2007 年 6 月 16 日（星期六）和 2007 年 6 月 17 日（星期日）进行。我们在 6 月 15 日之前会问这些问题：在洋基体育场比赛时，大都会队能在对阵洋基队的比赛中得多少分？洋基能得多少分？最终，哪支球队有望赢得这 3 场比赛？

为了预测未来能够得分的直接进球，我们从过去的得分开始。我们选择了当前赛季大都会队和洋基队的数据，忽略了前几个赛季和 2007 年季前赛的球队统计数据。由于 6 月 15 日在洋基球场将举行 2007 赛季常规赛中大都会队和洋基队的第一场比赛，因此需要使用它们对阵其他球队时的得分。对于大都会队，可以选择它在常规赛季的所有客场比赛，包括 5 月 1 日在圣路易斯与红雀队的首场比赛，以及 6 月 13 日与洛杉矶道奇队的比赛。对于洋基队，可以选择它在 6 月 15 日之前的所有主场比赛，包括 4 月 2 日与坦帕湾魔鬼鱼队的主场揭幕战和 6 月 14 日与亚利桑那响尾蛇队的比赛。

表 10.1 是 2007 年 4 月 1 日—6 月 15 日大都会队比赛和比分的完整列表。表 10.2 是同一时期洋基队比赛和比分的完整列表。从两个表中可以看到，一方面，大都会队在客场比赛中的得分比他们的对手多，在主场比赛中的得分则少；另一方面，洋基队比主场和客场的对手得分都多。

表10.1 纽约大都会队2007年的季前赛

日期	主场比赛（n=31）			日期	客场比赛（n=33）		
	主队	得分			客队	得分	
		大都会队	主队			客队	大都会队
2007-04-01	STL	6	1	2007-04-09	PHI	5	11
2007-04-03	STL	4	1	2007-04-11	PHI	5	2
2007-04-04	STL	10	0	2007-04-12	PHI	3	5
2007-04-06	ATL	11	1	2007-04-13	WSH	2	3
2007-04-07	ATL	3	5	2007-04-14	WSH	6	2
2007-04-08	ATL	2	3	2007-04-20	ATL	7	3
2007-04-17	PHI	8	1	2007-04-21	ATL	2	7
2007-04-18	FLA	9	2	2007-04-22	ATL	9	6
2007-04-19	FLA	11	3	2007-04-23	COL	1	6
2007-04-27	WSH	3	4	2007-04-24	COL	1	2
2007-04-28	WSH	6	2	2007-04-25	COL	11	5
2007-04-29	WSH	1	0	2007-04-30	FLA	9	6
2007-05-03	ARI	9	4	2007-05-01	FLA	5	2

续表

日期	主场比赛（n=31）			日期	客场比赛（n=33）		
	主队	得分			客队	得分	
		大都会队	主队			客队	大都会队
2007-05-04	ARI	5	3	2007-05-02	FLA	3	6
2007-05-05	ARI	6	2	2007-05-11	MIL	4	5
2007-05-06	ARI	1	3	2007-05-12	MIL	12	3
2007-05-07	SF	4	9	2007-05-13	MIL	1	9
2007-05-08	SF	4	1	2007-05-14	CHC	4	5
2007-05-09	SF	5	3	2007-05-15	CHC	10	1
2007-05-22	ATL	1	8	2007-05-16	CHC	1	8
2007-05-23	ATL	3	0	2007-05-17	CHC	5	6
2007-05-24	ATL	1	2	2007-05-18	NYY	2	3
2007-05-25	FLA	6	2	2007-05-19	NYY	7	10
2007-05-26	FLA	7	2	2007-05-20	NYY	6	2
2007-05-27	FLA	6	4	2007-05-29	SF	4	5
2007-06-08	DET	3	0	2007-05-30	SF	3	0
2007-06-09	DET	7	8	2007-05-31	SF	2	4
2007-06-10	DET	7	15	2007-06-01	ARI	5	1
2007-06-11	LAD	3	5	2007-06-02	ARI	1	7
2007-06-12	LAD	1	4	2007-06-03	ARI	4	1
2007-06-13	LAD	1	9	2007-06-05	PHI	4	2
				2007-06-06	PHI	4	2
				2007-06-07	PHI	6	3
平均得分		4.97	3.45	平均得分		4.67	4.33

表10.2 纽约洋基队2007年的季前赛

日期	主场比赛（n=31）			日期	客场比赛（n=33）		
	主队	得分			客队	得分	
		洋基队	主队			客队	洋基队
2007-04-09	MIN	8	2	2007-04-02	TB	5	9
2007-04-10	MIN	10	1	2007-04-05	TB	7	6
2007-04-11	MIN	1	5	2007-04-06	BAL	6	4
2007-04-13	OAK	4	5	2007-04-07	BAL	7	10
2007-04-14	OAK	4	3	2007-04-08	BAL	6	4
2007-04-15	OAK	4	5	2007-04-17	CLE	3	10
2007-04-20	BOS	6	7	2007-04-18	CLE	2	9

续表

日期	主场比赛（n=31）			日期	客场比赛（n=33）		
	主队	得分			客队	得分	
		洋基队	主队			客队	洋基队
2007-04-21	BOS	5	7	2007-04-19	CLE	6	8
2007-04-22	BOS	6	7	2007-04-26	TOR	6	0
2007-04-23	TB	8	10	2007-04-27	BOS	11	4
2007-04-24	TB	4	6	2007-04-28	BOS	1	3
2007-05-01	TEX	10	1	2007-04-29	BOS	7	4
2007-05-03	TEX	4	3	2007-05-04	SEA	15	11
2007-05-03	TEX	5	2	2007-05-05	SEA	1	8
2007-05-11	SEA	0	3	2007-05-06	SEA	0	5
2007-05-12	SEA	7	2	2007-05-07	SEA	3	2
2007-05-13	SEA	1	2	2007-05-08	TEX	2	8
2007-05-16	CWS	3	5	2007-05-09	TEX	2	6
2007-05-16	CWS	8	1	2007-05-10	TEX	14	2
2007-05-17	CWS	1	4	2007-05-21	BOS	2	6
2007-05-18	NYM	2	3	2007-05-22	BOS	7	3
2007-05-19	NYM	7	10	2007-05-23	BOS	3	8
2007-05-20	NYM	6	2	2007-05-25	LAA	10	6
2007-05-28	TOR	2	7	2007-05-26	LAA	3	1
2007-05-29	TOR	2	3	2007-05-27	LAA	4	3
2007-05-30	TOR	10	5	2007-06-08	PIT	4	5
2007-06-01	BOS	9	5	2007-06-09	PIT	3	9
2007-06-02	BOS	6	11	2007-06-10	PIT	6	13
2007-06-03	BOS	6	5	2007-06-12	ARI	1	4
2007-06-04	CWS	4	6	2007-06-13	ARI	2	7
2007-06-05	CWS	7	3	2007-06-14	ARI	1	7
2007-06-06	CWS	5	1				
2007-06-07	CWS	10	3				
平均得分		5.30	4.39	平均得分		4.84	5.97

总体而言，洋基队的比赛得分似乎比大都会队的比赛得分更多。因为美国联盟比赛有指定的击球手，所以这是可以理解的。除 3 场洋基队的比赛之外，其他所有比赛都在国家联盟球场进行。洋基队在 2007 年 6 月 15 日之前进行的 3 场比赛碰巧都在谢亚球场（Shea Stadium）对阵大都会队：

5 月 18 日	洋基队	2	大都会队	3
5 月 19 日	洋基队	7	大都会队	10
5 月 20 日	洋基队	6	大都会队	2

人们可能想利用这 3 场比赛的结果来预测 2007 年 6 月 15—17 日比赛的结果。但是，从这 3 场比赛不能得出可信推论的数据。此外，即将到来的洋基队对阵大都会队的比赛将在洋基体育场进行。这些比赛都有指定的击球手规则。我们希望通过模拟来适应（至少部分）这一情况。

游戏日模拟使用过去真实比赛的数据来生成关于过去和未来假想比赛的数据。许多体育迷都是在幻想体育中熟悉模拟的。在一场梦幻棒球比赛中，贝比·鲁斯（Babe Ruth）可以击败鲍勃·吉布森（Bob Gibson），霍鲁斯·瓦格纳（Honus Wagner）可以击败山迪·柯法斯（Sandy Koufax）。模拟利用既往棒球比赛及球员的统计数据，由计算机执行。因为随机数由随机数生成器生成，所以多次重复模拟相同的比赛会得到不同的结果。

为了在幻想体育中领先，可以创建幻想比赛，便于估计一支球队击败另一支球队的概率。例如，假设使用简单的比赛日模拟来挑选 2007 年 6 月大都会队和洋基队系列赛中的获胜球队。根据每场幻想比赛（模拟的每次迭代）中大都会队客场比赛得分的分布和洋基队的主场比赛得分的分布，观察大都会队的得分和洋基队的得分。如果双方打成平手，就放弃该观察值。如果大都会队的得分高于洋基队的得分，那么为大都会队记一次获胜。如果洋基队的得分高于大都会队的得分，那么为洋基队记一次获胜。将大都会队获胜的次数除以不含平局的比赛次数，可以估算大都会队获胜的概率。将洋基队获胜的次数除以不包含平局的比赛次数，可以估算洋基队获胜的概率。洋基队获胜的概率等于 1 减去大都会队获胜的概率。

比赛日模拟是一种经验模拟，因为它基于两个球队得分的经验分布。模拟仅使用过去的得分，并以大都会队和洋基队作为球队。图 10.1 是这种模拟的结果。

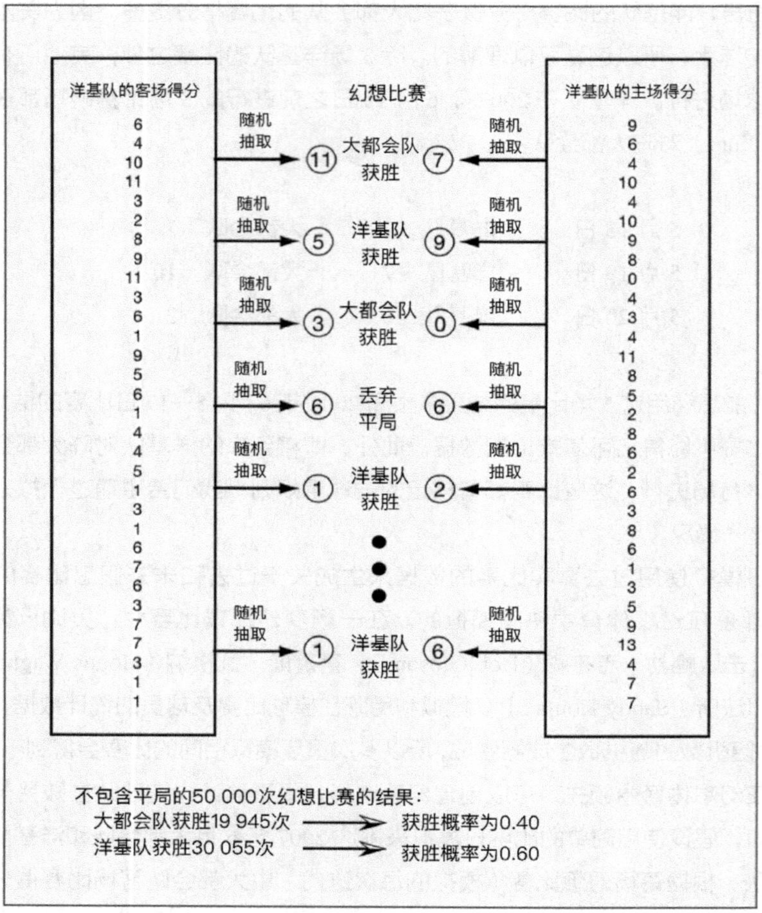

图10.1 比赛日模拟（仅进攻）

选择获胜球队的方法之一是模拟球队之间的比赛。我们不应期望从这样的简单比赛日模拟中获得太多。了解客队和主队、比赛场地及球队过去的得分仅是开始。模拟忽略了大都会队在国家联盟球场的大部分比赛没有指定击球手，而洋基队在国家联盟球场的大部分比赛有指定击球手这一事实。此外，第一次模拟仅关注进攻，在不承认失分的情况下考虑每支球队得分。这样的模拟提供了在缺乏防御情况下的进攻景象。如果仅基于得分，那么洋基队看起来可能会击败大都会队。为了更好地描绘大都会队是如何同洋基队相互对抗的，我们将球队的进攻和防守表现数据并列显示。在洋基体育场进行的比赛中，设置大都会队对阵洋基队的客场进攻和洋基队对阵大都会队的主场进攻，如图 10.2 所示。

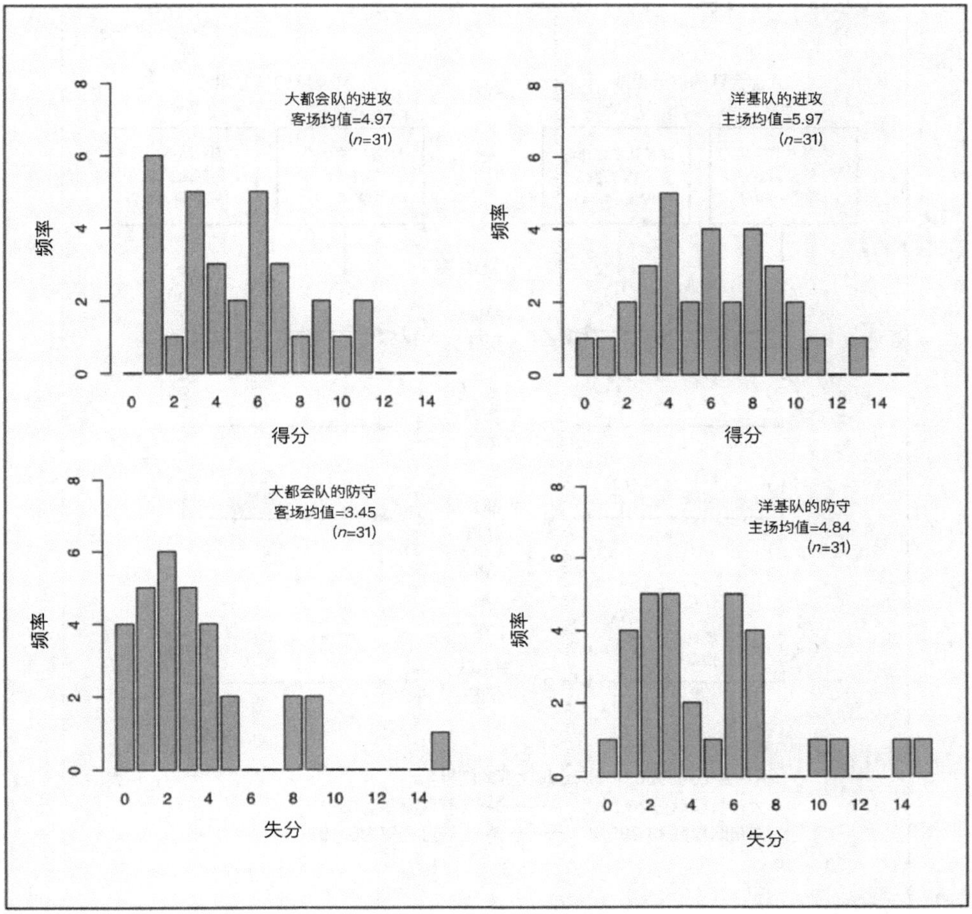

图10.2 大都会队的客场和洋基队的主场数据（进攻和防守）

如图 10.3 所示，均衡模拟同时考虑进攻和防守，包括进攻得分和防守失分（其他球队的得分）。在这里，从对阵球队的得分和失分的经验分布中随机抽取，以估计每支球队的预期得分。本例中的方法是对对阵球队的进攻和防守数据取平均。在同时考虑到进攻和防守的情况下，大都会队和洋基队似乎更加均衡。大都会队获胜的概率为 0.52，洋基队获胜的概率为 0.48。

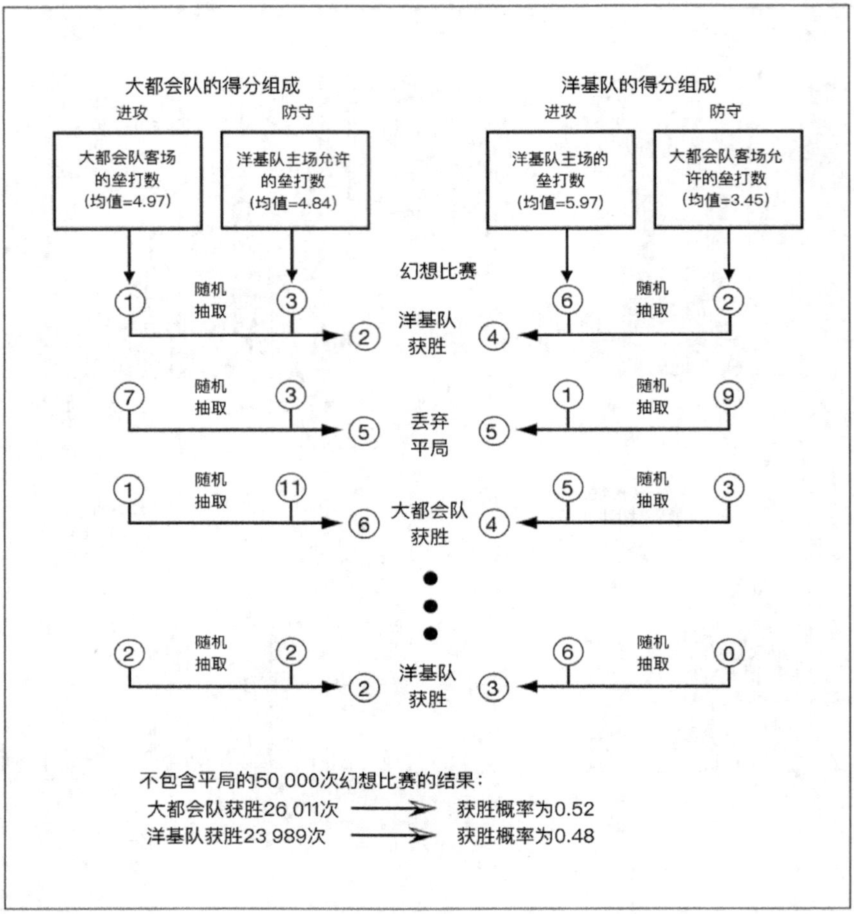

图10.3 均衡的比赛日模拟（进攻和防守）

这 3 场联盟间的比赛中究竟发生了什么呢？ 2007 年 6 月 15 日（星期五）的晚上，大都会队以 2 : 0 击败洋基队。第二天，洋基队以 11 : 8 击败大都会队。在 6 月 17 日（星期日），洋基队再次以 8 : 2 击败大都会队。

在使用得分（计数）时，我们应用泊松（Poisson）分布和负二项分布等概率分布。应用泊松分布表示得分。得分为 0 的比赛并不常见，特别是对于平均每场比赛至少得 3 分的球队来说。

对于平均得分少于 7 分的球队来说，得分超过 20 分的比赛是罕见事件。泊松分布反映了这一事实 [1]。

在 2007 年棒球赛季 4 月 1 日—7 月 8 日（全明星赛之前）的所有球队和所有比赛中，我们获得了 2 598 个观察值，平均得分为 4.68 分。这些得分观察值的频率分布如图 10.4 中的左上图所示。这幅图还展示了均值为 4.68 的泊松分布的相对频率分布和理论概率，以及均值为 4.68 且形状参数为 4.00 的负二项分布的相对频率分布和理论概率。值得注意的是，对于这些得分数据，负二项分布似乎能够提供更好的拟合或匹配。这一点在分布的低端尤其明显。

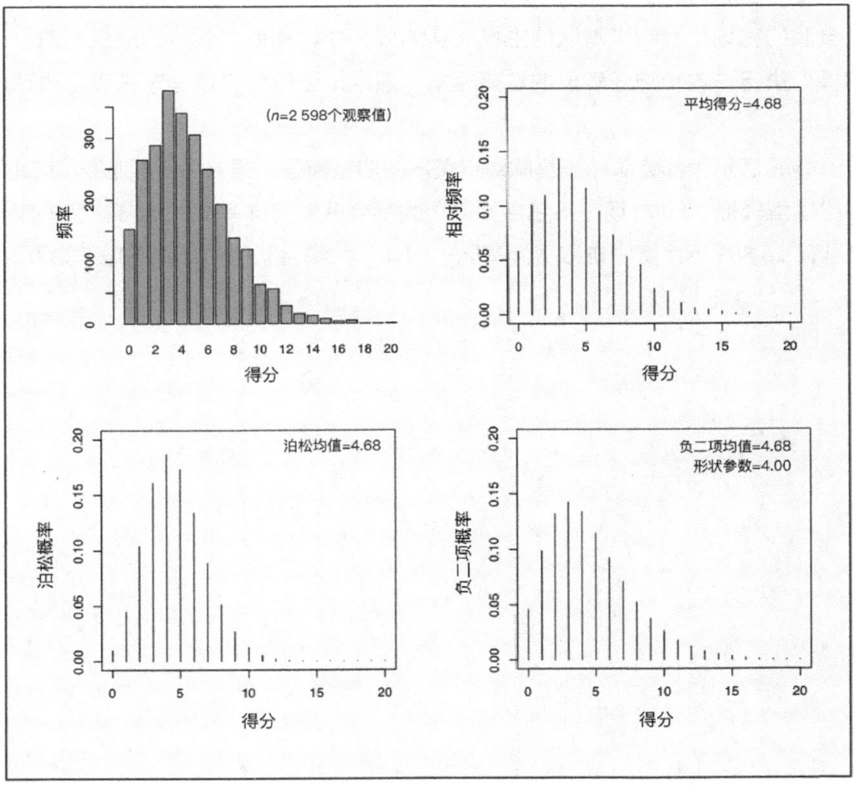

图10.4 实际和理论的得分分布

[1] 凯勒（Keller, 1994）表明，泊松概率分布可以作为棒球得分的模型。当得分比率或概率在不同比赛中没有显著变化时，泊松模型的效果最好。这在一支球队总是使用稳定的阵容时可能是有意义的。单词“Poisson”的发音为“poy san”，是指 Siméon D. Poisson（1781—1840）。他在 1837 年发布了泊松分布的第一个版本。泊松概率分布由下面的公式定义：

$$P(x)=e^{-\lambda}\lambda^{x}/x!$$

其中，e 是指数常数，λ（希腊字母 lambda）是泊松分布的参数。λ 同样也是泊松分布的均值和方差。如果没有得分，那么概率为 $P(0)=e^{-\lambda}$。如果得分为 1，那么 $P(0)=P(0)\lambda$。一般而言，如果得分为 x，那么 $P(x)=P(x-1)\lambda$。有关概率分布背后的数学以及概率论中的其他主题可以参考费勒（Feller, 1968）的研究。

平均得分和形状（k=4）是定义负二项式概率分布的参数。当得分的比率或概率在一场比赛与下一场比赛之间发生变化时，负二项分布是表示得分分布的模型，就像对在一段时间内表现差异很大的一组或一支球队一样。负二项分布已被证明可用于对各种运动中的得分建模(Reep, Pollard & Benjamin, 1971; Pollard, 1973)。这里再次提到费勒(Feller, 1968）的概率论和使用计算机来完成工作。对方得分为 0 的比赛在使用负二项分布来表示得分时比使用泊松分布表示得分时更为常见。较高的分数在负二项分布中也比在泊松分布中更常见。

比赛日模拟的另一种方法是使用理论概率分布。例如，模拟大都会队对阵洋基队的比赛可以使用理论概率分布中的成对随机图，并规定丢弃平局比赛对应的图。也就是说，从大都会队的客场比赛和洋基队的主场比赛的分布中，抽取观察值的随机配对，对得分的概率模型执行进攻和防守表现的均衡模拟。通常，使用负二项分布来表示棒球比赛中得分[1]。

图 10.5 是表示大都会队和洋基队对抗情况的泊松模型。图 10.6 是相应的负二项模型。使用泊松模型模拟 50 000 场（不包含平局）大都会队对阵洋基队的比赛。我们观察到，大都会队在 26 863 场比赛中击败了洋基队。因此，大都会队的估计获胜概率为 0.54。

---

[1] 负二项分布可以看作是二项分布的反面。二项式分布给出 n 次试验中的成功次数，而负二项式则是观察到给定次数成功所需要的试验次数 x。由于负二项分布可以被转换成一组泊松分布，因此又被称为复合泊松分布。负二项分布由均值 μ 和形状参数 k 定义。在比赛中观察到 x 次得分的概率由下列公式给出：

$$p(x) = \left(1 + \frac{\mu}{k}\right)^{-k} \frac{(k + x - 1)!}{x!(k - 1)!} \left(\frac{\mu}{u + k}\right)^{x}$$

当得分为 0 时，使用一个更简单的表达式：

$$p(0) = \left(1 + \frac{\mu}{k}\right)^{-k}$$

负二项分布在处理过度分散的计数和方差大于均数的计数时特别有用。形状或分散参数 k 可通过比较观察计数的均值和方差来估计。对棒球得分的研究表明，形状参数 k 取值在 3~5 时对一组大联盟棒球队的得分非常有效。对于本章中的示例，将 k 设置为 4，以便与实际得分数据很好地匹配。

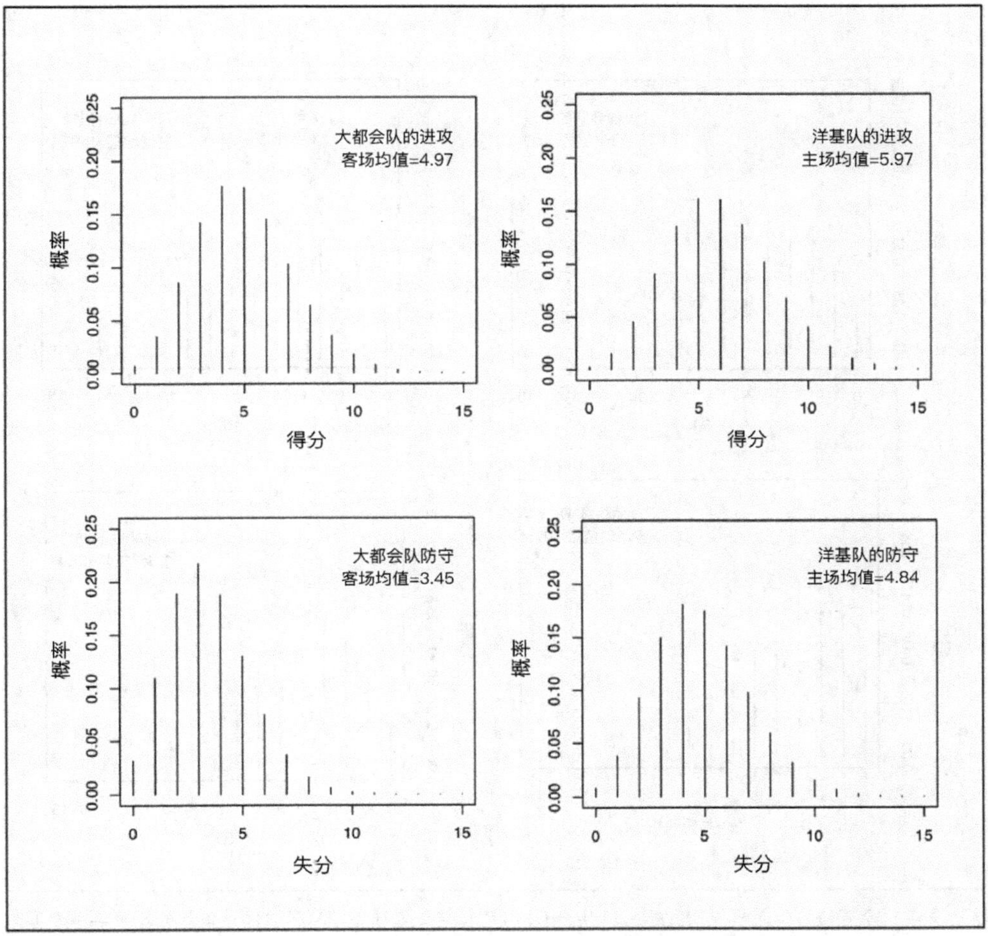

注：泊松分布的均值是根据2007年4月1日—6月14日大都会队对阵洋基队的比赛估计的。

图10.5　大都会队在洋基球场对阵洋基队的泊松模型

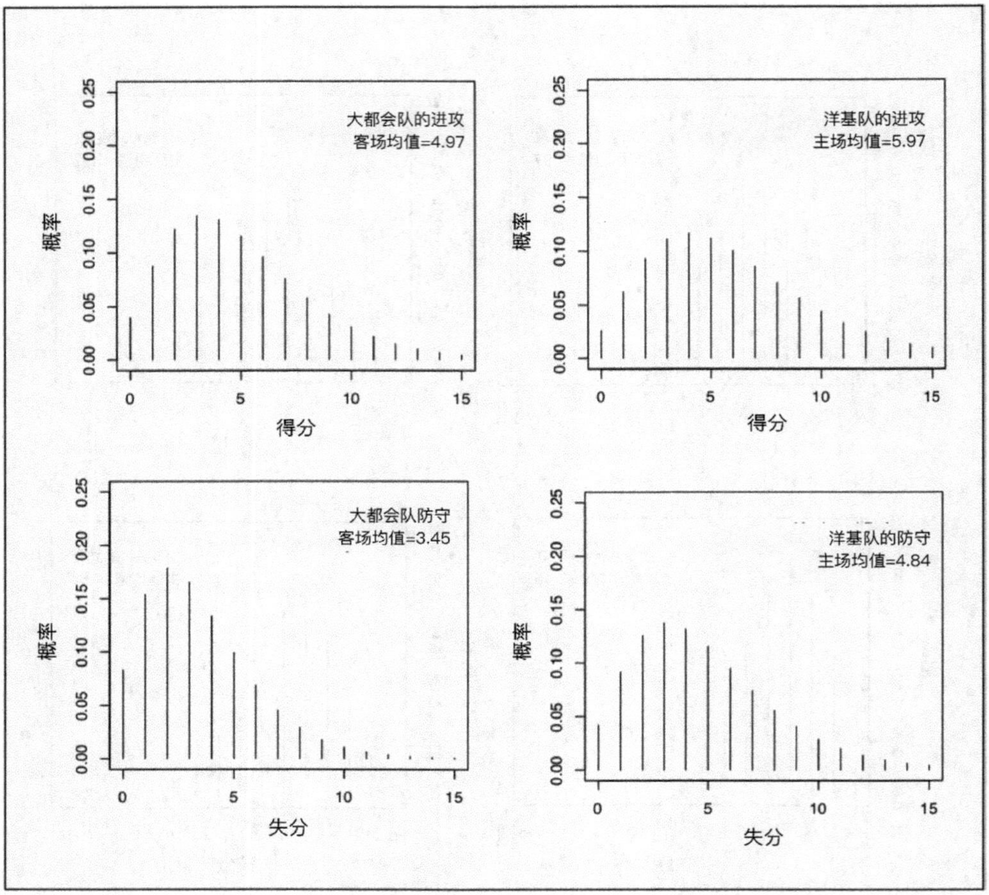

注：负二项分布的均值是根据2007年4月1日—6月14日大都会队对阵洋基队的比赛估计的。负二项分布的形状参数k设为4。

图10.6　大都会队在洋基球场对阵洋基队的负二项模型

使用形状参数 k 为 4 的负二项模型可以观察到，大都会队在不包含平局的 50 000 场比赛中有 26 202 次击败了洋基队。因此，大都会队的估计获胜概率为 0.52。泊松估计的结果接近平衡经验得分模拟的估计值，负二项估计（四舍五入到两位有效数字）的结果与经验模拟的估计值相同。这两个模拟都预测洋基队将会在 3 场比赛中赢得 2 场。

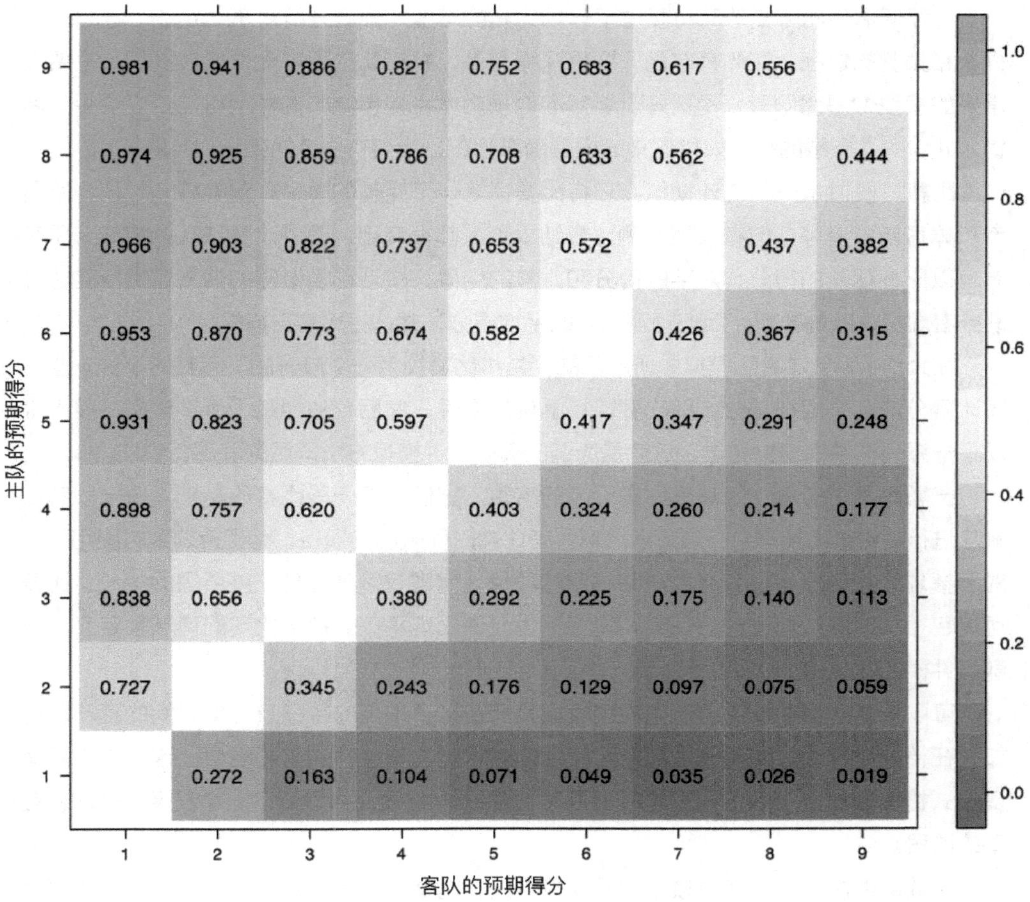

注：负二项分布的形状参数k设为4。

图10.7 主队获胜的概率（负二项模型）

在使用比赛日模拟器来估计球队获胜的概率时，将模型依赖的方法应用于预测性建模。根据模型生成数据，并注意它们与实际或经验数据的一致性。由于泊松分布和负二项分布生成的数据与实际或经验数据拟合得很好，因此使用它们来构建模型。我们可以使用模型来估计一支球队击败另一支球队的概率，并选出获胜球队。虽然模拟器依赖于模型，但模拟器的输入来自能够拟合观察数据的预测模型。

图 10.7 是主队和客队得分在 1~9 分的概率的模拟结果。这里再次使用形状参数 k 为 4 的负二项概率模型。该概率热图是运行（9×8）/2 或 36 次比赛日模拟的结果，其中每次模拟包含 100 000 场比赛。

精确的数学计算和精心设计的模拟是体育预测推理中的简单部分。算法和计算机程序可以完成这项工作，而获得程序输入估计的得分并非易事。

不要低估预测哪支球队将赢得下一场比赛的难度。预测分析是不稳定的。这是一个推断和预测的过程。在体育方面，要想赢得利差，并在此过程中支付投注费用，需要非常好的模型做得比博彩公司更好。能够准确预测体育赛事结果的模型可能难以捉摸。尽管如此，令人欣慰的是，如果这样的模型确实存在，我们有一个找到它的方案。

比赛日模拟是一种统计模拟。它将比赛视为一个完整的事件，对教练、经理、所有者和体育博彩者等任何有兴趣预测比赛结果的人都很有用。通过改变球队的组成，所有者可以影响球队的得分、对手的得分和比赛的结果。模型和模拟器的输入包括新构建球队或者虚拟球队的数据。我们预测球队的平均得分，并运行比赛日模拟。

在大都会队 / 洋基队模拟中所展示的，是将比赛视为一个单一的、完整的事件。假设将比赛分成几个组成部分，即比赛现场解说的事件，然后单独为每个事件建模，接下来观察一系列事件的模拟结果。这就是所谓的离散事件模拟方法背后的思想。

一场比赛中的每一段都有许多可能的结果，它们是下一段比赛的基础。每一段都按顺序进行。对于橄榄球、篮球或者足球等有比赛时间限制的项目，比赛持续到时间用尽。对于棒球或者网球等没有比赛时间限制的项目，比赛持续到达到获胜所需的得分。比赛可能包括加时赛或加赛局。在某些情况下也允许出现平局。每场比赛的偶然性定义了离散事件模拟的结构。

可以将离散事件模拟看作微观模型。我们定义了球员的特征及他们之间的互动。例如，在棒球比赛中，我们注意到特定投手面对特定击球手时的可能结果。这些结果具有多项式概率分布。在每次模拟运行时观察其中一个结果，并设置下一个投手 / 击球者互动的阶段。

离散事件模拟方法在为教练和经理提供关于比赛日决策的建议时尤其有用。比赛日和赛时策略都可以通过对每项可选策略运行数千次模拟来探索。教练或经理可以观察得分结果的范围，并选择具有最高获胜概率的结果。

当然，每位教练或经理都有一个同样有能力探索替代策略的对手。当我们将离散事件模拟与博弈论的数学结合起来，为这场教练思想之战建模时，计算机程序会更为复杂。

基于代理的模型，可以预测体育分析和数据科学的未来。每个球员的运动能力、比赛技术、场上位置和比赛目标都是不同的，这是由管理层在比赛中的策略所定义的。基于代理的模型为建模复杂性提供了一个潜在的丰富平台，对探索其他赛时策略较为有用。

图 10.8 是战略建模技术的概况。战略建模技术从数学模型开始，以基于代理的模型结束。利用数学模型，即遵循数学和概率论的已知方案，被证明是正确的。数学模型提供了赛时策略分析的基础，正如已经看到的棒球得分期望和状态到状态的转换概率。

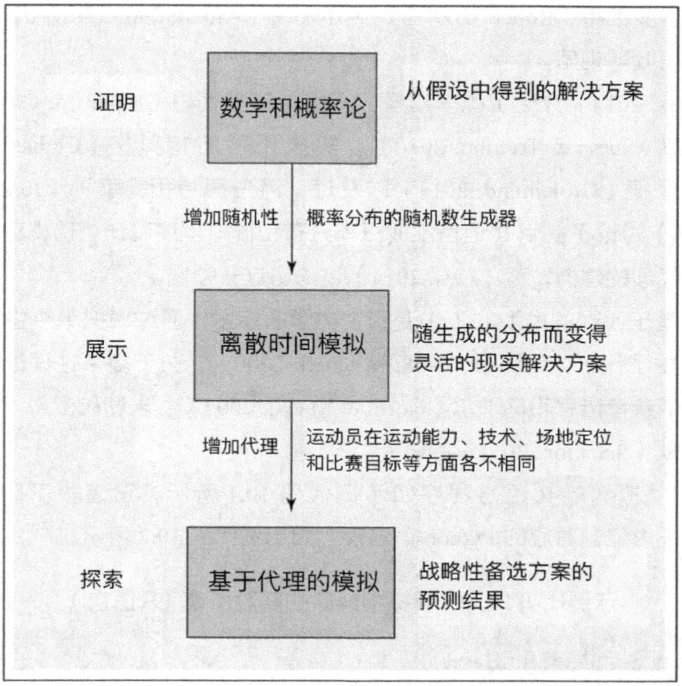

图10.8　体育中的策略性建模技术

如大都会队和洋基队的例子所示，离散事件模拟通过从概率分布中重复采样来计算事件的可能性。基于代理的建模建立在离散事件模拟的基础上。在承认球员个人在运动能力、比赛技术、场上定位和比赛目标等方面存在差异的前提下，我们有机会探索替代的赛时策略并对其进行微调。

有关基于代理的模型和复杂性的讨论是同时进行的。这是因为，当对整个系统的理解不如对其单个组件的理解时，基于代理的模型最为有用。因此，不是构建复杂系统的模型，而是构建许多小型模型。当流程是随机而非顺序时，基于代理的模型也可以发挥作用。这正是在有许多运动员同时在场上移动的项目中体验到的世界。

模拟和数据科学的方法都是数据驱动的，而非专家或规则驱动的。而且，在数据驱动下，我们可以在将它们用于制定有关运动员、运动队和体育商业营销或运营的决策之前测试其准确性。

从学术界走向体育——被视为不仅是建模者的园地——基于代理的模型需要做一些对建模社区外的人有用且能被他们理解的事情。验证基于代理的模型是富有挑战性的。模拟是否能够被看作真实的比赛呢？如何判断模拟和实际比赛之间的相似度呢？

有关概率的研究请参考莫斯特尔、鲁尔克和托马斯（Mosteller, Rourke & Thomas, 1970）的论述。经典的参考文献包括费勒（Feller, 1968, 1971）和莫斯特尔（Mosteller,

1965）的研究。罗伯特（Robert, 2007）、阿尔伯特（Albert, 2009）和霍夫（Hoff, 2009）的研究提出了贝叶斯视角。

罗斯（Ross, 2014）介绍了概率建模。罗伯特和卡塞拉（Robert & Casella, 2009）、休斯和特朗博（Suess & Trumbo, 2010）、知原和黑斯特贝格（Chihara & Hesterberg, 2011）、格罗蒙德（Grolemund, 2014）以及琼、迈拉德特和鲁滨孙（Jone, Maillardet & Robinson, 2014）讨论了使用 R 语言生成概率分布和模拟程序设计。仿真建模包括离散事件仿真和基于代理的建模，劳（Law, 2014）讨论了这一领域。

许多有关基于代理的模型的工作受到生物学的启发，通过模拟单个生物体的行为来观察社区中发生了什么（Resnick, 1998; Mitchell, 2009）。关于复杂性理论和基于代理的建模的讨论，请参考诺思和马卡尔（North & Macal, 2007）、米勒和佩奇（Miller & Page, 2007）、沙拉蒙（Šalamon, 2011）的研究。

棒球概率模拟器的 R 语言程序如示例代码 10.1 所示。它借鉴了萨卡尔（Sarkar, 2014）开发的图形包。对应的 Python 语言程序如示例代码 10.2 所示。

示例代码10.1　模拟中球队的获胜概率（R语言）

```
# Game-day Simulator for Baseball（R）
library（lattice） # graphics package for probability matrix visual
simulator <-function（home_mean, away_mean, niterations）{
  # input runs scored means, output probability of winning for home team
  set.seed（1234） # set to obtain reproducible results
  away_game_score <-numeric（niterations）
  home.game.score <-numeric（niterations）
  home_win <-numeric（niterations）
  i <-1
  while（i < niterations + 1）{
    away_game_score[i] <-rnbinom（1, mu=away_mean, size = 4）
    home.game.score[i] <-rnbinom（1, mu=home_mean, size = 4）
    if（away_game_score[i] > home.game.score[i]）home_win[i] <-1
    if（away_game_score[i] > home.game.score[i] ||
    away_game_score[i] < home.game.score[i]）i <-i + 1
    }
  n_home_win <-sum（home_win）
  n_home_win/niterations # return probability of away team winning
  }
niterations <-100000 # use smaller number for testing
# probability matrix for results... home team is rows, away team is columns
probmat <-matrix（data = NA, nrow = 9, ncol = 9,
 dimnames = list（c（as.character（1:9）），c（as.character（1:9）））)
for（index_home in 1:9）
```

```
for ( index_away in 1:9 )
if ( index_home != index_away ) {
   probmat[index_home, index_away] <-
     simulator ( index_home, index_away, niterations )
   }
pdf ( file = "fig_sports_analytics_prob_matrix.pdf", width = 8.5, height = 8.5 )
x <-rep ( 1:nrow ( probmat ) , times=ncol ( probmat ) )
y <-NULL
for ( i in 1:ncol ( probmat ) ) y <-c ( y, rep ( i, times=nrow ( probmat ) ) )
probtext <-sprintf ( " %0.3f ", as.numeric ( probmat ) ) # fixed format 0.XXX
text_data_frame <-data.frame ( x, y, probtext )
text_data_frame$probtext <-as.character ( text_data_frame$probtext )
text_data_frame$probtext <-ifelse ( ( text_data_frame$probtext == "NA" ) ,
  NA, text_data_frame$probtext ) # define diagonal cells as missing
text_data_frame <-na.omit ( text_data_frame ) # diagonal cells
print ( levelplot ( probmat, cuts = 25, tick.number = 9,
  col.regions=colorRampPalette ( c ( "violet", "white", "light blue" ) ) ,
  xlab = "Visiting Team Runs Expected",
  ylab = "Home Team Runs Expected",
  panel = function ( ... ) {
    panel.levelplot ( ... )
    panel.text ( text_data_frame$x, text_data_frame$y,
    labels = text_data_frame$probtext )
    }) )
dev.off ( )
```

示例代码10.2 模拟中球队的获胜概率（Python语言）

```
# Game-day Simulator for Baseball ( Python )

from __future__ import division, print_function

import numpy as np
from scipy.stats import nbinom

def simulator ( home_mean, away_mean, niterations ) :
  # estimates probability of home team win
  seed ( 1234 ) # set to obtain reproducible results
  home_game_score = [0] * niterations
  away_game_score = [0] * niterations
home_win = [0] * niterations i=0 while ( i < niterations ) :
    home_game_score[i] = \
      nbinom.rvs ( n = 4.0, p = 4.0/ ( 4.0 + home_mean ) , size = 1 ) [0]
```

```
        away_game_score[i] = \
          nbinom.rvs（n = 4.0, p = 4.0/（4.0 + away_mean）, size = 1）[0]
        if（home_game_score[i] > away_game_score[i]）:
          home_win[i] = 1
    if（（away_game_score[i] > home_game_score[i]）or \（away_game_score[i] < home_
game_score[i]））: i=i+1
      n_home_win = sum（home_win）
      return n_home_win / niterations

    niterations = 100000  # use smaller number for testing
    # probability matrix for results... home team rows, away team columns
    probmat = array（[[0.0] * 9] * 9）

    # matrix representation of home and away team runs for table
    homemat = array（[[9] * 9, [8] * 9, [7] * 9, [6] * 9, [5] * 9, \
      [4] * 9, [3] * 9, [2] *9, [1] * 9]）
    awayrow = array（[1, 2, 3, 4, 5, 6, 7, 8, 9]）
    awaymat = array（[awayrow] * 9）

    # generate table of probabilities
    for index_home in range（9）:
      for index_away in range（9）:
        if（homemat[index_home, index_away] != awaymat[index_home, index_away]）:
          print（index_home, index_away）
          probmat[index_home, index_away] = \
    print（probmat）
    simulator（float（homemat[index_home, index_away]）, \
          float（awaymat[index_home, index_away]）, niterations）
```

第十一章 使用体育数据

本（Ben）：“你知道棒球最棒的地方是什么吗？”

琳赛（Lindsey）：“嗯？”

本：“你不能假装。生活中的任何事情，你不必在商业、音乐和艺术方面很出色。我的意思是，你可以很幸运。”

琳赛：“真的吗？”

本：“是的，你知道，你可以在一段时间里面愚弄所有人。这就像——不——不是棒球。你可以打一个曲线球，也可以不打。这就是它的工作方式，你知道吗？”

琳赛：“嗯。”

本：“你知道，你可能有一个幸运日。当然，但是你不能有幸运的职业。 这有点像数学，秩序井然，无论输赢都是公平的。所有这些加起来，它不像……那样令人困惑或含糊不清。”

琳赛：“生活？”

本：“是的，它很安全。”

——《极度狂热》（2005）中的本（吉米·法伦饰演）和琳赛（德鲁·巴里摩尔饰演）

—Jimmy Fallon as Ben, and Drew Barrymore as Lindsey in *Fever Pitch* (2005)

近年来，信息技术发生了翻天覆地的变化。现在的台式机和笔记本电脑比过去的大型计算机功能更强大。数据库和分析信息系统分布在群集或云中的许多计算机上。我们的口袋里装着最小的电脑。手表、可穿戴设备和数据收集设备比比皆是。物联网中的微处理器芯片和传感器有时会导致数据过剩。

运动队对于生理和运动表现测量有特殊要求。现在有许多可穿戴设备，包括腕带、贴片、胸带和智能手表。这些设备可以监测心率、体重、活动水平和生理负荷。它们可以用于训练和生活方式测量。在职业体育联盟允许的情况下，可穿戴设备可用于比赛。从运动员个体的视角来看，收集的纵向数据可以为健身和康复人员、培训人员、医务人员和教练提供重要信息。

职业体育联盟正在与商业公司合作，收集比赛时球场上球员和球的位置的数据。美国职业棒球大联盟以每秒 30 次的速度跟踪场上的每次投球和每个球员。

评估外野能力的数据包括外野手的覆盖距离、最高速度和击球路线的效率。守场员的手臂力量可以通过掷球速度来评估。看跑垒员的领先距离、最高跑步速度和被盗垒的时间，可以更好地理解盗垒。击球是通过记录球棒的出球速度、发射角度和击球的挂起时间来评估的。对于投手，收集的数据包括球棒上的位置、投球释放点、投球速度、击球区域内球的位置和球的旋转（Gries, 2015）。

与全国篮球协会合作的商业公司为所有比赛提供视频和加注释的视频、计算机视觉辅助观察和现场观察。空间数据可以以每秒 25 次的频率提供球员和球的位置。全国橄榄球联盟同时使用射频识别技术和视频来跟踪比赛中球员和球的位置。带时间戳的空间数据为时空建模和分析提供了大量机会。

每个职业运动队都在公共场所运营。球队不仅需要知道人们对球队、竞争对手和联盟的看法，而且想要知道球迷在电台听众热线节目和电视节目中的所想所言。球队希望关注体育评论员、作家和分析师。球队想了解其球员在推特（Twitter）、脸书（Facebook）和其他社交媒体网站上发布的内容。

公共关系和营销传播人员很难在当今全天候通信的世界中，跟踪许多信息来源和媒体渠道。有了这么多设备和数据源及连接它们的网络，数据以前所未有的速度流入球队。职业球队正在努力跟上步伐，它们需要自动化的实时数据收集和分析。

当前，数据科学世界中汇集了精通 R 语言的统计学家和精通 Python 语言的信息技术专业人士。这些社区有许多可以相互学习的东西。对于职业的体育分析师和数据科学家来说，技术倾向有着相当大的优势。掌握 R 语言和 Python 语言等多语言是值得的。

R 语言由罗斯·伊哈卡（Ross Ihaka）和罗伯特·杰特曼（Robert Gentleman）设计，于 1993 年首次出现。R 语言为专业的建模和数据提供了可视化工具。它是一种用于数据编程的、可扩展的、面向对象的开源脚本语言。R 语言在统计界已经很成熟。它的语法、数据结构和方法与其前身 S 语言和 S-Plus 语言类似。R 语言的贡献者提供了超过 5 000

个软件包，其中多数专注于传统统计、机器学习和数据可视化。虽然 R 语言不是通用编程语言，但是它是数据科学中使用最广泛的语言。

吉多·范罗苏姆（Guido van Rossum）是 Monty Python 语言的爱好者，他在 1994 年发布了 Python 语言 1.0 版本。这种通用语言在随后的几年里越来越受欢迎，许多系统程序员已经从 Perl 语言迁移到了 Python 语言。Python 语言在数学家和科学家中也有众多追随者。许多大学使用 Python 语言来介绍面向对象编程的基本概念。一个活跃的开源社区已经贡献了超过 57 000 个 Python 语言包。

我们受益于 Python 作为通用编程语言的能力。Python 语言有时被称为“黏合语言”，它为科学编程和研究提供了丰富的开源环境。对于计算机密集型应用，它使我们能够从 C 语言、C++ 语言和 Fortran 语言调用已编译的例程，也可以使用 Cython 将 Python 语言代码转换为优化后的 C 语言代码。

一些问题使用 Python 语言更容易解决，而另一些问题使用 R 语言更容易解决。对于当前未在 Python 语言中实现的建模技术或图形化技术，可以从 Python 语言执行 R 语言程序。我们利用 R 语言包来进行传统统计、时间序列分析、多变量方法、统计图表和处理缺失数据。有时候我们还使用 Python 语言和 R 语言之外的其他编程环境。

Java 语言提供了一个用于构建在许多计算机系统平台上运行的面向对象的框架。Java 虚拟机使之成为可能。但是，Java 语言不是快速开发或原型设计的最佳选择——Scala 语言则更适合做这些事情。同时，Scala 语言还可以调用基于 Java 虚拟机构建的例程。

虽然编译后的 C 语言和 C++ 语言程序通常性能很好，但是 C 语言和 C++ 语言是编程很难的语言。一种名为 Go 的新语言兼具编译语言的高性能和脚本语言（如 Python 语言或 R 语言）的编程便利性。Go 语言也非常适合在多节点、多处理器的环境中或在云上工作。例如，如果任务是从头开始构建基于代理的高性能仿真，那么我们可能会转而使用 Go 语言，以支持并发性。

技术解决方案最好通过层来理解。层是指信息技术或软件栈。用 R 语言或 Python 语言编写的应用程序，构建在由操作系统和使用软件程序决定的低级语言和数据库之上。

考虑定义实时分析系统的信息分层或技术栈。Apache Spark 是一个可以通过 Python 语言访问的开源系统。Spark 基于 Scala 语言构建，而 Scala 语言又构建在 Java 虚拟机上。Spark 可以在不同软件栈中实施，并同许多数据库和分布式文件系统（包括 Hadoop）一起使用。

Elasticsearch 是一种开源的、准实时的索引、搜索和选择系统。它对在大型文档集合中查找信息特别有用。Elasticsearch 构建在 Lucene 之上，后者又构建在 Java 虚拟机上。Elasticsearch 提供独有的分布式文件系统和应用程序编程接口。与 Spark 一样，Python 语言的客户端程序可用来与 Elasticsearch 技术栈交互，如图 11.1 所示。

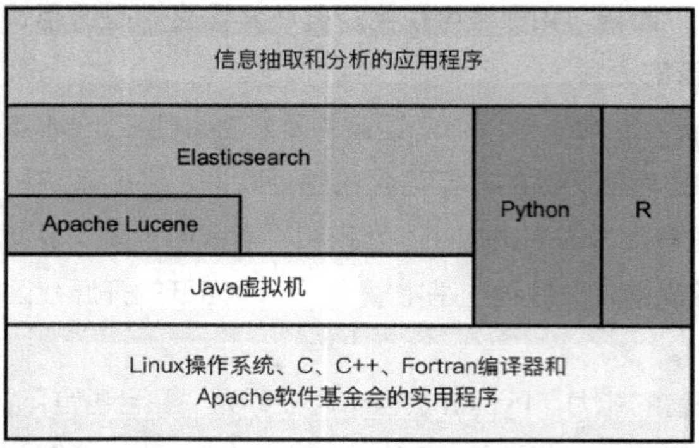

图11.1 文档搜索和选择系统的软件栈

数据科学超越了传统的统计学方法，它融合了灵活的数据自适应方法，涉及非结构化和半结构化的文本数据和数值数据，使用 NoSQL 文档、电子表格和关系数据库来存储数据。数据科学越来越多地提供能够使企业从大型信息存储中受益的数据探索和发现方法。在数据密集和数据驱动的世界中，搜索和选择数据与抽样同等重要。

收集和利用信息是体育分析师和数据科学家的日常工作。他们了解信息技术和统计建模、处理数据，了解数据库和技术统计，了解面向对象的编程和实况统计日志。

职业运动队中的数据科学家是知识工作者和研究人员。他们依赖如图 11.2 所示的信息供应链，利用内部和外部的数据源来满足管理层在教练和球员表现及商业方面的信息需求。

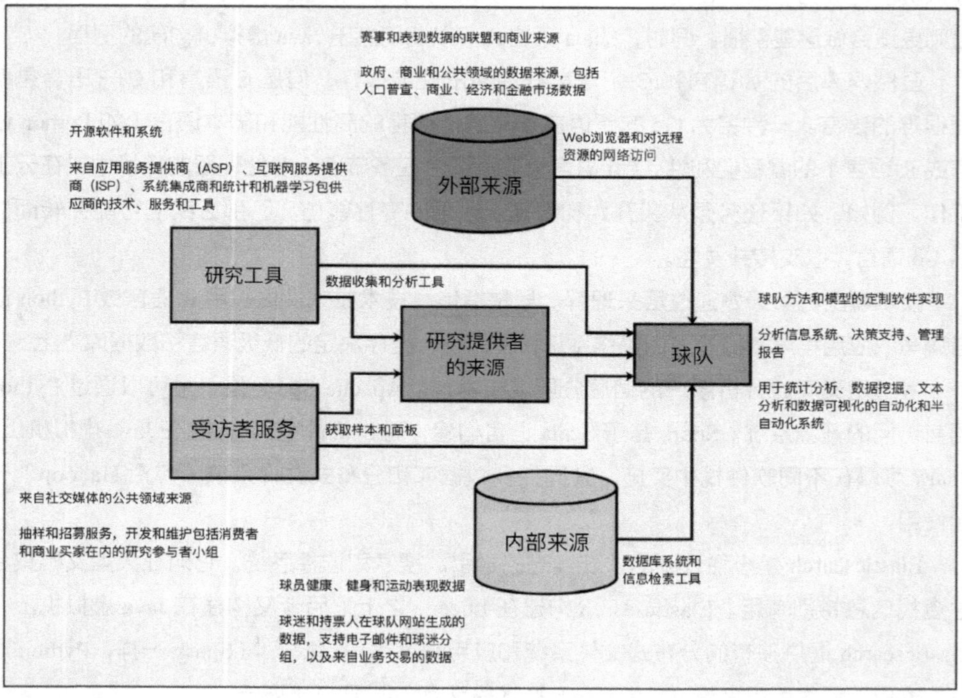

改编自米勒（Miller, 2015a）的研究。

图11.2 职业运动队的信息供应链

数据科学家的很大一部分工作是在互联网上查找信息。网络是球队的关键数据源，这对所有组织都是一样的。网络拥有无限的信息和连接，它是一个巨大的数据仓库，一条通向全世界知识的通道，也是开发新知识的研究媒介。

互联网是万维网的网络基础。互联网起源于为国防企业、大学和技术研究中心服务的 ARPANET 和 Usenet 等早期广域网。ARPANET 最初是为国防防御而建的，但也成为许多大学研究人员使用的广域网。Usenet 通过简单的电话拨号模式将众多计算机连接在一起，以支持电子邮件和文件传输。基于标准的网络协议使互联网通信成为可能。低层协议定义如何通过通信链路可靠地传输数据。高层协议面向通信应用，如用于终端到计算机通信的 Telnet 协议和用于文件传输的 FTP 协议。

万维网起源于超文本和网络技术的结合。万维网的想法是在 1989 年提出的，而超文本的想法可以追溯到 20 世纪 60 年代。超文本——包含指向其他文本的链接的文本——表示用于开发动态文本的技术。使用超文本，文档内各部分文本之间的路径是由用户决定的。超文本标记语言（hypertext markup language, HTML）最初设计为纯文本系统，现在也能够引用图形、音频和视频。

在万维网上，超文本链接包括统一资源定位符（uniform resource locator, URL）。URL 既可以引用网络上的远程文件和网页，也可以引用用户计算机上的本地文件和网页。可扩展标记语言（extensible markup language, XML）和 JavaScript 对象表示法（JavaScript object model, JSON）为信息交换提供标准。

我们生活在研究的新世界。二手研究支配着原始研究，传统的科学研究由正式陈述的假设开始，随后是数据收集和假设检验。这些规则如今不再适用。相反，企业经常在不知道如何使用数据的情况下就收集了堆积成山的数据。

谷歌、微软和雅虎等公司抓取全网的数据，为其搜索引擎构建索引。职业运动队虽然缺少谷歌、微软和雅虎的计算机资源，但是有能力进行集中抓取以满足特定需求。体育组织还有能力开发以业务和球队为中心的文档存储，并从应用程序编程接口和社交媒体收集数据。

万维网是每时每刻都在变化的巨大数据仓库。为了解决体育业务问题，必须找到正确的链接，提取相关数据，并以有意义的方式对其进行分析。

我们想要有意义的数据，需要代表更大范围或更多人的数据，需要与手头问题相关的数据。找到这些数据的方法往往是一个挑战，但这是数据科学的重要组成部分。

网络抓取比网上冲浪更快，它是自动的。爬虫或蜘蛛不仅从一个网页收集数据，就像网络中的真实蜘蛛一样，万维网爬虫或蜘蛛轻松地遍历链接。它跟踪从一个网页到另一个网页的链接，从许多来源收集信息。

集中抓取有一个或多个起点，这些起点通常是从最初的网上冲浪获得的相关地址列表。集中抓取有一个终点，可以将抓取范围限制在命名域内，在下载指定数量的网页后停止抓取网页，为正在下载的页面设置选择规则和 / 或限制要下载的网页总数。

集中爬取具有明确的目的，我们保留符合特定标准的网页。随着抓取的进行，任务将转向从网页中爬取或提取我们想要的特定信息。每个网页中都包含 HTML 标记，HTML 标记用于定义节点的层次结构（或树状结构），这样的树被称为文档对象模型（document object model, DOM）。我们从 DOM 收集段落标签中的文本等数据。

图 11.3 是从万维网自动数据采集的框架。该框架与霍夫曼等（Hoffman et al., 2014）开发的 Python 语言万维网爬取和抓取软件一致。我们首先抓取，然后爬取，接下来解析。这是基于网络的二手研究。接下来，我们为文本和相关元数据选择合适的包装，如 JSON 或 XML。我们构建文档存储或文本语料库供后续分析使用。

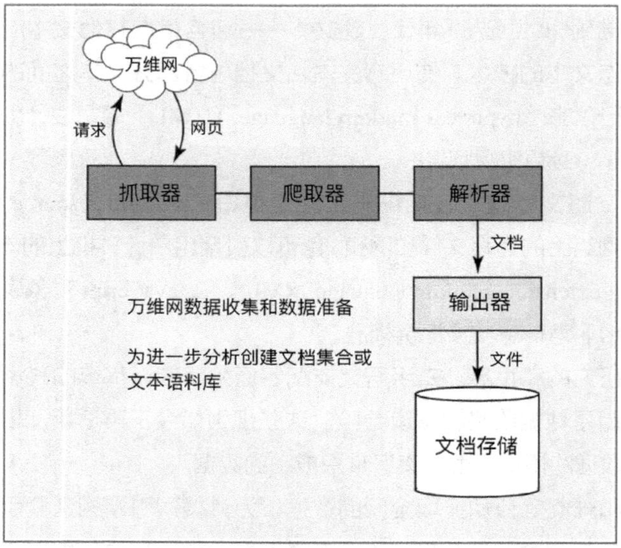

图11.3 通过抓取、爬取和抽取自动获得数据

假设我们是为一个大型体育联盟的委员工作，他关心影响比赛的伤病，我们希望尽可能多地了解与受伤有关的健康科学和运动生理学。因此，我们在网上搜索答案。我们想咨询医学和体育领域的专家。因此，我们在网上搜索联系人。考虑到有关伤病的消息（一些使运动员的职业生涯结束，一些在运动员职业生涯结束后很长一段时间之后出现影响）会影响公众对运动项目的看法，我们会查看社交媒体的帖子。我们想知道规则变化是否具有减少伤害的有益效果。我们就这个问题查阅了各种来源，包括在医学期刊和杂志上发表的研究。这些来源的最初途径都是网络。

爬取和抓取能够很好地收集数据，建模和分析从数据开始。网络是一个巨大的数据存储，学习如何以有效的方式提取相关数据是体育分析和数据科学的基本技能。从网页中提取文本数据后，我们可以使用“正则表达式”（regular expressions）解析这些数据。在将文档传递到文本分析的下一步之前，可以从每个文档中删除页面格式代码、不必要的空格和标点符号。

职业体育组织发现了通过社交媒体与体育迷沟通的机会。球队的许多关键利益相关者，包括知名度很高的球员，都利用社交媒体生成简短的短信、个人陈述和博客文章。

来自推特和脸书的社交网络数据集虽然很大，但是可以访问。获取这些数据需要使用社交媒体提供商提供的各种应用程序编程接口（application programming interface, API）。图 11.4 说明了获取社交媒体数据的过程。

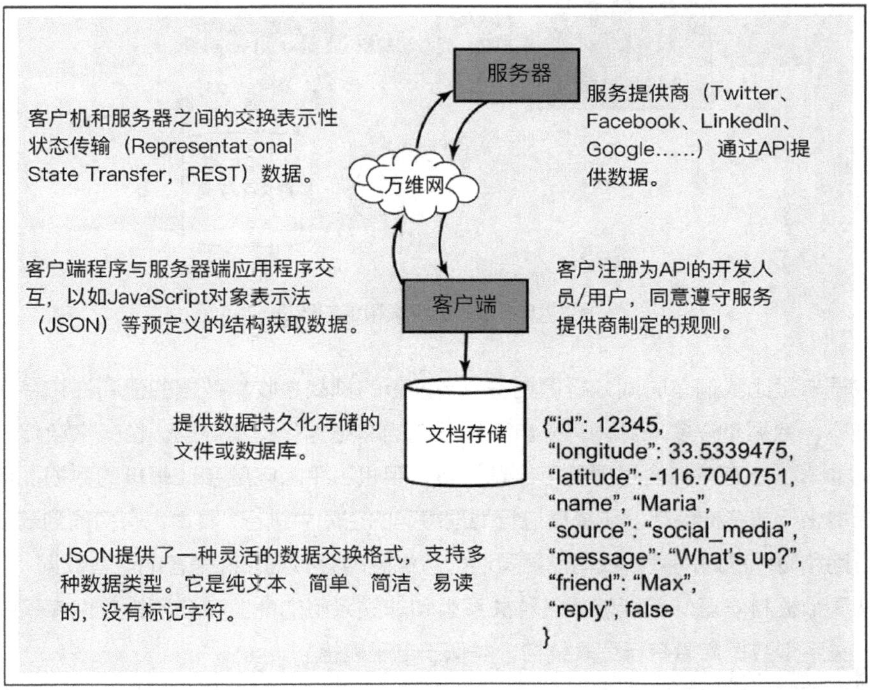

图 11.4　使用应用程序接口的自动数据获取

社交媒体提供与职业球队体育相关的两类数据。首先，由于社交媒体参与者之间存在联系，因此可以进行社交网络分析。然后，社交媒体中有参与者提交的文本和图像的原始数据，这些数据为情感分析或意见挖掘提供了机会。

我们应当如何处理来自网络和社交媒体的文本数据呢？为了找到这些数据，我们至少需要先存储这些数据，并将其编入索引。学习如何以有效的方式查找相关数据是一项基本技能。数据收集和准备可能是体育分析和数据科学中最耗时的方面。图 11.5 总结了从 Web 收集数据的相关过程。

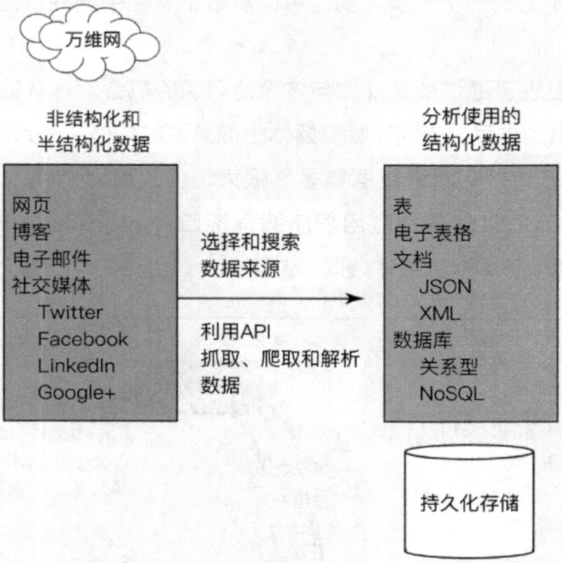

图11.5　为分析收集和组织数据

数据总是比我们有时间分析得更多。当前新的挑战是收集数据的便利性和存储数据的低成本。数据有许多来源，有来自在线系统的非结构化文本数据，也有来自传感器和相机的像素，还有来自全世界的可穿戴设备、手机、平板电脑和计算机的数据。赛事在具有场地坐标或者使用纬度和经度进行地理编码的空间中进行，赛事也有精确到毫秒的、包含日期和时间的时间戳。我们需要灵活、可扩展的分布式系统来容纳这些数据。

从事数据科学意味着能够从各种关系型和非关系型的商业和开源的数据库系统收集数据。关系型数据库具有行列表结构，类似于电子表格。

我们使用结构化查询语言（structured query language, SQL）访问和操作这些数据。由于 SQL 是面向事务的，具有强制数据完整性，因此关系数据库为销售订单处理和财务会计系统提供了基础。

很容易理解为什么非关系型（NoSQL）数据库能够引起如此多的关注。非关系型数据库关注的是可用性和可伸缩性，它们可以使用键值，是面向列、文档或图形结构的。

我们使用数据库查询和分析工具，跨分布式系统收集信息、整理信息、创建列联表，并计算感兴趣变量之间的关系索引。我们尽可能地利用信息技术和数据库系统，然后应用有关体育分析和数据科学的知识开展更多工作。

我们承认数据科学中存在不成文代码，尝试选择代表所有数据（总体）的数据。我们不会更改数据使其符合期望看到的样子。科学的特征包括对易变性的欣赏、对误差来源的理解和对数据的尊重。数据科学就是科学。

原始数据是非结构化和混乱的，有时会丢失。但是，为了让模型能够很好地工作，数据应该井井有条、干净和完整。我们经常被要求制造一个混乱的模型。管理层需要答案，数据充满了包含错误编码和缺失值的观察值、异常值和可疑来源的值。我们在准备分析数据时使用最佳判断，认识到所做出的许多决策都是主观且难以证明的。

因为许多建模算法需要完整的数据集，所以在应用研究中存在缺失数据的问题。由于存在许多解释变量，因此在大多数情况下都会至少有一个变量缺少数据。使用表删除来处理缺失数据并不可行。使用单个值（如均值、中位数或模）填充缺失数据字段会使变量的分布及其与其他变量的关系失真。使用从数据中随机选择的值来填充缺失的数据字段会增加难度，从而更难发现其与其他变量的关系。统计学家首选多重插补方法来填充缺失值。

使用 R 语言做数据科学需要查找使用综合 R 存档网络（comprehensive R archive network，CRAN）发布的任务视图。我们还可以访问 RForge 和 GitHub 等网站。我们在《R 期刊》（*The R Journal*）和《统计软件期刊》（*Journal of Statistical Software*）中阅读简介和论文。R 语言编程环境包含 5 000 多个包，其中许多都专注于建模方法。

对学习 R 语言有用的通用参考资料包括马特洛夫（Matloff, 2011）、兰德（Lander, 2014）和威克姆（Wickham, 2015）的研究。虽然维纳布尔斯和里普利（Venables & Ripley, 2002）是用 S/SPlus 语言编写的，但是仍然是统计编程界的重要参考资料。

使用 Python 语言进行数据科学研究需要从 GitHub 收集程序和文档，并与 PyCon、SciPy 和 PyData 等组织保持联系。在撰写本文时，Python 语言编程环境包含超过 57 000 个包。有许多开源开发者社区都在为 NumPy、SciPy 和 SciKit-Learn 等科学编程软件包工作。Python 软件基金会支持代码开发和教育。有助于学习 Python 语言的通用参考包括春（Chun, 2007）、比兹利（Beazley, 2009）、比兹利和琼斯（Beazley & Jones, 2013）、卢巴诺维奇（Lubanovic, 2015）、斯拉特金（Slatkin, 2015）、斯威加特（Sweigart, 2015）的研究。

埃利（Ellis, 2015）介绍了实时分析背后的思想。卡劳等（Karau et al., 2015）讨论了 Spark 实时分析。想了解 Scala，请参考基乌萨诺和比亚尔纳松（Chiusano & Bjarnason, 2015）的综述。有关 Go 语言，请参考萨默菲尔德（Summerfield, 2012）的综述。Clojure 是一种类似于现代 LISP 的语言，可与 Java 虚拟机（Fogus & House, 2014）配合使用。Scala、Go 和 Clojure 等语言支持并发，允许多个计算同时执行。这是分布式、高吞吐量的应用程序最需要的属性。运动队需要以能够支持有效信息检索的方式管理信息，这是自动搜索和文档选择的任务。Elasticsearch 提供了集成的文档存储和信息检索系统。如需了解有关 Elasticsearch 的更多信息，可以参考格奥尔基、欣曼和鲁索（Gheorghe, Hinman & Russo, 2015）及格罗姆利和唐（Gromley & Tong, 2015）的研究。凯里（Ceri et al.,

2013）综述了信息检索。有关搜索应用程序设计的指南，请参考莫维尔和卡伦德（Morville & Callender, 2010）及鲁塞尔·罗斯和泰勒·泰特（Russell-Rose & Tyler-Tate, 2013）的研究。

对于万维网的历史，可以参考它的发明者蒂姆·伯纳斯·李（Tim Berners-Lee, 2000）的书。有关当今网络的更多信息可以从万维网联盟上获得。要想了解更多有关爬取和抓取，以及从 Web 自动获取数据的信息，请参考查克拉巴尔蒂（Chakrabarti, 2003）和刘（Liu, 2011）的研究。

鲁塞尔（Russell, 2014）提供了用于访问社交媒体 API 的 Python 语言脚本，米切尔（Mitchell, 2015）提供了 Web 爬取和抓取及使用 API 的 Python 语言示例。诺兰和朗格（Nolan & Lang, 2014）提供了用于从网络收集和处理数据 R 语言的脚本。米勒（Miller, 2015d）使用 Python 语言和 R 语言示例，介绍了 Web 和网络数据科学。

加西亚·莫利纳、乌尔曼和维多姆（Garcia-Molina, Ullman & Widom, 2009）及康诺利和贝格（Connolly & Begg, 2015）综述了数据系统，其中重点关注关系模型。沃斯利和德拉克（Worsley & Drake, 2002）及奥贝和徐（Obe & Hsu, 2012）综述了 PostgreSQL。怀特（White, 2011）、霍多罗夫（Chodorow, 2013）及鲁滨孙、韦伯和艾弗雷姆（Robinson, Webber & Eifrem, 2013）综述了选定的非关系系统。科普兰（Copeland, 2013）和霍伯曼（Hoberman, 2014）给出了 MongoDB 文档数据库示例。迪安和盖玛瓦特（Dean & Ghemawat, 2004）及拉贾拉曼和乌尔曼（Rajaraman & Ullman, 2012）讨论了使用 Hadoop 分布式文件系统的 Map-Reduce 操作。

奥斯本（Osborne, 2013）概述了数据准备问题，麦卡勒姆（McCallum, 2013）提供了有关如何处理混乱数据的急需建议。有缺失数据的处理方法请参考鲁宾（Rubin, 1987）、利特尔和鲁宾（Little & Rubin, 1987）、谢弗（Schafer, 1997）、拉姆利（Lumley, 2010）、斯奈德斯和博斯克（Snijders & Bosker, 2012）的研究。格尔曼等（Gelman et al., 2014），霍纳克、金和布莱克韦尔（Honaker, King & Blackwell, 2014）及拉姆利（Lumley, 2014）的 R 语言包实现了这些方法。

许多组织都在从自有的集中式计算系统转向基于云的服务。在设计分析信息系统和文档存储时，灵活性和可扩展性是关键。分布式文件系统和数据库优于单服务器系统。系统需要随数据扩展。巴加和麦迪塞特（Bahga & Madisetti, 2014）使用 Python 语言示例来说明云计算。大多数服务器系统都使用 Linux 操作系统。有关 Linux 的概述，请参考沃德（Ward, 2015）的研究。

开源软件和系统始终都是本章和本书的重点。通过使用开源软件和系统，职业运动队能够更好地保持其信息技术的所有权，并保护知识产权。建议职业运动队避免长期使用商业软件和系统供应商，最好保持灵活性，而不是将组织与单个分析平台或数据库系统绑定。尽可能使用开源的、基于标准的系统。当然，开源系统的另一个好处是它们比商业解决方案便宜。

大多数流行的开源系统都提供商业咨询和支持服务，包括 PostgreSQL 和 MongoDB 等数据库系统，Elasticsearch 文档商店也是如此。此外，还有许多商业公司专门开发和支持基于 Python 语言和 R 语言平台构建的软件。使用开源系统并不意味着“单打独斗”。

流行的开源语言和编程环境也是首选。这是因为很容易找到已经了解这些语言和环境的信息技术专业人员。在聘请体育分析师和数据科学家时，球队可以寻找喜欢编程并愿意学习新事物的人。数据库系统和分析技术变化很快，与最新发展保持同步非常重要。职业运动队需要了解数据处理软件与系统的人员以及数据分析方法和模型。

贴现现金流量分析是第九章中讨论的投资分析基础，它同样适用于对分析的投资。在预期生命周期内进行评估时，分析项目应具有正的净现值。

示例代码 11.1 展示了如何使用霍夫曼等（Hoffman et al., 2014）开发的 Python 框架和莱夫科维茨等（Lefkowitz et al., 2014）的网络实用程序来抓取和爬取单个网站。该程序对 www.toutbay.com 进行集中抓取，这是由作者维护的数据科学服务站点。该程序抓取整个站点，在段落标记内提取文本并将结果存储在纯文本文件中。

示例代码 11.2 关注社交媒体数据采集。因为许多人对足球伤病表示担忧（Dwyre, 2015），所以我们想了解人们对这个话题的看法。我们利用 Twitter REST API，借鉴鲁塞尔（Russell, 2014）中详细记录的代码示例。“REST”一词表示“代表性状态转移”，是指使用 HTTP 运算符（如 GET 运算符）来请求数据。统一资源定位符（URL）指向 Twitter 服务的 Web 地址，程序返回格式化的文本数据，可以使用 JSON 请求数据下载，JSON 是在 Web 上工作时首选文本数据交换格式。这里所采用方法的替代方案是使用推特流式 API[1]。

[1] 要使用从 Twitter 访问社交媒体数据的程序，程序员设置个人推特账户，然后从推特网站获取用户凭据。程序员在每次向 API 发送请求时使用这些用户凭证。此过程适用于 Twitter REST API 和流式 API。有关使用推特的方法的进一步讨论，请参阅鲁塞尔（Russell, 2014）和米切尔（Mitchell, 2015）的研究。

示例代码11.1 简单单一站点抓取器和爬取器（Python语言）

```
# Simple One-Site Web Crawler and Scraper（Python）
#
# prepare for Python version 3x features and functions
from __future__ import division, print_function

# scrapy documentation at http://doc.scrapy.org/

# workspace directory set to outer folder/directory wnds_chapter_3b
# the operating system commands in this example are Mac OS X

import scrapy  # object-oriented framework for crawling and scraping
import os  # operating system commands

# function for walking and printing directory structure
def list_all（current_directory）:
   for root, dirs, files in os.walk（current_directory）:
      level = root.replace（current_directory, ‘’）.count（os.sep）
      indent = ‘’ * 4 *（level）
      print（‘{}{}/’.format（indent, os.path.basename（root））)
      subindent = ‘’ * 4 *（level + 1）
      for f in files:
         print（‘{}{}’.format（subindent, f））

# initial directory should have this form（except for items beginning with .）:
# # # # # # # # # # # #
sads_exhibit_11_1
   run_one_site_crawler.py
   scrapy.cfg
   scrapy_application/
      __init__.py
      items.py
      pipelines.py
      settings.py
      spiders
         __init__.py
         one_site_crawler.py

# examine the directory structure
current_directory = os.getcwd（）
list_all（current_directory）

# list the avaliable spiders, showing names to be used for crawling
```

```
os.system ( 'scrapy list' )

# decide upon the desired format for exporting output: csv, JSON, or XML

# run the scraper exporting results as a JSON text file items.jsonlines
# this file provides text information with linefeeds to provide
# text output that is easily readable in a plain text editor
os.system ( 'scrapy crawl TOUTBAY -o items.jsonlines' )
# output formats commented out ( choose the one needed for further parsing work )
# run the scraper exporting results as a comma-delimited text file items.csv
# os.system ( 'scrapy crawl TOUTBAY -o items.csv' )

# run the scraper exporting results as a JSON text file items.json
# os.system ( 'scrapy crawl TOUTBAY -o items.json' )

# run the scraper exporting results as a dictionary XML text file items.xml
# os.system ( 'scrapy crawl TOUTBAY -o items.xml' )
# ----------------------------
# MyItem class defined by
# items.py
# ----------------------------
# location in directory structure:
# sads_exhibit_11_1/scrapy_application/items.py

# establishes data fields for scraped items

import scrapy  # object-oriented framework for crawling and scraping

class MyItem ( scrapy.item.Item ) :
   # define the data fields for the item ( just one field used here )
   paragraph = scrapy.item.Field ( )  # paragraph content

# ----------------------------
# MyPipeline class defined by
# pipelines.py
# ----------------------------
# location in directory structure:
# sads_exhibit_11_1/scrapy_application/pipelines.py

class MyPipeline ( object ) :
   def process_item ( self, item, spider ) :
return item
```

```
# ----------------------------
# settings for scrapy.cfg
# settings.py
# ----------------------------
# location in directory structure:
# sads_exhibit_11_1/scrapy_application/settings.py

BOT_NAME = 'MyBot'
BOT_VERSION = '1.0'

SPIDER_MODULES = ['scrapy_application.spiders']
NEWSPIDER_MODULE = 'scrapy_application.spiders'
USER_AGENT = '%s/%s' % ( BOT_NAME, BOT_VERSION )
COOKIES_ENABLED = False
DOWNLOAD_DELAY = 2
RETRY_ENABLED = False
DOWNLOAD_TIMEOUT = 15
REDIRECT_ENABLED = False
DEPTH_LIMIT = 50

# ----------------------------
# spider class defined by
# script one_site_crawler.py
# ----------------------------
# location in directory structure:
# sads_exhibit_11_1/scrapy_application/spiders/one_site_crawler.py

# prepare for Python version 3x features and functions
from __future__ import division, print_function

# each spider class gives code for crawing and scraping

import scrapy # object-oriented framework for crawling and scraping
from scrapy_application.items import MyItem # item class
from scrapy.spiders import CrawlSpider, Rule
from scrapy.linkextractors import LinkExtractor

# spider subclass inherits from BaseSpider
# this spider is designed to crawl just one website
class MySpider ( CrawlSpider ) :
    name = "TOUTBAY" # unique identifier for the spider
    allowed_domains = ['toutbay.com'] # limits the crawl to this domain list
    start_urls = ['http://www.toutbay.com'] # first url to crawl in domain
```

```
    # define the parsing method for the spider
    def parse ( self, response ) :
        html_scraper = scrapy.selector.HtmlXPathSelector ( response )
        divs = html_scraper.select ( '//div' )  # identify all <div> nodes
        # XPath syntax to grab all the text in paragraphs in the <div> nodes
        results = []  # initialize list
        this_item = MyItem ( )  # use this item class
        this_item['paragraph'] = divs.select ( './/p' ) .extract ( )
        results.append ( this_item )  # add to the results list
        return results
```

示例代码11.2 从Twitter收集意见数据：足球伤病（Python语言）

```
# Gathering Opinion Data from Twitter: Football Injuries ( Python )

# prepare for Python version 3x features and functions
from __future__ import division, print_function

import twitter  # work with Twitter APIs
import json  # methods for working with JSON data

windows_system = False  # set to True if this is a Windows computer
if windows_system:
    line_termination = '\r\n' # Windows line termination
if ( windows_system == False ) :
    line_termination = '\n' # Unix/Linus/Mac line termination

# name used for JSON file storage
json_filename = 'my_tweet_file.json'

# name for text file for review of results
full_text_filename = 'my_tweet_review_file.txt'

# name for text from tweets
partial_text_filename = 'my_tweet_text_file.txt'

# See Russell ( 2014 ) and Twitter site for documentation
# https://dev.twitter.com/rest/public
# Go to http://twitter.com/apps/new to provide an application name
# to Twitter and to obtain OAuth credentials to obtain API data

# ---------------------------------
```

```
# Twitter authorization a la Russell (2014) section 9.1
# Insert credentials in place of the "blah blah blah" strings
# Sample usage of oauth () function
# twitter_api = oauth_login ()
def oauth_login () :

    CONSUMER_KEY = 'blah'
    CONSUMER_SECRET = 'blah blah'
    OAUTH_TOKEN = 'blah blah blah'
    OAUTH_TOKEN_SECRET = 'blah blah blah blah'

    auth = twitter.oauth.OAuth (OAUTH_TOKEN, OAUTH_TOKEN_SECRET,
                CONSUMER_KEY, CONSUMER_SECRET)

    twitter_api = twitter.Twitter (auth=auth)
    return twitter_api

# -----------------------------------
# searching the REST API a la Russell (2014) section 9.4
def twitter_search (twitter_api, q, max_results=200, **kw) :
    # See https://dev.twitter.com/docs/api/1.1/get/search/tweets and
    # https://dev.twitter.com/docs/using-search for details on advanced

    # search criteria that may be useful for keyword arguments

    # See https://dev.twitter.com/docs/api/1.1/get/search/tweets
    search_results = twitter_api.search.tweets (q=q, count=100, **kw)

    statuses = search_results['statuses']

    # Iterate through batches of results by following the cursor until we
    # reach the desired number of results, keeping in mind that OAuth users
    # can "only" make 180 search queries per 15-minute interval. See
    # https://dev.twitter.com/docs/rate-limiting/1.1/limits
    # for details. A reasonable number of results is ~1000, although
    # that number of results may not exist for all queries.

    # Enforce a reasonable limit
    max_results = min (1000, max_results)

    for _ in range (10) : # 10*100 = 1000
        try:
            next_results = search_results['search_metadata']['next_results']
```

```
        except KeyError, e: # No more results when next_results doesn't exist
    break
        # Create a dictionary from next_results, which has the following form:
        # ?max_id=313519052523986943&q=NCAA&include_entities=1
        kwargs = dict ( [ kv.split ( '=' )
                    for kv in next_results[1:].split ( "&" ) ] )

        search_results = twitter_api.search.tweets ( **kwargs )
        statuses += search_results['statuses']

        if len ( statuses ) > max_results:
            break
    return statuses

# -----------------------------------
# use the predefined functions from Russell to conduct the search
# here we see what people are saying about football injuries

twitter_api = oauth_login ( )
print ( twitter_api ) # verify the connection

q = "football injuries" # one of many possible search strings
results = twitter_search ( twitter_api, q, max_results = 200 ) # limit to 200 tweets

# examping the results object... should be list of dictionary objects
print ( '\n\ntype of results:', type ( results ) )
print ( '\nnumber of results:', len ( results ) )
print ( '\ntype of results elements:', type ( results[0] ) )

-----------------------------------
# working with JSON files composed of multiple JSON objects
# results is a list of dictionary items obtained from twitter
# these functions assume that each dictionary item
# is written as a JSON object on a separate line
item_count = 0 # initialize count of objects dumped to file
with open ( json_filename, 'w' ) as outfile:
    for dict_item in results:
        json.dump ( dict_item, outfile, encoding = 'utf−8' )
        item_count = item_count + 1
        if item_count < len ( results ) :
            outfile.write ( line_termination ) # new line between items

# -----------------------------------
```

```
# working with text file for reviewing multiple JSON objects
# this text file will show the full contents of each tweet
# results is a list of dictionary items obtained from twitter
# these functions assume that each dictionary item
# is written as group of lines printed with indentation
item_count = 0  # initialize count of objects dumped to file
with open ( full_text_filename, 'w' ) as outfile:
    for dict_item in results:
        outfile.write ( 'Item index:' + str ( item_count ) +\
            '-----------------------------------------' + line_termination )
        # indent for pretty printing
        outfile.write ( json.dumps ( dict_item, indent = 4 ) )
        item_count = item_count + 1
        if item_count < len ( results ) :
            outfile.write ( line_termination )  # new line between items

# -------------------------------------
# working with text file for reviewing text from multiple JSON objects
# this text file will show only the text from each tweet
# results is a list of dictionary items obtained from twitter
# these functions assume that the text of each tweet
# is written to a separate line in the output text file
item_count = 0  # initialize count of objects dumped to file
with open ( partial_text_filename, 'w' ) as outfile:
    for dict_item in results:
        outfile.write ( json.dumps ( dict_item['text'] ) )
        item_count = item_count + 1
        if item_count < len ( results ) :
            outfile.write ( line_termination )  # new line between text items
```

第十二章 在分析上竞争

“……无论是生命还是橄榄球比赛，容许犯错的空间都很小，早了或晚了半步，都是失败。慢了或快了半秒，都接不到球。尺度其实就在我们身边，每场球的分分秒秒都会出现。我们球队会合力攻下每分每寸。”

——《挑战星期天》（1999）中的托尼·达马托教练（阿尔·帕西诺饰演）

—Al Pacino as Coach Tony D’Amato in *Any Given Sunday* (1999)

一位机警的二垒跑垒员在泥土中看到一个投出的球，并跑向第三垒。球击中了接球手的胸部保护器，并跳到接球手前方的几英尺（1 英尺≈0.304 8 米）处。接球手对跑垒员的侵略性行为感到惊讶，他将球投向第三个位置。这是一个从三垒手手套上弹下来的球，球滚到了左外场。投球失误让跑垒员可以回家，这就是所谓的人工得分。

细微的差异使体育运动与众不同。很难完整记录可归因于运动分析的人工得分和积分。橄榄球中额外几英寸、篮球中的助攻和盖帽、进入足球球门的球员、曲棍球比赛中由几毫秒决定的输赢——这些都表示输赢之间的差异。这些细微差异都证明了在信息技术和数据科学方面进行投资是值得的。

虽然体育分析的批评者可能会想象数据和分析驱动的体育的反乌托邦未来，但是大多数知情人士都会看到因为使用智能分析而带来的更高水平的竞争。改进措施有助于球员评估，表现数据和模型能够指导球员的选择和比赛日策略，医疗数据和模型可以帮助球员避免受伤，并更快地从伤病中恢复。由于教练和管理者知道对决策抱有什么样的期待，因此他们会给出更好的阵容和球员分配。他们在球员定位、竞争策略和赛时战术等方面能够做出明智的选择。

达文波特和哈里斯（Davenport & Harris, 2007）使用“竞争分析”一词来描述商业中正在出现的新生精神。在数据密集的世界，也就是由信息技术和通信驱动的世界中，使用数据和模型来指导业务决策是有意义的。达文波特和哈里斯没有在他们书中的任何地方建议用模型取代决策者。相反，他们的论点是，业务经理在分析指导下能够更好地确定策略和战术。

那些将球探的观点与模型的预测对立起来的人正在错误地构建问题。问题不在于球队应该使用球探还是体育分析。球探不会消失——他们在各种运动中都扮演着至关重要的角色，培训师和教练也是如此。问题是，有了体育分析，球探会做得更好吗？这个问题的答案是肯定的。

对模型和方法的研究表明，体育分析不仅是定义新指标。我们必须更广泛地思考，考虑表现指标在多大程度上可用于预测未来。预测性推理是为球队选择合适球员并帮助球员发挥最佳表现的核心。

我们认为，正如人们普遍理解的那样，只有体育分析是不够的。球队受到体育赛事和社交媒体数据的“轰炸”。要保持竞争力，它们就需要利用信息技术和数据科学工具。为了通过方法和模型赢得比赛，球队需要利用满足整个组织——运动员、培训师、教练和商业经理需求的信息系统。好消息是，为运动表现分析设计的信息系统也适用于体育管理分析。了解体育分析竞争优势的总经理，确保分析信息系统能够满足与球员健康和表现、球队管理和业务运营有关的数据需求。这些总经理确保有合适的工作人员来完成分析工作。

为了有效地在分析方面竞争并获得竞争优势，职业运动队需要做的不仅是聘请一两位统计学家或经济学家。球队需要信息技术专业人员、数据库管理员和数据科学家等可以使用数据和编写计算机程序的人。球队通过以促进创造力和从数据中学习的方式进行组织而受益。决策应以数据为依据，并承认指标和预测模型是有局限性的。

做体育分析和数据科学意味着我们找到了解方法和模型，并能与管理层沟通的人。这些人同时了解体育的表现和管理。

职业体育分析师和数据科学家的数量会在未来几年增加。体育是“获胜的买卖”，运动队尽其所能赢得胜利。这意味着需要找到最有才华的分析师、数据科学家和球员，同时也意味着要向他们支付应得的报酬。

每个运动队都有一本指导比赛日决策的行动手册。该行动手册是运动队专有的，是一套只有教练和队员才能分享的商业秘密。类似的策略似乎对数据科学方法和模型也有意义。分析的竞争优势来源于运动队能够雇佣和留住的分析师和数据科学家。竞争优势会随着创新方法和模型的发展而增长。来自数据科学方法和模型的建议会对运动队的行动手册做出贡献。

可以建议前台办公室收集并保留许多好主意。让好的想法进来，意味着借鉴数据科学的文献，并使用开源软件和系统；保留好主意，意味着保护专有的指标、方法和模型。

2015 年 6 月 18 日星期四。洛杉矶道奇队与德州游骑兵队进行了一场联赛。这是在道奇体育场的主场比赛，在第 9 局快要结束时洛杉矶道奇队还没有得分。

游骑兵队的中继投手科恩 · 卡拉（Keone Kela）带着亚斯曼尼 · 格兰德尔（Yasmani Grandal）和安德烈 · 埃塞尔（Andre Ethier）开始了这一局。当阿尔贝托 · 卡拉斯波（Alberto Callaspo）以 3-6-3 的比分进入双杀时，恩里克（Enrique）"奇奇"埃尔南德斯（Hernandez）正在为格兰纳尔效力。"奇奇"在比赛中排名第三。吉米 · 罗林斯（Jimmy Rollins），一个速度可以接受的优秀击球手，在当时的击球率只有 0.198，他来到了垒上。道奇队经理丹 · 马丁利（Don Mattingly）需要考虑多种选择。

笔者可能是一名数据科学家，充分了解事件概率和预期得分。笔者可能很清楚经理应该安排两次出局和一名跑垒员在三垒。但是，笔者也是棒球迷。笔者真正想要看到的是"奇奇"埃尔南德斯盗垒。不管成功的可能性有多大，笔者都希望获得快乐。

事实证明，最不可思议的事情发生了。"奇奇"跳出三垒，假装转移到本垒。这让投手卡拉感到不安，犯了一个错误。坚持不懈的"奇奇"获得了主场奖，道奇队则赢得了比赛——这是一场道奇队脱颖而出的比赛（Carr, 2015）。

使用分析来提供竞争优势，绝不会减少体育中的兴趣或喜悦，球员和球队仍然需要参加比赛且在比赛中竞争。无论是否以分析为指导，他们都会为赢得每一分而全力以赴。只要有运动，就会有挑战、不确定性和获胜的喜悦。每隔一段时间，我们就会看到有球员从杰基 · 鲁滨孙（Jackie Robinson）的行动手册中拿走一页，并偷回家。

附录A 数据科学方法

不同于其他有关体育分析的书，本书在广阔的数据科学背景下讨论体育分析。数据科学家使用商业会计、财务、营销和管理的语言，他们既了解数据结构、算法和面向对象的编程等信息技术，同时也知晓统计建模、机器学习、数学规划和模拟方法。数据科学家有这样一些工作：

- 信息搜索和选择。数据科学家首先回顾该领域的文献，了解其他人已经做过的工作，然后搜索相关数据源，并选择用于分析和建模的数据源。
- 准备文本和数据。文本是为分析准备的非结构化或半结构化数据。数据科学家从文本中提取特征并定义指标。由于定量数据通常很杂乱且存在缺失值，因此可能需要在分析之前进行转换。数据准备会花费数据科学家的大部分时间。
- 查看数据。数据科学家做探索性的数据分析，数据可视化的目的是发现。在数据中寻找分组，发现异常值，确定共同的维度、模式和趋势。
- 预测数量。数据科学家经常被要求预测能够售出多少单位或美元的产品，以及金融证券或房地产的价格。回归分析在这些预测中很有用。
- 预测是或否。许多业务问题都是分类问题。数据科学家使用分类方法来预测某个人是否会购买产品、是否拖欠贷款或是否访问网页。
- 做测试。数据科学家分析具有诊断图形的模型，查看在一个数据集上开发的模型在其他数据集上的效果如何。数据科学家采用训练和测试方案，包括数据分区、交叉验证或自助抽样。
- 做假设。数据科学家控制关键变量来看所预测的现象是否会发生。我们在模拟市场中做假设游戏，应用数学规划模型的敏感性分析压力测试，观察输入变量的值如何影响结果、季后赛和预测，评估预测的不确定性。

- 解释世界。数据和模型有助于我们了解世界。数据科学家将所学的内容转化为其他人可以理解的解释，并以清晰、简洁的方式呈现出项目的结果。

预测与解释截然不同。虽然可能不知道为什么模型有效，但是我们需要知道它们何时起作用，以及何时向其他人展示它们发挥作用的方式。我们确定模型中最关键的部分，并把重点放在能产生影响的事情上[1]。

数据科学家是方法论的折中主义者。他们从许多科学学科中汲取经验，并将实证研究的结果转化为管理层可以理解的文字和图片。这些文字和图片得益于出色的数据可视化。在和管理层沟通时，数据科学家需要超越公式、数字、术语定义和算法的魔力。数据科学家将预测模型的结果转化为其他人可以理解的简单、直接的语言。

数据科学家是卓越的知识工作者，他们在当今数据密集型世界中发挥着关键的作用。数据科学家将数据转化为模型和行动计划。

我们在“建模技术”系列中的这本书和其他书籍中采用经典方法和贝叶斯方法。有时我们放弃传统的统计方法而完全使用机器学习算法。

在统计文献中，西摩·盖塞尔（Seymour Geisser）提出了贝叶斯预测推理的方法（Geisser, 1993）。在强调数据科学预测的成功这点上，我们与西摩意见一致。但是，我们的方法纯粹是经验性的，不依赖经典思想或贝叶斯思想。我们遵循一个简单的前提做了一些有效的工作：模型的价值在于其预测的质量。

我们从统计数据中学习，将不确定性量化。一方面，我们有经典方法，包括置信区间、点估计及相关的标准误差、显著性检验和 p 值；另一方面，我们还有贝叶斯统计方法，包括后验概率分布、概率区间、预测区间贝叶斯因子和主观（或扩散）先验。

许多人已经讨论了数据科学在商业中的角色（Davenport & Harris, 2007; Laursen & Thorlund, 2010; Davenport, Harris & Morison, 2010; Franks, 2012; Siegel, 2013; Maisel & Cokins, 2014; Provost & Fawcett, 2014）。有关方法的概述，请参阅艾曾曼（Izenman, 2008），黑斯蒂、蒂布希拉尼和弗里德曼（Hastie, Tibshirani & Friedman, 2009）及墨菲（Murphy, 2012）的研究。

做数据科学意味着实现灵活、可伸缩和可扩展的系统，用于数据的准备、分析、可视化和建模。我们得益于日益增多的开源，不论使用什么建模技术或应用程序，都可能有某人编写或正在考虑编写的相关包、模块或库。康韦和怀特（Conway & White, 2012）、普特勒和克里德（Putler & Krider, 2012）、詹姆斯等（James et al., 2013）、库

[1] 统计学家区分解释模型和预测模型。解释模型用于测试因果理论。预测模型旨在预测新的或者未来的观察结果。相关内容请参阅盖塞尔（Geisser, 1993）、布雷曼（Breiman, 2001）和什穆埃利（Shmueli, 2010）的研究。

恩和约翰逊（Kuhn & Johnson, 2013）、兰茨（Lantz, 2013）和莱多特（Ledoiter, 2013）讨论了如何使用开源工具进行数据科学研究。建模技术系列的其他书籍（Miller, 2015a, 2015b, 2015c, 2015d）讨论了数据科学、预测建模技术和开源工具。

附录 A 概述了数据科学方法和相关的可供进一步阅读的资料，主题包括数学规划、经典统计和贝叶斯统计、回归和分类、机器学习、数据可视化、文本分析和时间序列分析。最后介绍了数据科学与其他学科的关系。

附录A1　数学规划

“数学规划（mathematical programming）”是约束优化（constrained optimization）问题。在这里，“programming”是指“规划（planning）”，就像“资源规划”一样。“规划（programming）”所指的不是计算机编程，尽管需要用计算机程序来解决约束优化问题。

在所谓的标准形式中定义约束优化。约束优化的目标或目的是最大化数量 z。它是 n 个非负决策变量的和：

最大化，$z = \sum_j c_j x_j \ (j = 1, 2, ..., n)$

使得，$\sum_j a_{ij} x_j \leqslant b_i \ (i = 1, 2, ..., m)$

其中，$x_j \geqslant 0$

该标准形式只有一个目标，而且方程对参数而言是线性的。在标准形式下，我们最大化目标。但是，通过最大化 z 的负值，很容易将目标转化为最小化。许多问题涉及最小化成本，这就是在目标函数中使用字母 c 作为固定参数的原因。使用标准形式，在决策变量上写出小于或等于不等式约束。m 个约束不等式的形式与固定参数和是线性的。

图 A.1 是数学规划建模方法的概况。决策变量的性质和约束的数量决定了数学规划问题的类型。当所有决策变量都是连续变量时，该数学规划属于线性规划。当所有决策变量都是整数时，该数学规划属于纯整数规划。当决策变量同时包含连续变量和整数变量时，该数学规划属于混合整数规划问题。

线性规划的“松弛”是指通过假设决策变量是连续的来使用线性规划的方法解决整数规划的问题。大多数数学规划问题都有许多约束条件。背包问题是仅有一个约束条件的特殊整数规划问题。

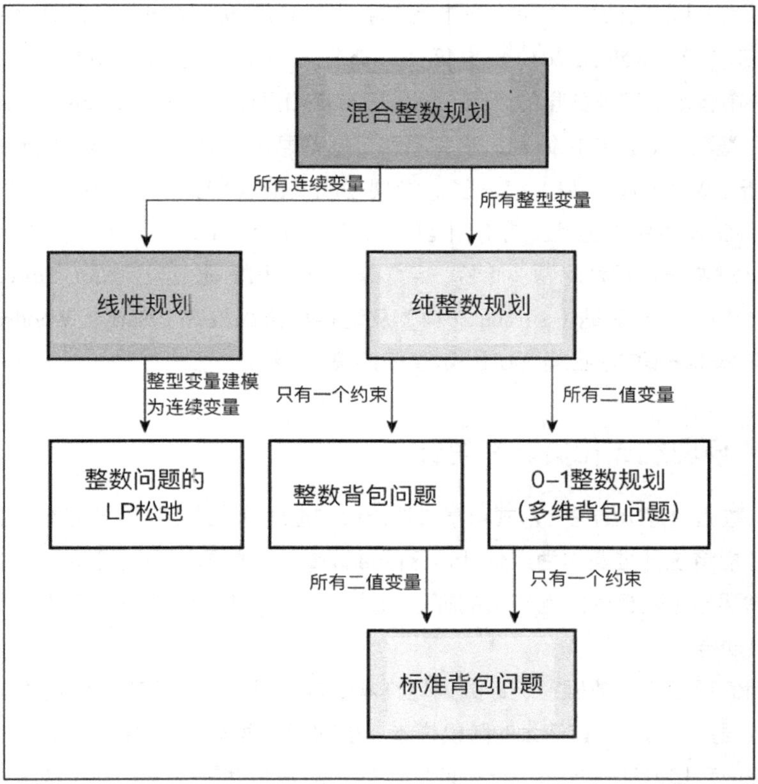

图A.1 数学规划建模方法

数学规划问题的解是决策变量值的集合。一些问题有能够满足目标的、单一的精确解。大多数问题有近似最优解或者非常好的解。

数学规划在体育的许多方面都有应用。我们需要为球队选择球员，并确定何时何处使用球员。球队名单和球员阵容中的球员数量等都受制于薪酬上限。体育管理分析中的许多问题都涉及稀缺资源分配、收益最大化或者成本最小化。

数学规划模型是确定的，在目标函数和约束中有已知的固定参数。但是在实际中，假设参数已知且不变是不合理的。尽管如此，当成本和约束参数不确定时，有 4 种使用约束优化的方法：

- 指导决策。采用数据规划作为决策问题的逻辑或者本质的方法，并将解作为问题的一个可能答案。
- 最佳 / 最差情况法。为参数设置最佳值和最差值，并获得多个解。
- 敏感性分析。让参数值以系统性的方式变化，并观察解的变化程度。
- 随机规划。估计参数的概率分布，并使用随机规划来找到解。

有关线性规划的数学原理，请参考哈德利（Hadley, 1962）、赫瓦塔尔（Chvatal, 1983）和瓦尔克（Walker, 2012）的研究。斯托基和泽克豪泽（Stokey & Zeckhauser, 1978）为决策者提供了非数学的介绍。陈、巴特森和丹葛（Chen, Batson & Dang, 2010）综述了混合整数规划。布拉德利、哈克斯和马格南蒂（Bradley, Hax & Magnanti, 1977）及威廉姆斯（Williams, 2013）综述了数学规划的商业应用。赖特（Wright, 2009）综述了数学规划在体育中的应用。布朗和默多克（Braun & Murdoch, 2007）展示了如何使用 R 语言来解决线性规划问题。哈特、莱尔德、沃森和伍德拉夫（Hart, Laird, Watson & Woodruff, 2012），西罗纳（Sirona, 2014）及哈特和伍德拉夫（Hart & Woodruff, 2015）综述了基于 Python 语言的数学规划代数建模系统。

附录A2　经典统计和贝叶斯统计

如何从数据中得出结论？形式科学方法建议构造理论，并用样本数据检验这些理论。这个过程包括将统计推断作为点估计、区间估计或关于总体的假设检验。无论推理形式如何，都需要与感兴趣的问题相关的样本数据。为了有效地使用统计方法，我们希望从总体中随机抽样。

我们相信哪些统计数据？统计数据是样本数据的函数。当样本能够代表总体时，我们对统计数据更有信心。首选大的随机样本、小的标准误差和窄的置信区间。

经典统计和贝叶斯统计是统计推断之外的、测量不确定性的另一种方法。经典假设检验首先对总体参数做出零假设，然后根据样本数据拒绝或者接受这些假设。典型的零假设（如同“零”所指的）是比例或组均值没有差异，或者变量之间没有关系。零假设也可以指包含许多变量的模型参数。

为了检验一个零假设，我们计算称为检验统计量的特殊统计量及其相关的 p 值。如果零假设为真，那么可以推导出检验统计量的理论分布。我们将样本检验统计量与其理论分布相对照，以获得 p 值。p 值本身就是一个样本统计量，它绘出了拒绝零假设为真时的无效假设。

假设已经满足有效推理的条件。然后，当观察到的 p 值非常低时（0.05、0.01 或 0.001），我们知道这两件事中的一件必然是真的：（1）假定零假设为真，概率非常小的事件发生了。（2）假定零假设为假。p 值很小时，我们会拒绝零假设。此时，称研究结果在统计上是显著的。一些结果在统计上显著且有意义，一些结果在统计上显著但意义甚微。

传统的应用研究寻找 p 值较小的统计数据。我们寻找 p 值很小的统计量，将零假设设定为稻草人，并打算拒绝零假设。在寻找组间差异时，设定组间无差异这一零假设。在研究变量之间的关系时，设定变量相互独立的零假设，并收集数据，以拒绝这些假设。

当收集的数据足够多时，检验程序就具有统计效力。

变异性（variability）既是敌人，也是朋友。当变异性来自不可解释的来源或者抽样的变异性时，它是敌人——统计量的值因样本而异。但是，变异性也是朋友。因为如果没有变异性，就无法发现变量之间的关系[1]。

经典方法将参数看作不变的未知量，贝叶斯方法则将参数视为随机变量。换言之，参数可以被看作代表我们对世界的不确定性的概率分布。贝叶斯方法得名于贝叶斯定理。贝叶斯定理是著名的统计学理论。除了对总体分布、随机样本和抽样分布做出假设，还可以对总体参数做出假设。使用贝叶斯方法时，首先要以概率分布的形式描述我们对世界的不确定性，然后通过收集相关的样本数据来减少这种不确定性。

我们要如何表达对参数的不确定性呢？首先，为这些参数指定先验概率分布。然后，使用样本数据和贝叶斯定理来推导出具有相同参数的后验概率分布。贝叶斯方法从后验分布中获得条件概率估计。

许多人认为，贝叶斯统计为实证研究提供了逻辑上一致的方法。不去考虑零假设而是关注感兴趣的研究问题——科学假设。在使用概率区间描述不确定性时，不需要再讨论置信区间。在从决策理论的视角来看所有的科学和商业问题时，没有必要做出关于零假设的决策（Robert, 2007）。贝叶斯概率视角可以应用于机器学习和传统的统计模型（Murphy, 2012）。

导出后验概率分布的数学公式可能是一个挑战。事实上，对于许多研究问题是不可能得出后验分布公式的。然而，这并不能阻止我们使用贝叶斯方法，因为计算机程序可以生成或估计后验分布。马尔可夫链蒙特卡罗模拟（Markov chain Monte Carlo simulation）是在实践中应用贝叶斯方法的关键（Tanner, 1996; Albert, 2009; Robert & Casella, 2009; Suess & Trumbo, 2010）。

因为贝叶斯统计有助于解决现实问题，所以至今仍然存在（McGrayne, 2011; Flam, 2014）。在大众媒体中，西尔弗（Silver, 2012）为采用贝叶斯方法预测模型提供了强有力的论据。然而，正如埃弗伦（Efron, 1986）所指出的，有充分的理由说明为什么每个人都不是贝叶斯主义者。

学习经典推理可以参考许多资料（Fisher, 1970; Fisher, 1971; Snedecor & Cochran, 1989; Hinkley, Reid & Snell, 1991; Stuart, Ord & Arnold, 2010; O'Hagan, 2010, Wasserman, 2010）。学习贝叶斯方法，也有许多好的资料（Geisser, 1993; Gelman, Carlinm, Stern & Rubin, 1995; Carlin & Louis, 1996; Robert, 2007）。

当被问及两组之间的差异是否可能是偶然出现时，我们可能更喜欢经典方法。我们

[1] 为了观察变异在发现关系中的重要性，可以从两个高度相关变量的散点图开始，然后限制其中一个变量的范围。通常在所限制范围内的散点图将表现出较低的相关性。

将 p 值估计为条件概率，将零假设设定为两组之间没有差异。但是，当被要求估计苹果公司股价在下一个日历年初高于 100 美元的可能性时，我们可能更喜欢贝叶斯方法。经典方法和贝叶斯方法哪个更好，这并不重要。这两种方法我们都需要。Python 语言和 R 语言哪个更好，这也不重要。这两个我们也都需要。

附录A3　回归和分类

数据科学的大部分工作都是在寻找变量之间有意义的关系。我们使用散点图和相关系数来寻找成对的连续变量之间的关系，使用列联表和分类数据分析方法寻找分类变量之间的关系，使用多变量方法和多项列联表来研究多个变量之间的关系，并建立预测模型。

预测模型主要包括回归和分类。回归是对具有意义量级的因变量的预测。分类是对类或类别的预测。在机器学习中，分类和回归都是监督学习的方法。

最小二乘回归也称普通最小二乘回归、线性回归或多元回归，是最常见的回归形式。在使用普通最小二乘回归时，我们通过最小化残差平方和来估计回归系数。其中，残差是观察到的数值和预测的因变量之间的差异。对于回归问题，尽管在实践中因变量的不同取值是有限的，但是假定响应可以取任何实数值。回归最重要的特征是因变量是具有有意义的数值。

泊松回归对计数变量很有用。因变量是具有有意义的数值，取值为离散（整数）值，最小值为零。频率、分组频率的对数线性模型和交叉分类观察值的列联表都属于泊松回归的范畴。

正如在生存分析中的那样，对有关事件、持续时间和生存的模型通常需要考虑删失问题。其中，一些观察值是可以精确测量的，另一些观察值则不是。对于左删失，不可精确测量的观察值小于某个值。对于右删失，不可精确测量的观察值大于某个值。

营销中持续时间或生存模型的一个很好的例子是客户生命周期估计。只有在某位客户不再是我们的客户之后，我们才知道该客户的有效期或任期。对于现有客户，其生命周期是不能精确测量的——它是右删失的。

大多数传统建模技术都使用线性模型或线性方程。因变量或其变换后的响应变量位于线性模型的左侧。线性预测器位于模型的右侧。线性预测器包含解释变量，其参数是线性的。也就是说，线性预测器是系数或系数与解释变量的乘积加和。

顾名思义，广义线性模型是经典线性回归模型的推广。广义线性模型包括用于选择和计数的模型。逻辑回归、多项式逻辑模型、对数线性模型、序数逻辑模型、泊松回归和生存数据模型等都是广义线性模型。为了介绍这些重要模型背后的理论，我们先回顾经典线性回归模型。

可以用矩阵表示法来描述经典线性回归模型：

$$y = Xb + e$$

y 是 $n\times 1$ 的因变量向量。X 是 $n\times p$ 的矩阵，其中 p 是要估计的参数个数。通常，X 的第一列是模型中常数项或截距项，其他列是与解释变量相关的参数。b 是 $p\times 1$ 的参数估计向量。也就是说，Xb 是使用矩阵表示的线性预测器。误差向量 e 表示独立同分布的误差。通常假设误差是高斯或正态分布的，均值为零。

经典线性回归模型的假设，产生了回归参数检验和方差分析等经典的统计推断方法。这些方法同样适用于观察和实验研究。经典线性回归模型中的参数通过普通最小二乘法估计。经典统计推断方法还包括广义最小二乘法、各种用于时间序列回归和面板数据模型的计量经济模型及一般的层次模型。大多数经典模型都有对应的贝叶斯模型。现在，我们专注于经典推断和最简单的误差结构——独立同分布的误差。

设 y 是因变量向量中的一个元素，对应样本中的一个观察值。设 x 是矩阵中对应的行。因为误差的均值或者期望值为 0，所以可以观察到：

$$E[y] = \mu = xb$$

也就是说，μ（因变量的均值）等于线性预测器。广义线性模型建立在这个事实之上。如果使用函数符号 $g(\mu) = xb$，那么，对于经典线性回归的高斯（正态）分布，是同一性函数：$g(\mu) = \mu$。

假设 $g(\mu)$ 是 logit 变换，可以得到逻辑回归模型：

$$g(\mu) = \log\left(\frac{\mu}{(1-\mu)}\right) = xb$$

已知指数函数是自然对数的倒数，可以得到的解为：

$$\mu = \frac{e^{xb}}{1+e^{xb}}$$

对于样本中的每个观察值，二元因变量的期望是一个比例。它表示两个事件中的一个发生的概率，取值范围是 0~1。在广义线性模型中，g 称为连接函数。它将因变量的均值与线性预测值联系起来。

在本书的大部分有关选择的研究中，每个观察值都是一个二元因变量。客户选择使用当前的电话服务或更换为其他服务，通勤者选择驾驶汽车或乘坐火车。概率理论家将二元因变量看作伯努利试验（Bernoulli trials），其中的比例或概率 μ 表示因变量的均值。

对于样本中的 n 个观察值，有均值 $n\mu$ 和方差 $\frac{\mu(1-\mu)}{n}$。这样的分布是二项式分布 [1]。

表 A.1 是商业和经济学中使用的最重要的广义线性模型。经典线性回归有恒等连接。逻辑回归使用逻辑连接。泊松回归和对数线性模型使用对数连接。我们使用高斯（正态）分布、二项式分布和泊松分布，它们都属于指数族分布。广义线性模型具有形式的线性预测器。这就是它们成为线性模型的原因——它们包含解释变量的函数，这些函数对参数是线性的。

表A.1　三种广义线性模型

分布	连接函数	方差函数
高斯（正态）分布	μ	1
泊松分布	$\log(\mu)$	μ
二项式分布	$\log\left(\frac{\mu}{(1-\mu)}\right)$	$\frac{\mu(1-\mu)}{n}$

广义线性模型有助于建立解释变量和因变量之间明显的非线性关系。除了具有恒等连接的高斯模型或正态模型这一特例，其他广义线性模型的连接函数都是非线性的。此外，与正常模型不同，广义线性模型分布的均值和方差之间通常都是相关的。

二项式分布建立在单个二元因变量之上。对于直销邮件，客户选择订购或不订购；客户选择使用当前的电话服务或更换为其他服务。这类问题适用逻辑回归和逻辑连接。需要注意的是，多项逻辑模型是逻辑回归的自然扩展。多项逻辑模型可用于分析有多个选择的因变量。客户可以选择可口可乐、百事可乐或其他可乐。通勤者可以开车、乘坐火车或公共汽车及步行上班。

记录一段时间内一组人的选择可以得到计数或者频率。多项列联表中的计数是分类数据分析的原始数据。仍然使用泊松分布和对数连接进行分类数据分析和对数线性建模。正如在关于逻辑变换的讨论中所看到的，对数函数将在正实数域上定义的变量转换为在所有实数范围内定义的变量。这就是它适用于计数的原因。

泊松分布在非负整数域上是离散的。它适用于泊松回归等关于计数的建模。保险公司计算过去一年的索赔数量。零售商计算促销活动带来客户数量或者在促销活动中销售的库存单位数量。护士计算患者住院的天数。汽车经销商计算汽车在销售前停放的天数。

[1] 在这项研究的许多统计处理中，通常用 π 而不是用 μ 来表示响应的平均值。我们在这里用 μ 来提供一个跨广义线性模型类的一致符号。

线性回归是一种特殊的广义线性模型。线性回归的因变量是正态分布的。恒等连接将因变量的期望值与线性预测器相联系。线性回归系数通过普通最小二乘法估计。广义线性模型族的其他模型则使用最大似然估计回归系数。使用经典线性模型，可以进行方差分析和F检验。通过广义线性模型，可以进行偏差分析和似然比检验，即渐近卡方检验。

用于分析选择和计数的广义线性模型之间存在紧密联系。试用多种方法能够得到可比较的结果。多项模型查看固定计数和样本大小中不同因变量类别中的计数分布。

在泊松模型中，计数是随机变量，与个体情况相关。计数和只有在样本中出现之后才能得到。但是，可以使用泊松分布来分析多项数据。对数线性模型不明确区分因变量和解释变量。相反，频率计数是模型中的因变量。但是，如果关注线性预测变量的适当子集，把因变量看作不同于解释变量的变量，那么对数线性模型会产生与逻辑回归相当的结果。泊松分布和对连接可用于对数线性模型。

在与经理沟通时，经常使用R方或可决系数作为拟合优度的指标。这是一个容易向管理层解释的数量。它代表模型所解释的因变量方差的比例。许多统计学家推荐的另一个指标是均方根误差。均方根误差是关于不良或者欠拟合的指标。预测错误百分比是另一些经理常用的不良拟合指数。

虽然逻辑回归被称为“回归”，但是实际上是一种分类方法。逻辑回归是对二元因变量的预测。当类别数量多于两类时，逻辑模型扩展为有序逻辑模型和多项逻辑模型。线性判别分析是传统统计领域的另一种分类方法。在“情感分析”一章中，文本分类的基准研究采用了逻辑回归和一些用于分类的机器学习算法。

评估分类器性能是一项挑战，因为许多问题都是低基础比例问题。只有不到5%的客户会回应直邮活动。疾病率、贷款违约和欺诈通常是低基础比例事件。在低基础比例的情况下评估分类器时，要看正确预测事件的百分比。基于称为混淆矩阵的四重表，图A.2给出了可用于评估二元分类器各种指标的概述。

Kappa（Cohen, 1960）和受试者工作特征曲线/接收器操作特性（receiver operating characteristic, ROC）曲线等汇总统计有时会用于评估分类器。Kappa取决于分类中使用的概率截止值，而ROC曲线下的面积则不是。

ROC曲线下的面积是低基础比例问题的首选分类性能指标。ROC曲线是真正率（true positive rate, TPR）与假正率（false positive rate, FPR）的关系图。它展示了敏感性（sensitivity）和特效度（specificity）之间的权衡，并衡量模型将正、负观察值分离的程度。

ROC曲线下的面积是衡量预测准确度的指标，与用于分类的截止概率无关。完美预测对应1.0的面积（接触到左上角的曲线）。0.5的面积则对应随机（零模型）预测准确性。

有关线性回归，请参考德拉佩和史密斯（Draper & Smith, 1998）、哈勒尔（Harrell,

2001）、查特吉和哈迪（Chatterjee & Hadi, 2012）、福克斯和韦斯伯格（Fox & Weisberg, 2011）的研究。贝克（Berk, 2008），艾曾曼（Izenman, 2008），黑斯蒂、蒂布希拉尼和弗里德曼（Hastie, Tibshirani & Friedman, 2009）综述了数据自适应回归方法和机器学习算法。有关传统的非线性模型，请参考贝茨和瓦茨（Bates & Watts, 2007）的研究。

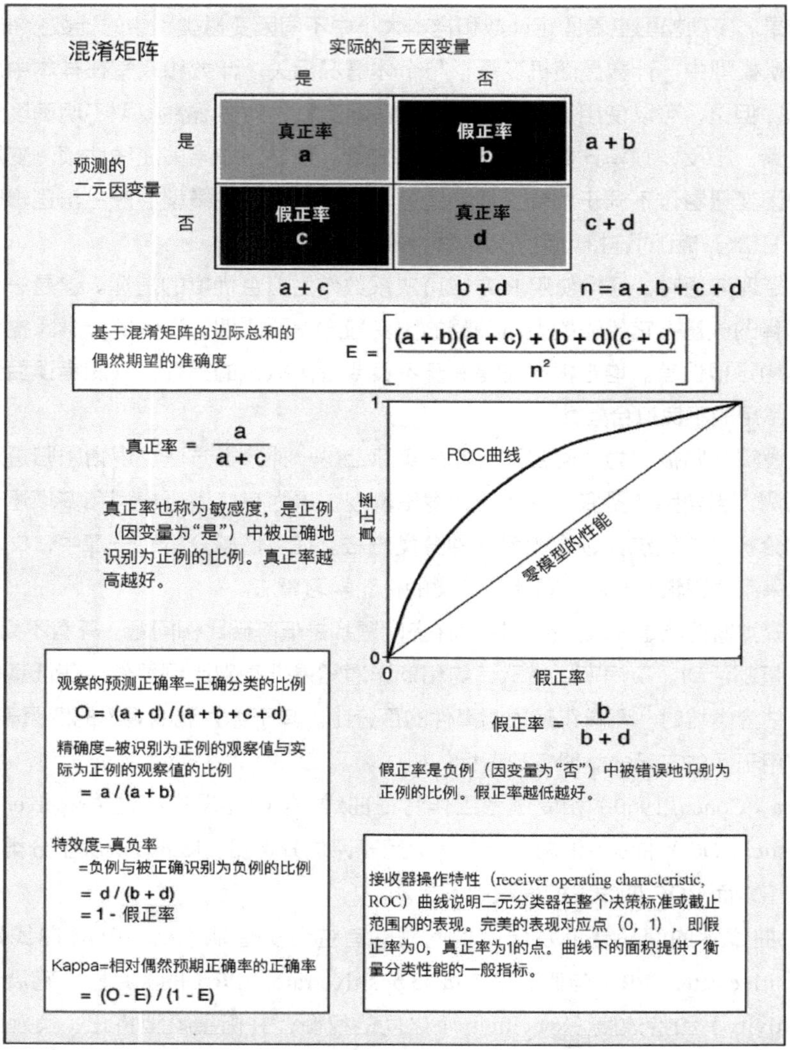

图A.2　二元分类器的预测正确性评估

回归模型的结构是数据科学家最关注的问题。在什么条件下我们对因变量或所选解释变量做变换？模型中应该包含交互效应吗？回归诊断通过数据可视化和指数来检查回归模型的充分性和建议变量变换。关于回归诊断的讨论可参考贝尔斯利、库和韦尔施

（Belsley, Kuh & Welsch, 1980）及库克（Cook, 1998）的研究。基本的 R 系统提供了许多诊断功能，福克斯和韦斯伯格（Fox & Weisberg, 2011）提供了更多的诊断功能。诊断可能表明需要对因变量或解释变量进行变换，以满足模型假设或改进预测效果。博克斯和考克斯（Box & Cox, 1964）提出了幂变换理论，福克斯和韦斯伯格（Fox & Weisberg, 2011）对其进行了综述。

在定义参数模型时，希望以正确的形式包含正确的解释变量集。变量太少或缺少关键解释变量可能导致预测偏差。此外，变量太多可能会导致过拟合和高样本外预测误差。这种偏差 - 方差权衡也被称为生活的统计事实。

收缩和正则化回归方法提供调节、平滑或调整模型复杂性的机制（Tibshirani, 1996; Hoerl & Kennard, 2000）。或者，我们可以选择将解释变量的子集放入预测模型。当估计的参数够多、可能超过观察值的数量时，可以使用一些特殊的方法（Bühlmann & van de Geer, 2011）。有关偏差 - 方差权衡、正则化回归和子集选择，请参考艾曾曼（Izenman, 2008）和黑斯蒂、蒂布希拉尼和弗里德曼（Hastie, Tibshirani & Friedman, 2009）的研究。

格雷比尔（Graybill, 1961, 2000）、伦彻和沙尔杰（Rencher & Schaalje, 2008）综述了线性模型。麦卡拉和内尔德（McCullagh&Nelder, 1989）、弗思（Firth, 1991）讨论了广义线性模型。库特纳、纳赫茨海姆、内特和利（Kutner, Nachtsheim, Neter & Li, 2004）对线性和广义线性模型及其在实验设计中的引用进行了全面的综述。钱伯斯和黑斯蒂（Chambers & Hastie, 1992）、维纳布尔斯和里普利（Venables & Ripley, 2002）对估计线性和广义线性模型的 R 方法进行了综述。

麦卡拉和内尔德（McCullagh & Nelder, 1989）是广义线性模型的标准参考。弗思（Firth, 1991）综述了广义线性模型的基础理论。黑斯蒂（Hastie, 1992）及维纳布尔斯和里普利（Venables & Ripley, 2002）给出使用 S/SPlus 语言的建模实例，其中大部分都很容易使用 R 语言重复。琳赛（Lindsey, 1997）讨论了各种应用实例。有关逻辑回归的讨论，请参考克里斯滕森（Christensen, 1997），李（Le, 1998），霍斯默、莱梅肖和斯特迪文特（Hosmer, Lemeshow & Sturdivant, 2013）的研究。劳埃德（Lloyd, 1999）提供了有关分类数据分析的概述。有关 ROC 曲线的进一步讨论，请参考福西特（Fawcett, 2003）和辛等（Sing et al., 2005）的研究。有关其他分类器评估方法，请参考汉德（Hand, 1997）、库恩和约翰逊（Kuhn & Johnson, 2013）的研究。

有关泊松回归和多项列联表的分析，请参考毕晓普、菲恩伯格和霍兰德（Bishop, Fienberg & Holland, 1975），卡梅伦和特里维迪（Cameron & Trivedi, 1998），菲恩伯格（Fienberg, 2007），汤、赫和杜（Tang, He & Tu, 2012），阿格雷斯蒂（Agresti, 2013）等的研究。

安德森、博根、吉尔和凯德（Andersen, Borgan, Gill & Keiding, 1993），李（Le, 1997），塞尔诺和格拉姆施（Therneau & Grambsch, 2000），哈勒尔（Harrell, 2001），

内尔松（Nelson, 2003），霍斯默、莱梅肖和梅（Hosmer, Lemeshow & May, 2013）及艾莉森（Allison, 2010）综述了生存数据分析，塞尔诺（Therneau, 2014）、塞尔诺和克劳森（Therneau & Crowson, 2014）给出了生存数据分析的编程解决方案。瓦瑟蒂尔·斯莫勒（Wassertheil-Smoller, 1990）对分类过程和二元分类器评估进行了简要介绍。有关更高级的处理方法，请参考汉德（Hand, 1997）的研究。伯纳姆和安德森（Burnham & Anderson, 2002）对模型的选择方法，特别是对使用赤池信息量准则（Akaike, 1973）的方法进行了综述。

当存在有影响力的异常值或极端观察值时，有时会考虑稳健的回归方法。稳健的回归方法是使用统计模拟工具的活跃研究领域（Fox, 2002; Koller & Stahel, 2011; Maronna, Martin & Yohai, 2006; Maechler, 2014b; Koller, 2014）。韦特等（Huet et al., 2004）、贝茨和瓦茨（Bates & Watts, 2007）综述了非线性回归，哈勒尔（Harrell, 2001）讨论了回归问题的样条函数。

附录A4　数据挖掘和机器学习

推荐系统、协同过滤、关联规则、基于启发式的优化方法，以及各种回归、分类和聚类方法都属于机器学习的范畴。

“机器学习”是指传统统计方法的替代方法或算法。“数据挖掘”是指在数据分析中应用机器学习的方法。拉贾拉曼和乌尔曼（Rajaraman & Ullman, 2012）将数据挖掘描述为“发现数据模型”。数据通常是指大规模数据集。

对于传统的统计方法，我们在处理数据之前定义模型设定。在使用传统的统计方法时，我们通常对总体分布做出假设，并从中抽取数据。机器学习则是数据自适应的。机器学习通过将算法应用于数据来定义模型设定。在使用机器学习时，我们很少对数据的基础分布作假设。

虽然机器学习方法通常比传统的线性或逻辑回归方法性能更好，但解释它们为什么产生作用并不容易。出于某种原因，机器学习模型有时被称为黑盒模型。基础算法可以产生数千个适合训练数据的公式或节点分割。

关于机器学习算法，可以参考一些研究（Duda, Hart & Stork, 2001; Izenman, 2008; Hastie, Tibshirani & Friedman, 2009; Kuhn & Johnson, 2013; Tan, Steinbach & Kumar, 2006; Murphy, 2012）。培根（Bacon, 2002）讨论了机器学习算法在市场营销中的应用。

目前，有研究荷索恩（Hothorn et al., 2005）综述了基准研究设计的原则。绍尔胡贝尔等（Schauerhuber et al., 2008）给出了一个分类方法的基准研究。阿尔方斯（Alfons, 2014a）为基准研究提供了交叉验证工具。基准研究也称统计模拟或统计实验，可以使用为此类研究设计的程序包来进行（Alfons, 2014b; Alfons, Templ & Filzmoser, 2014）。

许多研究（Duda, Hart & Stork, 2001; Tan, Steinbach & Kumar, 2006; Hastie, Tibshirani & Friedman, 2009; Rajaraman & Ullman, 2012）都从机器学习的角度对聚类进行了介绍。埃弗里特、兰多、利斯和斯塔尔（Everitt, Landau, Leese & Stahl, 2011）及考夫曼和卢索（Kaufman & Rousseeuw, 1990）综述了传统的聚类方法。艾曾曼（Izenman, 2008）综述了传统的聚类、自组织映射、模糊聚类、基于模型的聚类和双聚类（块聚类）。

在机器学习文献中，聚类分析被称为非监督学习，以将其与分类区分开来。分类是由因变量或类的已知编码值指导的监督学习。关联规则建模、频繁项集、社交网络分析、链接分析、推荐系统，以及数据科学中使用的许多多元方法都属于无监督的学习方法。

主成分分析是一种重要的多元方法。它使用线性代数，提供了一种减少描述感兴趣领域的指标或量化特征的数量的方法。长期以来，主成分分析都是测量专家的主要部分和因子分析的前提条件。最近，主要成分分析在潜在语义分析中得到了应用，这是一种识别文档语料库中的重要主题的技术（Blei, Ng & Jordan, 2003; Murphy, 2012; Ingersoll, Morton & Farris, 2013）。

当训练集中的某些观察值中包含编码了的因变量而其他观察结果没有时，我们使用半监督学习方法。相对于无监督分量的无编码观测集，有监督分量的编码观测集可能较小（Liu, 2011）。

莱施和格林（Leisch & Gruen, 2014）介绍了各种聚类算法的程序包。考夫曼和卢索（Kaufman & Rousseeuw, 1990）开发的方法已由梅克勒（Maechler, 2014a）在 R 语言程序中实现，包括用于确定簇数的轮廓建模和可视化技术。卢索（Rousseeuw, 1987）介绍了剪影，并在考夫曼和卢索（Kaufman & Rousseeuw, 1990）及艾曾曼（Izenman, 2008）的研究中提供了其他文献和实例。

从更广泛的视角来看，机器学习可以看作人工智能的一个子领域（Luger, 2008; Russell & Norvig, 2009）。机器学习包括生物学启发的方法、遗传算法和启发式方法，可用于解决复杂的优化、调度和系统设计问题（Mitchell, 1996; Engelbrecht, 2007; Michalawicz & Fogel, 2004; Brownlee, 2011）。

附录A5　文本和情感分析

文本分析与语言学、传播学和语言艺术、实验心理学、政治话语分析、新闻学、计算机科学和统计学等许多学科相关。而且，考虑到组织收集和存储的文本数量，文本分析是预测分析中重要且不断增长的领域。

前文已经讨论过网络爬取、抓取和解析。这些过程的输出是文档集或文本语料库。文档集或文本语料库使用自然语言。分析文本语料库的两种主要方法是词袋法和自然语言处理。我们进一步分析语料库，创建更容易通过计算机分析的、通用的、格式化的表达式、索引、键值和矩阵。这种附加的解析称为文本注释。从文本中提取特征，然后在后续分析中使用这些特征。

自然语言是我们每天说和写的东西。自然语言处理不仅是收集单个单词的问题。自然语言能够传达意义。自然语言文档包含段落，段落包含句子，句子包含单词。自然语言有语法规则，有许多可以传达相同想法的方法，还有关于例外的规则和规则的例外。如图 A.3 所示，组合使用的单词和语法规则构成了文本分析的语言基础。

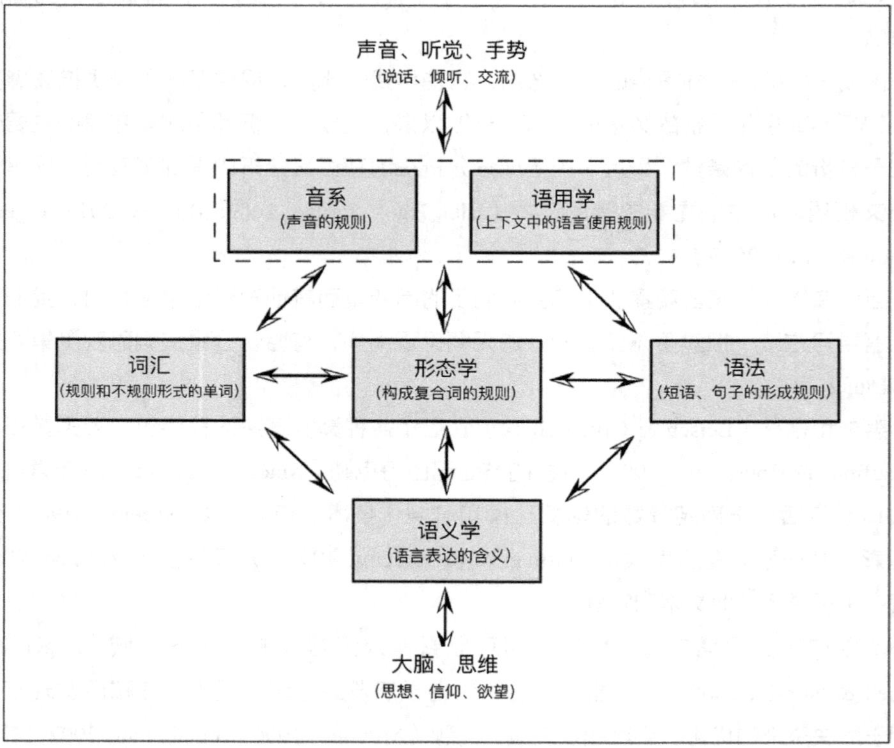

图A.3　文本分析的语言基础

资料来源：改编自平克（Pinker, 1999）。

语言学家研究自然语言，即我们用来形成有意义的话语的词语和规则。“生成语法”是规则的总称；“形态学”“语法”“语义学”是更具体的术语。用于自然语言处理的计算机程序使用语言规则来模仿人类交流，并将自然语言转换为结构化文本，以供进一步分析。

自然语言处理不仅是一个广阔的学术研究领域，也是计算语言学的一个重要领域。句子中单词的位置是理解文本的关键。单词遵循一个序列，较早出现的单词通常比后面出现的单词更重要，而较早出现的句子和段落通常也比后面出现的句子和段落更重要。

文档标题中的单词对于理解文档的含义尤为重要。有些单词出现的频率很高，有助于定义文档的含义。其他词语，如定冠词“the”，不定冠词“a”和“an”，以及许多介词和代词等，虽然出现频率高，但是与文档的含义关系并不大。这些停止词应当从分析中删除。

文本的特征或属性通常与表示特殊含义的单词集合相关联。有一些单词集合与相同的概念或词干相关。“营销人员（marketer）”“市场营销人员（marketeer）”“市场营销（marketing）”这几个单词都建立在共同的词干“市场（market）”之上。有一些句法结构需要考虑，如形容词后面跟着名词和名词后面跟着名词等。文本分析最重要的是形成术语的单词序列。单词“new”和“york”在组合成术语“New York”时有着特殊含义。单词“financial”和“analysis”在组合成术语“Financial Analysis”时具有特殊含义。我们经常使用词干抽取，即词干的识别，删除单词的后缀（有时是前缀）。通常来说，我们是通过解析自然语言文本来获得结构化文本的。

在英语中，通常将主语放在动词之前，并将对象放在动词之后。在英语中，动词时态很重要。句子“丹尼尔携带苹果电脑（Daniel carries the Apple computer）”与句子“苹果电脑由丹尼尔携带（The Apple computer is carried by Daniel）”含义相同。“苹果电脑”不仅是动词“携带”的对象，也是被动形式的动词“被携带”的主语。理解这两句话的含义相同是构建智能文本应用程序的重要部分。

文本分析的一个关键步骤是创建词语－文档矩阵（有时称为词汇表）。该数据矩阵的行对应于文档集合中的单词或词干，列对应于集合中的文档。词语－文档矩阵中每个元素的内容是表示文档中是否包含词语的二进制指示符、词语在文档中的使用次数的计数或者表示词语在文档中的重要性的加权频率。

图 A.4 是词语－文档矩阵的创建过程。第一个文档摘自史蒂文·平克（Steven Pinker）的《言行与规则》（*Words and Rules*, 1999），第二份文档摘自理查德·K. 贝卢（Richard K. Belew）的《发现约》（*Finding Out About*, 2000）。词语对应于文档中出现的单词或词干。在本例中，每个矩阵元素表示词语在文档中出现的次数。我们对名词、动词和形容词使用相似的词干定义。词干“combine”同时代表动词“combine”和名词“combination”。同样，“function”代表动词和名词，以及形容词形式“functional”。另一种系统可以区分词性，并允许在文档中进行更复杂的句法搜索。创建之后的词语－文档矩阵就像索引一样，既可以将文档标识符映射到词语（关键词或词干），也可以反过来将词语映射到文档标识符。信息检索系统或搜索引擎还可能保存术语在文档中的位置信息。

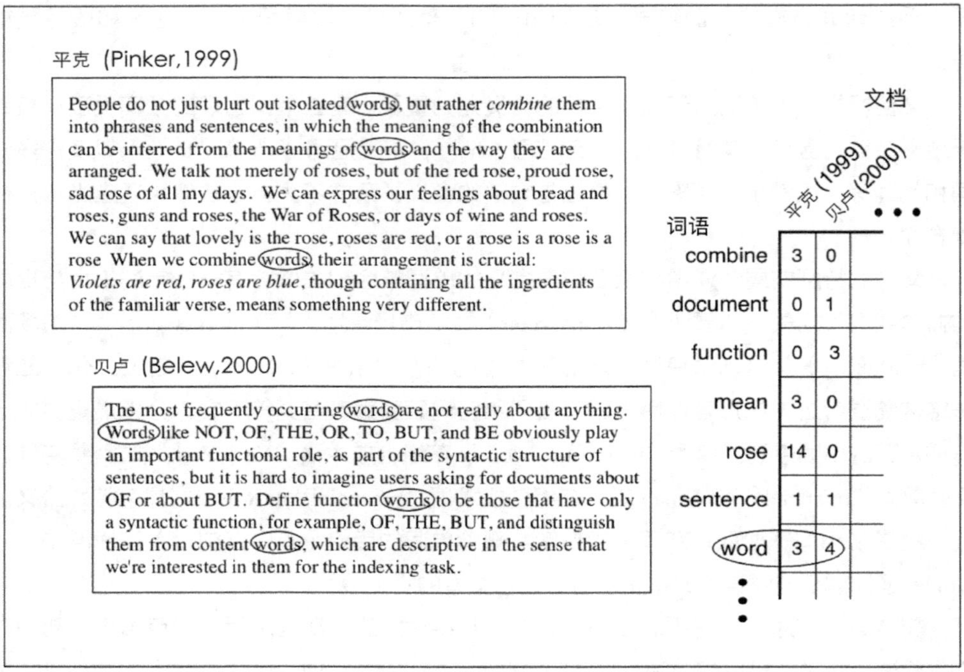

图A.4　创建词语-文档矩阵

资料来源：改编自米勒（Miller，2005）。

典型的文本分析应用包含比文档更多的词语，这样会使词语 - 文档矩阵成为稀疏矩阵。为了让文本分析应用获得有意义的结果，分析师需要研究文档集合中的词语分布。频率极低的词语和仅在少量文档中使用的词语都会从词语 - 文档矩阵中删除，这样可以减少矩阵中的行数。

无监督的文本分析问题是没有因变量或类别无法预测的问题。相反，无监督的文本分析的任务是确定数据中的常见模式或趋势。作为任务的一部分，可以定义描述语料库中文档的文本指标。

信息检索是无监督文本分析的基础性应用，通过编制索引可以使文本变得可搜索。流行的搜索算法基于术语频率 - 逆文档频率（term frequency-inverse document frequency, TF-IDF）这个指标。我们关注每个文档和整个文档集合中的词频。一个 TF-IDF 值的向量表示一个文档。用户输入文本进行信息搜索。查询文本也可以使用一个 TF-IDF 值的向量来表示。我们将集合中的每个文档都与查询进行匹配，以获得相关性分数；将搜索结果排序，以得到最终结果。

对有监督的文本分析问题，需要有待预测的因变量或者文档类别。我们在训练集上构建模型，并在测试集上进行测试。文本分类问题很常见。垃圾邮件过滤作为一个分类问题一直是人们感兴趣的话题。许多电子邮件用户都受益于这一领域中出现的高效算法。在信息检索的情境中，搜索引擎将文档分为与搜索相关或不相关的两类。文本分类中有用的建模技术包括逻辑回归、线性判断函数分析、分类树和支持向量机。此外，可以将上述方法结合起来使用。

自动文本摘要是一个有助于信息管理的研究和开发领域。设想有一个文本处理程序，不仅能够读取集合中的每个文档，而且可以用文档中的一两句话来概括文档中的内容。现在的搜索引擎能够在显示文档之前提供文档的部分分析。它们不仅会创建自动摘要以便实现快速的信息检索，而且能够识别与用户请求相关的常见文本字符串。这些文本分析应用包含日常生活中的部分信息搜索工具。

IBM 的沃森（Watson）等具有语法处理功能的程序，让我们看到了未来文本分析智能代理的样子。这些程序通过理解主语、动词、宾语和修饰语的作用来进行语法分析。它们知道词性（名词、动词、形容词和副词）。而且，使用识别出来的表示人物、地点、事物和组织的实体可以进行关系搜索。

情感分析是以测量为中心的文本分析。情感分析有时也称意见挖掘。情感分析的一种方法是利用传达人类情感或感觉的正、负面词汇集（词典）。这些单词集有特定的语言和应用情境。情感分析的另一种方法是直接处理文本样本和这些样本的人工评分，开发针对手头业务的文本评分方法。

半监督机器学习方法在情感分析中非常有用。我们处理两组文本样本。其中，一组样本通常是小样本（因为获得文本的人工标注评分昂贵且费时），对每个文本给出评分或分数。另一个更大的样本是没有评分或分数的，但是来自相同的内容域。从第一个样本中学习评分的方向，并从两个样本中了解文本域（包括上下文中的词频）。

情感分析的目的是对文本中的情感、感受、态度或观点进行评分。一般情感分析和文本测量通常被认为是理解消费者意见和市场的技术。正如政治研究人员可以从公众、媒体和政治家的话语中学习一样，商业研究人员也可以从客户和竞争对手的话语中学习。我们有客户服务日志、电话记录和销售电话报告，还有用户组、邮件清单和博客帖子。我们有无处不在的社交媒体，从中可以构建用于文本和情感分析的文档集。

情感分析是内容分析、语义分析和网络文本分析的进一步发展（Roberts, 1997; Popping, 2000; West, 2001; Leetaru, 2011; Krippendorff, 2012）。这些方法广泛应用于社会科学，如对政治话语的分析。内容分析的早期计算机工具可在通用查询程序中找到（Stone et al., 1966; Stone, 1997）。有学者（Buvač & Stone, 2001）介绍了该程序基于跨多语义类别的单词计数提供文本指标的版本。

文本指标来源于由研究人员和分析师定义的测量模型（评分算法）和字典。这里的字典不是由按字母顺序排列的单词及其定义组成的传统字典。相反，用于构造文本指标的字典是包括同义词和反义词、正负词、强词和弱词、双向形容词等的单词表的存储库。

意见和情感分析背后的测量故事是需要讲述的重要故事。与所有测量一样，情感分析也是根据规则将数字分配给属性。但是，这些数字意味着什么？文本指标在何种程度上可靠或有效?

表面效度或内容效度说明文本指标的内容与被测量的属性相关。我们分析单词集，以试图获得衡量特定的属性或特征的协议（可能在与专家相关的主题中）。情感研究通常在特定情境下测试单词集，并在可能的情况下根据外部标准进行测试。为了证明预测的有效性，我们证明了文本指标可用于预测。

大量研究证明，基于 Twitter 的指标在预测模型中是有用的。一些研究人员在电影发行到全国各大影院之前就预测到其票房的成功性（Sharda & Delen, 2006; Delen, Sharda & Kumar, 2007）。最有说服力的是惠普实验室完成的工作。他们使用 Twitter 的聊天记录作为预测电影票房收入的指标（Asur & Huberman, 2010）。有学者（Bollen, Mao & Zeng, 2011）根据 Twitter 的情绪指标来预测股市的走势。泰迪（Taddy, 2013b, 2014）的情感分析工作建立在库克（Cook, 1998, 2007）的逆回归方法之上。泰迪（2013a）也使用了 Twitter 的数据来研究政治情绪。

一些人对情绪的一维指标表示担忧。已经有人尝试开发更广泛的情感词集和多维指标（Turney, 2002; Asur & Huberman, 2010）。机器学习和量化语言学的最新发展指出，应当使用自然语言处理而不是依赖正负词集的情绪测量方法（Socher et al., 2011）。心理测量学文献中的更受欢迎的测量方法是查尔斯·奥斯古德（Charles Osgood）提出的语义差异法（Osgood, Suci & Tannenbaum, 1957; Osgood, 1962）。

典型的双极维度包括正 – 负、强 – 弱和主动 – 被动维度。奥斯古德的方案为情感的多维测量奠定了基础。我们预计，情感分析会在未来的许多年都是一个活跃的研究领域。刘（Liu, 2010, 2011, 2012）和费尔德曼（Feldman, 2013）综述了情感分析方法。“建模技术”系列中的其他书中给出了使用电影评论文档集进行情感分析的例子（Miller, 2015c, 2015b, 2015d）。

有学者的研究（Ingersoll, Morton & Farris, 2013）为职业数据科学家提供了有关文本分析领域的介绍。有兴趣进一步阅读的读者可以参考这些学者（Feldman & Sanger, 2007; Jurafsky & Martin, 2009; Weiss, Indurkhya & Zhang, 2010; Srivastava & Sahami, 2009）的研究。

有许多学者（Salton, Wong & Yang, 1975; Belew, 2000; Meadow, Boyce & Kraft, 2000; Baeza-Yates & Ribeiro-Neto, 2011）综述了文档索引和搜索理论。基于 Apache Lucene 构建的 Elasticsearch 和 Solr 是开源的搜索解决方案。罗姆利和唐（Gromley & Tong, 2015）介绍了索引和搜索的 Elasticsearch 实现。

豪塞尔（Hausser, 2001）介绍了生成语法和计算语言学。恰尔尼亚克（Charniak, 1993）、曼宁和舒茨（Manning & Schütze, 1999）、因杜尔克亚和达梅劳（Indurkhya &

Damerau, 2010）讨论了统计语言学习和自然语言处理。史蒂文·平克（Steven Pinker, 1994, 1997, 1999）的许多工作对语法和心理语言学进行了深入分析。梅伯里（Maybury, 1997）综述了文本分析的数据准备，以及源检测、翻译和转换、信息提取和信息利用等相关任务。

作者身份识别是多年前莫斯特尔和华莱士（Mosteller & Wallace, 1984）在统计文献中提出的一个问题。它至今仍然是一个活跃的研究领域（Joula, 2008）。默克尔（Merkl, 2002）讨论了文档间的相似性，并探索了对文档进行分类的聚类技术。迪迈（Dumais, 2004）综述了提取文档集中词语之间关系的潜在语义分析和统计方法。

附录A6　时间序列、销售预测和市场反应模型

销售预测既是业务规划的重要组成部分，也是预算流程的第一步。做出准确预测的模型和方法对管理大有助益。它们帮助管理者了解促销、定价、广告和分销等决定销售的因素，并揭示竞争地位和市场份额。

预测有许多种方法，其中一些依赖于专家意见或共识。预测包括自上而下的预测、自下而上的预测，以及结合专家意见的各种技术。其他方法依赖于对历史销售数据的分析。

销售预测模型可以并且应该按照对管理有用的周期来组织。这样的周期可能是几天、几周、几个月，或者对手头的问题有意义的任意时间间隔。销售预测模型的时间依赖性可以使用与传统时间序列模型相同的方式来表示。自回归的术语在许多情况下都很有用。为了增强模型的预测能力，可以增加星期、月和年等表示时间的控制变量。此外，还可以增加按照时间组织表示促销、定价和广告的变量。

分析师可以处理时间序列数据，使用过去的销售来预测未来的销售，并记录数据中的总体趋势和周期性模式。对于时间序列数据，可以使用指数平滑、移动平均及各种回归和计量经济学方法。

按位置进行的预测可以为管理行动提供所需的详细信息。按位置组织的数据有利于提高模型的预测能力。位置本身可以作为模型中的一个因素。此外，我们寻找与位置相关的解释变量。例如，对于地理区域，可能包括已知的、与销售相关的消费者和业务的人口统计变量。

每个时间段的销售额是典型的销售预测研究中感兴趣的因变量。其他因变量包括销售量和销售时间。市场份额的相关研究需要其他有关公司在同一产品类别中销售的信息。

预测是一个大的应用领域，值得拥有自己的专业会议和期刊。阿姆斯特朗（Armstrong, 2001）综述了业务预测方法。时间序列、财务和计量经济学建模方法与预测高度相关（Judge et al., 1985; Hamilton 1994; Zivot & Wang, 2003）。

纵贯数据分析或面板数据分析是多层、多级或混合数据方法的一个例子，其中数据按横截面单位和时间进行组织。有学者（Frees & Miller, 2004）描述了一种销售预测方法。该方法利用混合数据建模方法，处理按时间和地点组织的销售数据。

自回归集成移动平均（autoregressive integrated moving average, ARIMA）模型又称为 Box-Jenkins 模型（Box, Jenkins & Reinsel, 2008），代表了一类重要的时间序列模型。该模型已经广泛地应用于销售预测及财务和经济时间序列分析。

在用于销售分析的时间序列模型时，尝试根据赤池信息量准则或其他结合了拟合优度和简约性的指标来选择最佳模型。

我们使用所选的模型生成预测及其误差带（Error Bands）。海因德曼等（Hyndman et al., 2014）提供了在包括自回归、移动平均和季节性组件等众多候选模型的集合中查找模型的程序。

预测的不确定性是围绕预测值估算的。未来总是存在不确定性。我们对未来的展望越深远，不确定性就越大。模型的价值在于其预测质量，而销售预测为数据科学家提出了富有挑战性的问题。

面对多个时间序列时，可能使用多元时间序列或向量自回归（vector autoregre ssive, VAR）模型来拟合数据。

我们可能会将多元时间序列或向量自回归模型拟合到数据中。或者，可以探索动态线性模型，将一个时间序列回归到另一个时间序列。可以利用 ARIMA 传递函数模型或具有回归分量的状态空间模型。建模的可能性与要解决的建模问题一样多。

时间序列模型和时间序列回归模型之间存在微妙且重要的区别。讨论时间序列回归时，我们指的是回归分析，其中分析的单位是时间。我们研究按照时间组织的经济指标之间的关系。许多经济分析需要使用时间序列回归。因为许多经济时间序列依赖于人口增长或季节性等共同潜在因素而相互关联，所以必须特别注意避免所谓的虚假关系。

在时间序列回归中，我们检查回归模型中的残差，以确保它们在时间上不相关。如果它们在时间上相关（自相关），那么使用广义最小二乘法等方法来替代普通最小二乘法。也就是说，将错误的数据模型作为建模过程的一部分。

使用“时间序列分析”一词时，并不讨论时间序列回归。我们讨论以每次关注一个经济指标及其随时间变化模式开始的方法。我们在每个时间序列中寻找趋势、季节性和周期。然后，在分析完单个时间序列后，检查它与其他时间序列的可能关系。如果关注对未来的预测，就像数据科学中经常做的那样，就会使用时间序列分析。最近，人们对时间序列的状态空间模型产生了相当大的兴趣。该模型为将回归分量纳入动态时间序列模型提供了方便的机制（Commandeur & Koopman, 2007; Hyndman, Koehler, Ord & Snyder, 2008; Durbin & Koopman, 2012）。

时间序列分析在体育商业营销中有大量应用，具体包括营销组合模型和广告研究模型。除了销售预测，其他都属于一般的市场反应模型，如同汉森、帕森斯和舒尔茨（Hanssens, Parsons & Schultz, 2001）所评论的那样。营销组合模型着眼于零售企业中价格、促销和产品投放的影响。这些都是多重时间序列问题。

广告研究着眼于广告在品牌、产品认知和销售方面的累积效果。伯恩特（Berndt, 1991）和洛迪什等（Lodish et al., 1995）对广告研究方法进行了回顾。这类研究大多采用了诸如“广告库存”之类的指标，即在几个月或几年的移动时间序列窗口中累积的广告印象或评分点的累计值。人们的想法是，消息在刚刚收到之后的影响力最大。随着时间的推移，消息的影响力不断下降。直到多个时间单位之后，消息的影响力才会完全消失。观众或听众在初次曝光很久以后还能记住广告。由于广告效果会从一个时间段延续到下一个时间段，因此评估广告效果对数据科学家来说是一个特殊的挑战。

与使用的其他数据类似，销售和营销数据是按观察单位、时间和空间组织的。观察单位通常是一个经济代理人（个人或公司）。在聚合分析中，观察单位则通常是一组经济代理人。地理区域是常用的聚合维度，或者，可以直接将空间（经度和纬度）用于空间数据分析。时间因素在宏观经济分析中尤其重要，而宏观经济分析侧重于全国性的经济指标。

鲍莫尔（Baumohl, 2008）综述了通常被认为是领先指标的经济指标。肯尼迪（Kennedy, 2008）介绍了计量经济学术语。有关计量经济学，请参考贾奇等（Judge et al., 1985）、伯恩特（Berndt, 1991）、恩德斯（Enders, 2010）和格林（Greene, 2012）的研究。霍尔登、皮尔和汤普森（Holden, Peel & Thompson, 1990）及阿姆斯特朗（Armstrong, 2001）综述了时间序列建模和预测方法。

有许多学者（Hamilton, 1994; Makridakis, Wheelwright & Hyndman, 2005; Box, Jenkins & Reinsel, 2008; Hyndman et al., 2008; Durbin & Koopman, 2012; Hyndman & Athanasopoulos, 2014）都详细讨论了时间序列方法。时间序列、面板（纵贯）数据以及财务和计量经济学建模方法在需求和销售预测中尤为重要。阿萨纳索普洛斯、艾哈迈德和海因德曼（Athanasopoulos, Ahmed & Hyndman, 2009）和海因德曼等（Hyndman et al., 2011）综述了分层和分组的时间序列方法。

关于如何使用 R 语言收集经济数据的信息，请参考瑞安（Ryan, 2014）的研究。格罗蒙德、威克姆（Grolemund & Wickham, 2011, 2014）提供了与日期编程相关的 R 函数。有关计量经济学和时间序列程序，可以参考一些学者（Kleiber & Zeileis, 2008; Hothorn et al., 2014; Cowpertwait & Metcalfe, 2009; Petris, Petrone & Campagnoli, 2009; Tsay, 2013; Hyndmanet al., 2014; Petris, 2010; Petris & Gilks, 2014; Szymanski, 2014）的研究。

附录A7　社会网络分析

除了在球场上竞争，球队之间还可以像企业一样互动，并在联盟中合作。球队之间可以进行球员交易和许多沟通。如果将球队视为经济主体，那么职业体育为社交网络研究提供了一个潜在的丰富领域。在体育运动中，使用社交网络分析的另一种方式是考虑球队中球员和教练之间的互动模式。

社交网络由节点和链接（图论中的顶点和边）组成。例如，可以将球队作为社交网络中的节点，将球员交易作为网络中的链接。然后，可以使用社交网络分析来更好地理解一个或多个赛季的球员交易记录。迄今为止，社交网络分析是体育分析中一个相对未开发的领域。

多年来，社交网络分析一直是心理学、社会学、人类学和政治学研究中的活跃领域。社会图的发明和社会结构的概念可以追溯到几十年前（Moreno, 1934; Radcliffe-Brown, 1940）。社交网络分析的研究主题包括孤立和受欢迎、声望、权力和影响力、社会凝聚力、小组和派系、组织内的地位和角色、平衡和互惠、市场关系及中心性和连通性的度量等。

在过去，社交网络数据收集是一个艰苦的过程。今天则不然，基于网络的社交媒体重新点燃了社交网络分析的热潮。Web 技术能够提供人们做什么、他们从哪里来、到哪里去、与谁交流的记录，以及他们所说的内容。社交媒体中有在线朋友和关注者、推文和转推、短信、电子邮件和博客帖子。社交媒体中的数据很丰富，我们面临的挑战是找到有用的数据，并理解这些数据。

认识到电子化社交网络和智能移动设备的使用在不断增长，组织看到了与朋友的朋友交流以及向他们销售产品和服务的机会。企业、非营利组织和政府组织（特别是政治活动）对从社交媒体的数据中学习都很感兴趣。网络数据集很大，但是可以访问。这里面有许多可能性。

社交网络对预测很有用。可以预期，我们所认识的人会影响我们的态度和行为。在网络空间中最亲近的人可能对我们的态度和行为影响最大。各种网络指标来自研究图论的数学家和研究社会网络的社会学家。网络指标描述节点之间的关系和网络的结构特征。

我们使用网络的数学模型来预测网络现象和研究网络指标之间的关系。随机图、优先链接和小世界网络模型是人们特别感兴趣的 3 种网络模型。

保罗·埃尔多斯和阿尔弗雷德·雷尼（Paul Erdös and Alfred Rényi, 1959, 1960, 1961）开发的第一个感兴趣的数学模型为后续的模型奠定了基础。随机图是由通过完全随机的链接连接起来的一组节点。“小世界网络”在表示社交网络时特别重要（Watts & Strogatz, 1998）。它定义了一个结构，其中许多节点或参与者连接到附近的邻居，一些节点连接到较远的节点。“小世界网络”已经在社会心理学、社会学和网络科学中得到了广泛的研究（Milgram, 1967; Travers & Milgram, 1969; Watts, 1999; Schnettler, 2009）。

衡量节点重要性的指标对于找到权利、影响或重要性的来源是有用的。如果想要描述政治家对其所属政党的重要性，那么可以将中心性作为衡量政治权利的指标。

我们可以从计算与节点相连的链接数量开始。对于定向网络，可以计算出与入的链接量——测量每个节点的度，包括出度和入度。网络的度分布是表征网络结构的一种方式。网络的平均度和度中心性是衡量整个网络的联通性的一种方式。

虽然可以通过仅查看单个节点来计算其中心性，但是其他衡量中心性的指标都取决于整个网络的结构。紧密中心性是一个衡量节点中心性的指标。它刻画了节点与网络中所有其他节点的接近程度，其中接近程度是节点之间的跳数或链路数。在连接断开的网络中，接近中心性的计算可能存在问题。因此，与其他指标相比，它很少用于测量中心性（Borgatti, Everett & Johnson, 2013）。在测量中介中心性时，考虑节点处于其他节点对之间最短路径上的时间比例。中介中心性反映了节点作为代理或中间节点的程度。因此，它会影响网络中的流量或信息流。

如果一个节点接近其他重要节点，那么认为这个节点很重要。这种思维使我们朝着特征向量中心性这个概念的方向发展。正如第一个主成分表示一组变量的共同可变性，特征向量中心性表示节点在组成网络的一组节点中的中心性程度。特征向量中心性是衡量整体联通性或重要性的指标。通过与其他节点有良好连接性的节点，节点可以获得更高的特征向量中心性。特征向量中心性取决于整个网络。它是一个很好的衡量节点重要性的指标。

职业体育中有权利很大的经纪人，如佩萨（Pessah, 2015）所述的美国职业棒球大联盟中的那样。如果为美国职业棒球大联盟球队工作的数据科学家要跟踪从 2014 年 12 月初到 2015 年 7 月底球队之间的交易，那么他们会了解球队的社交网络。或者更具体地说，是球队总经理的社交网络。了解球队社交网络，科学家们就可以预测未来球队在网络中的行为。信息会提供战略优势。

美国职业棒球大联盟会在线发布完整的球队交易清单，说明球员的伤病、转会、分配和交易。表 A.2 是 2014 年 12 月中某一天的球员交易记录。球员交易对球队来说非常重要。研究球队之间的交易，可以了解许多关于球队之间的信息。

表A.2 社交网络数据：2014年12月18日美国职业棒球大联盟的球员交易

堪萨斯城皇家队指派2B约翰尼·吉亚沃泰拉（Johnny Giavotella）执行任务。
奥克兰运动家队指派费尔南多·罗德里格兹（Fernando Rodriguez）执行任务。
克利夫兰印第安人队将RHP布莱恩·普莱斯（Bryan Price）直接送到哥伦布快船队。
洛杉矶道奇队将RF马特·肯普（Matt Kemp）、C蒂姆·费德罗维奇（Tim Federowicz）现金卖给圣地亚哥教士队，换来C亚曼尼·格兰达尔（Yasmani Grandal）、RHP乔·维兰德和扎克·埃夫林（Zach Eflin）。
洛杉矶天使队将CF马特·朗（Matt Long）卖给洛杉矶道奇队。
密尔瓦基酿酒人队将C肖恩·萨拉加（Shawn Zarraga）卖给洛杉矶道奇队，换来CF马特·朗（Matt Long）和LHP贾勒特·马丁（Jarret Martin）。
奥克兰运动家队将C德里克·诺里斯（Derek Norris）和RHP 赛斯·斯特里（Seth Streich）卖给圣地亚哥教士队，换来RHP杰西·哈恩（Jesse Hahn）和RHP R.J.阿尔瓦（R.J. Alvarez）。
亚利桑那响尾蛇队将左撇子欧里·德拉罗萨（Eury De La Rosa）现金卖给奥克兰运动家队。
多伦多蓝鸟队以小联盟合约签下自由球员RHP拉斐尔·科瓦（Rafael Cova）。
德州游骑兵队以小联盟约签下自由球员迈克·麦克戴德（Mike McDade）。
芝加哥小熊队以小联盟合约签下自由球员RHP耶苏·卡马戈（Jesus Camargo）。
底特律老虎队以小联盟合约签下自由球员2B布兰登·道格拉斯（Brandon Douglas）。
堪萨斯城皇家队签下自由球员RHP 克里斯·麦德伦（Kris Medlen）。
匹兹堡海盗队以小联盟合约签下自由球员RHP亚当·米勒（Adam Miller）。
明尼苏达双城队与小联盟签下自由球员1B布洛克·彼得森（Brock Peterson）。
西雅图水手队以小联盟合约签下自由球员RHP 马克·洛（Mark Lowe），并邀请他参加春季训练。
科罗拉多洛矶队以小联盟合约签下自由球员LF罗杰·贝纳迪纳（Roger Bernadina），并邀请他参加春季训练。
克利夫兰印第安人以小联盟合约签下自由球员RHP杰夫·曼希普（Jeff Manship），并邀请他参加春季训练。
底特律老虎队以小联盟合约签下自由球员C米格尔·冈萨雷斯（Miguel Gonzalez），并邀请他参加春季训练。
芝加哥小熊队以小联盟合约签下自由球员2B卡洛斯·塞普韦达（Carlos Sepulveda）。

资料来源：美国职业棒球大联盟（2015b）。

附录A8 数据可视化

数据可视化对数据科学的工作至关重要。本书中的示例展示了数据可视化在发现、诊断和设计中的重要性。我们使用探索性数据分析（发现）和统计建模（诊断）工具。在向管理层传达结果时，我们使用演示图形（设计）。

统计摘要无法讲述数据故事。要理解数据，必须超越数据表、回归系数和统计检验的结果。可视化工具可以帮助我们从数据中学习。我们探索数据，发现数据中的模式，识别观察值中在一起的组以及异常观察值或异常值。我们注意到变量之间的关系，有时会检测数据中的基础维度。

安斯库姆四重奏（Anscombe Quartet）是最能说明数据可视化的例子。图 A.5 是安斯库姆（Anscombe, 1973）开发的数据集。查看其中的数据，许多读者都会注意到第 4 个数据集明显不同于其他数据集。但是，前 3 个数据集呢？ *x* 和 *y* 之间的关系模式是否存在明显差异呢?

集合 I		集合 II		集合 III		集合 IV	
x1	*y1*	*x2*	*y2*	*x3*	*y3*	*x4*	*y4*
10	8.04	10	9.14	10	7.46	8	6.58
8	6.95	8	8.14	8	6.77	8	5.76
13	7.58	13	8.74	13	12.74	8	7.71
9	8.81	9	8.77	9	7.11	8	8.84
11	8.33	11	9.26	11	7.81	8	8.47
14	9.96	14	8.10	14	8.84	8	7.04
6	7.24	6	6.13	6	6.08	8	5.25
4	4.26	4	3.10	4	5.39	19	12.50
12	10.84	12	9.13	12	8.15	8	5.56
7	4.82	7	7.26	7	6.42	8	7.91
5	5.68	5	4.74	5	5.73	8	6.89

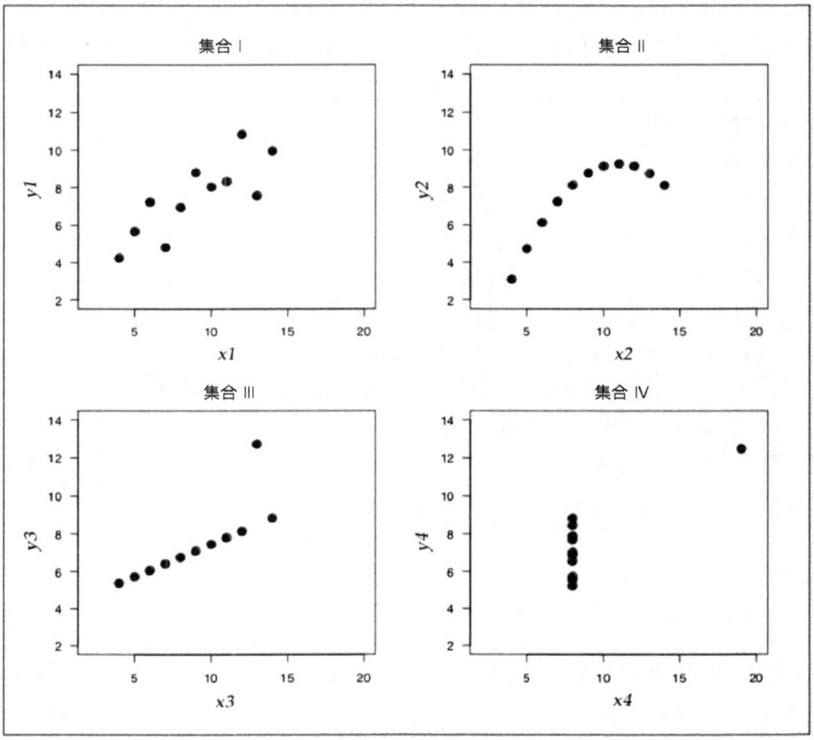

图A.5　安斯库姆四重奏的数据图

在数据集上用 y 对 x 进行回归时，我们看到模型提供了类似的统计摘要。因变量 y 的均值为 7.5，解释变量 x 的均值为 9。在这 4 个数据集上的回归分析实际上是相同的。4 组中每组拟合的回归方程都是 y=3+0.5x，模型解释的因变量方差的比例都是 0.67。安斯库姆四重奏的 Python 语言和 R 语言程序分别如示例代码 A.1 和示例代码 A.2 所示。

我们在体育分析和数据科学中看到了许多可视化的应用实例。比赛中的事件通过实况统计和空间数据点展示。我们可以查看球队在整个赛季的表现。在体育商业方面，我们看到产品和服务之间的关系，并在感知图中探索消费者的偏好。我们可以在散点图中探索连续性能指标，并在镶嵌图（mosaicplots）探索中分类变量之间的关系。

米勒（Miller，200）提出的棒球差分跑垒图（differential runs plots）能够展示整个或者部分赛季中的事件。为了制作差分跑垒图，我们每次分析一个球队。该图的垂直轴上表示正、负差分跑垒，水平轴表示比赛。通常沿水平轴显示每场比赛对阵球队的缩写。根据这些数据，可以计算竞争力指数。使用实心圆和空心圆分别表示主场比赛和客场比赛，差分跑垒图提供了关于球队在各场比赛中表现的图景。

图 A.6 是 2007 年 4 月 1 日至 2007 年 8 月 31 日期间亚利桑那响尾蛇队的差分跑垒图。这幅图说明这支球队有着良好的赢 / 输记录，但竞争力较弱——他们赢了许多一垒比赛，但是也输了许多五垒或者更多垒的比赛。在亚利桑那响尾蛇队的差分跑垒图中清晰可见的一系列获胜的比赛是零线以上的连续垂线。示例代码 A.3 是生成差分跑垒图的 R 语言代码。

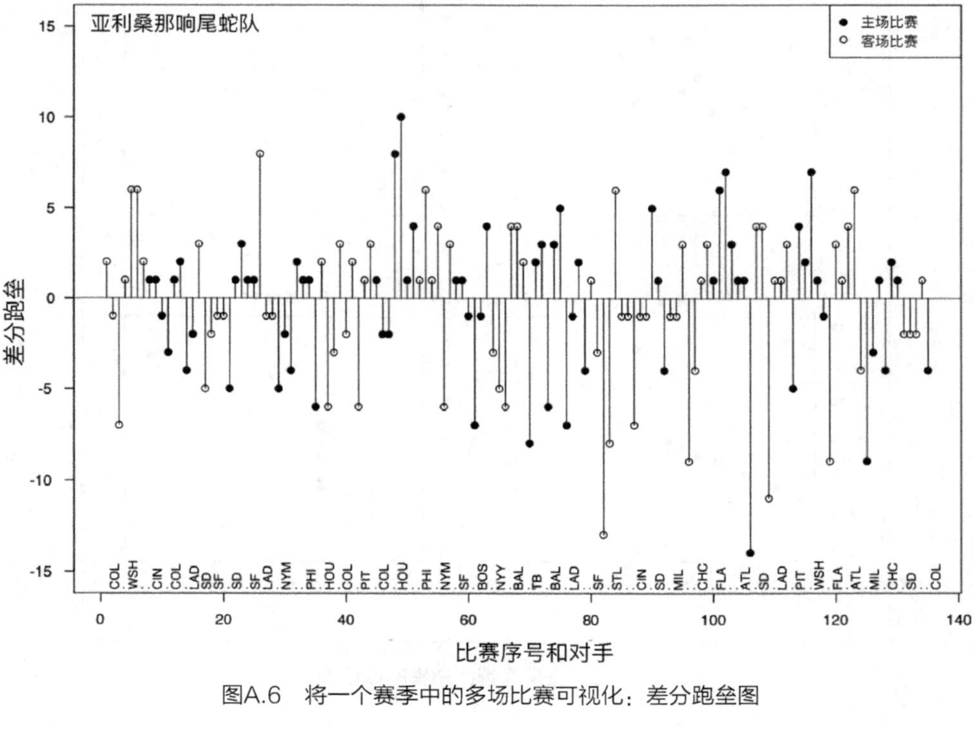

图A.6　将一个赛季中的多场比赛可视化：差分跑垒图

阿尔贝特和贝内特（Albert & Bennett, 2001）提出的移动分数图（moving fraction plot）展示了一个赛季的输赢线。为了制作移动分数图，我们按照时间顺序组织技术统计数据。需要注意的是，比赛结果是二元变量。然后，对比赛系列使用移动窗口，计算窗口内的获胜比例或百分比。色带图可用于对 50%线以上表示获胜线条和在 50%线以下表示失败的线条进行颜色编码。

图 A.7 是俄克拉何马城雷霆队的移动分数图。该图展示了 2014—2015 赛季的输赢情况。示例代码 A.4 是制作该移动分数图的 R 语言程序。该程序借鉴了威克姆和常（Wickham & Chang, 2014）开发的图形软件，程序的文档由常（chang, 2013）编写。

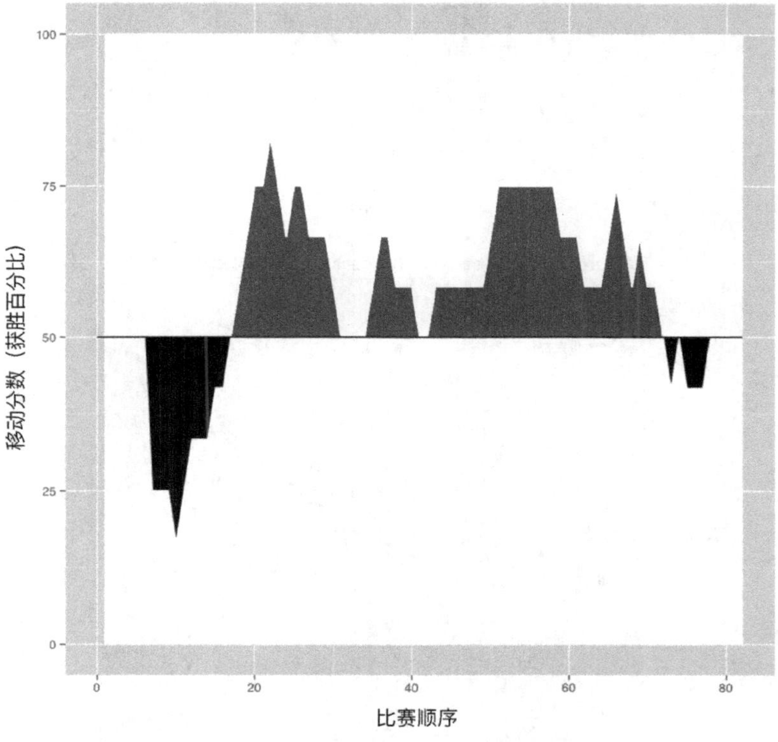

图A.7　篮球的移动分数图：俄克拉何马城雷霆队（2014—2015赛季）

技术统计数据的数据可视化揭示了球队得分线条的效果。如图 A.8 所示，长的无分数线条与主要变化密切相关。在洛杉矶湖人队和达拉斯小牛队的比赛中可以看到，在整场比赛中两支球队都没有与主要变化相关的得分线条。在湖人队和雷霆队的比赛中，可以看到在第二节比赛中没有得分线条，这个阶段湖人队始终保持领先。

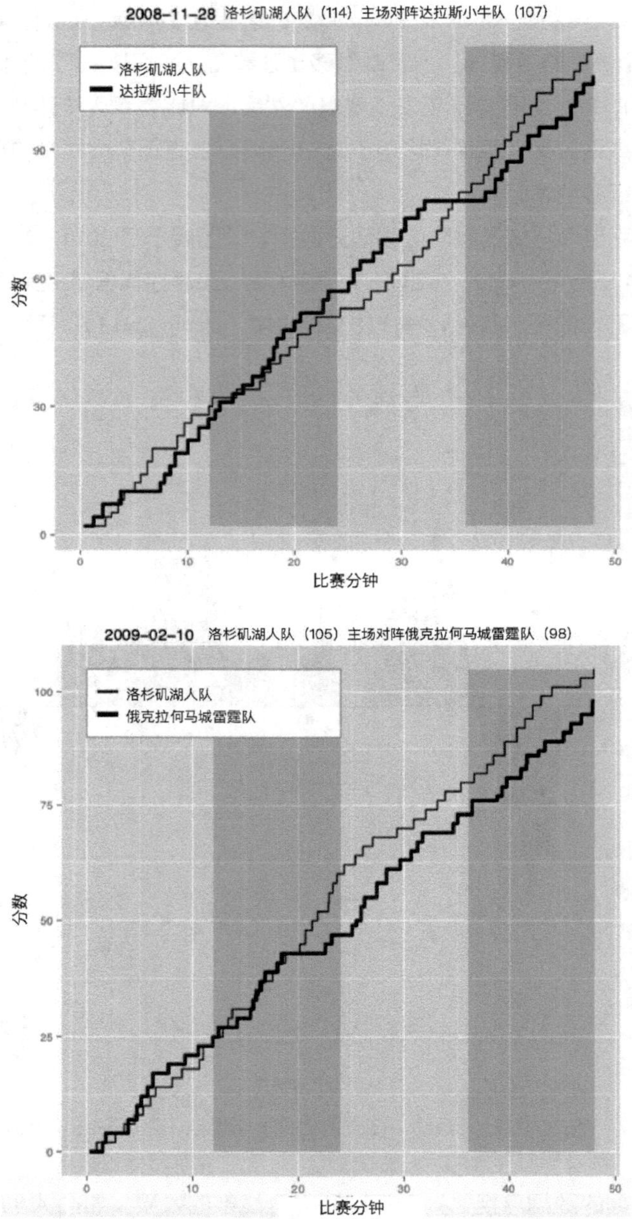

图A.8　篮球技术统计数据的可视化

示例代码 A.5 是使用技术统计数据对篮球比赛进行可视化分析的 R 语言程序。该程序创建了洛杉矶湖人队在 2008—2009 年的完整累积频率分布。该程序使用帕克（Parker, 2010）提供的技术统计数据，以及格罗蒙德和威克姆（Grolemund & Wickham, 2011, 2014）、威克姆和 c（Wickham & Chang, 2014）及威克姆（Wickham, 2014）开发的代码。

有学者（Heer, Bostock & Ogievetsky, 2010）展示了当前的网络分布可视化技术。在处理非常大的数据集时，可能需要部分透明 hexbin 图（partial transparency and hexbin plots）（Unwin, Theus & Hofmann, 2006; Carr, Lewin-Koh & Maechler, 2014; Lewin-Koh, 2014）等特殊方法。

R 语言的数据可视化能力特别强大。默雷尔（Murrell, 2011）概述了 R 图形。萨卡尔（Sarkar, 2008, 2014）讨论的 R 晶格图形建立在称为“S-Plus Trellis™”（Cleveland, 1993; Becker & Cleveland, 1996）的早期系统的概念结构上。威尔金森（Wilkinson, 2005）的“图形语法”方法已在 Python 语言的 ggplot 包（Lamp, 2014）和 R 语言的 ggplot2 包（Wickham & Chang, 2014）中实现。其中，R 语言编程示例由常（Chang, 2013）提供。凯罗（Cairo, 2013）及泽利斯、霍尼克和默雷尔（Zeileis, Hornik & Murrell, 2009, 2014）提供了有关统计图形颜色的建议。伊哈卡等（Ihaka et al., 2014）说明了如何通过色调、色度和亮度指定 R 语言中的颜色。

图基（Tukey, 1977）、图基和莫斯特尔（Tukey& Mosteller, 1977）等经典文献综述了用于探索性数据分析的图形。库克（Cook, 1998）、库克和韦斯伯格（Cook & Weisberg, 1999）及福克斯和韦斯伯格（Fox & Weisberg, 2011）讨论了回归图形。塔夫特（Tufte, 1990, 1997, 2004, 2006）、菲尤（Few, 2009）和佑（Yau, 2011, 2013）说明了统计图形和数据可视化。威尔金森（Wilkinson, 2005）对人类感知和图形，以及理解统计图形的概念结构进行了综述。凯罗（Cairo, 2013）对信息图形进行了一般性综述。

正如在本书中所看到的，数据科学来自许多学科。为了说明数据科学与其他学科的关系，笔者构建了一个相似性排序任务。该任务包括 45 项内容——10 个学科的所有两两组合。图 A.9 是对这些学科的个人感知图。

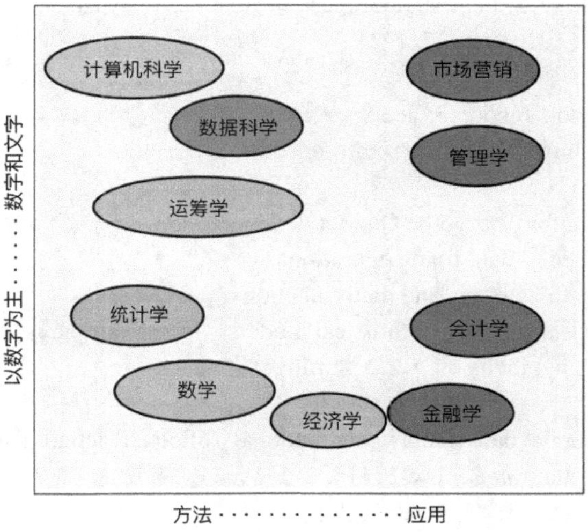

图A.9 数据科学：折中的学科

信息技术是有关数据收集、数据分发、数据处理和提供对数据的安全访问的技术。信息检索和选择很重要，数据索引和存储也很重要。组织越来越多地转向分布式的、在多台计算机上存储数据和文档的解决方案。数据准备是所有体育分析项目的重要组成部分。在分析之前必须清洗和组织数据。

测量是获取正确的数据和可信、有效的指标。测量是指理解指标的含义。值得注意的是，指标效度由该指标与其他指标的关系定义。我们检查数据质量，对数据进行验证、转换和注释。我们从数据中提取数据，将新的指标定义为其他指标的组合。无论是对运动还是对商业，为了做好测量，都需要了解研究背景。

统计是使用数据做正确的事情。人们从总体中抽样，并从样本中得出推论。我们探索、查看数据可视化或统计图形；计算汇总统计数据，将数据简化为其本质；根据数据建立模型以进行推理和预测。我们从数据中学习。

数据科学与信息技术和计算机科学密切相关。同运筹学一样，数据科学也关注用于做出明智或最优的商业决策的方法和模型。

情境对运动的表现和管理很重要。数据科学家需要掌握多门语言，并理解信息系统、统计、体育和商业的语言。

示例代码 A.6 是制作 10 个学科的感知图，展示它们之间关系的 R 程序。该程序读取相似性判断矩阵，并使用多维缩放来定义感知图。

示例代码A.1　安斯库姆四重奏的程序（Python语言）

```
# The Anscombe Quartet（Python）
# demonstration data from
# Anscombe, F. J. 1973, February. Graphs in statistical analysis.
#  The American Statistician 27: 1721.

# prepare for Python version 3x features and functions
from __future__ import division, print_function

# import packages for Anscombe Quartet demonstration
import pandas as pd  # data frame operations
import numpy as np  # arrays and math functions
import statsmodels.api as sm  # statistical models（including regression）
import matplotlib.pyplot as plt  # 2D plotting

# define the anscombe data frame using dictionary of equal-length lists
anscombe = pd.DataFrame（{‘x1’: [10, 8, 13, 9, 11, 14, 6, 4, 12, 7, 5],
    ‘x2’: [10, 8, 13, 9, 11, 14, 6, 4, 12, 7, 5],
    ‘x3’: [10, 8, 13, 9, 11, 14, 6, 4, 12, 7, 5],
```

```
    'x4' : [8, 8, 8, 8, 8, 8, 8, 19, 8, 8, 8],
    'y1' : [8.04, 6.95, 7.58, 8.81, 8.33, 9.96, 7.24, 4.26, 10.84, 4.82, 5.68],
    'y2' : [9.14, 8.14, 8.74, 8.77, 9.26, 8.1, 6.13, 3.1, 9.13, 7.26, 4.74],
    'y3' : [7.46, 6.77, 12.74, 7.11, 7.81, 8.84, 6.08, 5.39, 8.15, 6.42, 5.73],
    'y4' : [6.58, 5.76, 7.71, 8.84, 8.47, 7.04, 5.25, 12.5, 5.56, 7.91, 6.89]} )

# fit linear regression models by ordinary least squares
set_I_design_matrix = sm.add_constant ( anscombe['x1'] )
set_I_model = sm.OLS ( anscombe['y1'], set_I_design_matrix )
print ( set_I_model.fit ( ) .summary ( ) )

set_II_design_matrix = sm.add_constant ( anscombe['x2'] )
set_II_model = sm.OLS ( anscombe['y2'], set_II_design_matrix )
print ( set_II_model.fit ( ) .summary ( ) )

set_III_design_matrix = sm.add_constant ( anscombe['x3'] )
set_III_model = sm.OLS ( anscombe['y3'], set_III_design_matrix )
print ( set_III_model.fit ( ) .summary ( ) )

set_IV_design_matrix = sm.add_constant ( anscombe['x4'] )
set_IV_model = sm.OLS ( anscombe['y4'], set_IV_design_matrix )
print ( set_IV_model.fit ( ) .summary ( ) )

# create scatter plots
fig = plt.figure ( )
set_I = fig.add_subplot ( 2, 2, 1 )
set_I.scatter ( anscombe['x1'], anscombe['y1'] )
set_I.set_title ( 'Set I' )
set_I.set_xlabel ( 'x1' )
set_I.set_ylabel ( 'y1' )
set_I.set_xlim ( 2, 20 )
set_I.set_ylim ( 2, 14 )

set_II = fig.add_subplot ( 2, 2, 2 )
set_II.scatter ( anscombe['x2'], anscombe['y2'] )
set_II.set_title ( 'Set II' )
set_II.set_xlabel ( 'x2' )
set_II.set_ylabel ( 'y2' )
set_II.set_xlim ( 2, 20 )
set_II.set_ylim ( 2, 14 )

set_III = fig.add_subplot ( 2, 2, 3 )
set_III.scatter ( anscombe['x3'], anscombe['y3'] )
```

```
set_III.set_title ( 'Set III' )
set_III.set_xlabel ( 'x3' )
set_III.set_ylabel ( 'y3' )
set_III.set_xlim ( 2, 20 )
set_III.set_ylim ( 2, 14 )

set_IV = fig.add_subplot ( 2, 2, 4 )
set_IV.scatter ( anscombe['x4'], anscombe['y4'] )
set_IV.set_title ( 'Set IV' )
set_IV.set_xlabel ( 'x4' )
set_IV.set_ylabel ( 'y4' )
set_IV.set_xlim ( 2, 20 )
set_IV.set_ylim ( 2, 14 )

plt.subplots_adjust ( left=0.1, right=0.925, top=0.925, bottom=0.1,
   wspace = 0.3, hspace = 0.4 )
plt.savefig ( 'fig_anscombe_Python.pdf', bbox_inches = 'tight', dpi=None,
   facecolor= 'w', edgecolor='b', orientation='portrait', papertype=None,
   format=None, transparent=True, pad_inches=0.25, frameon=None )

# Suggestions for the student:
# See if you can develop a quartet of your own,
# or perhaps just a duet, two very different data sets
# with the same fitted model.
```

示例代码A.2 安斯库姆四重奏的程序（R语言）

```
# The Anscombe Quartet ( R )

# demonstration data from
# Anscombe, F. J. 1973, February. Graphs in statistical analysis.
#  The American Statistician 27: 1721.

# define the anscombe data frame
anscombe <-data.frame (
   x1 = c ( 10, 8, 13, 9, 11, 14, 6, 4, 12, 7, 5 ) ,
   x2 = c ( 10, 8, 13, 9, 11, 14, 6, 4, 12, 7, 5 ) ,
   x3 = c ( 10, 8, 13, 9, 11, 14, 6, 4, 12, 7, 5 ) ,
   x4 = c ( 8, 8, 8, 8, 8, 8, 8, 19, 8, 8, 8 ) ,
   y1 = c ( 8.04, 6.95, 7.58, 8.81, 8.33, 9.96, 7.24, 4.26, 10.84, 4.82, 5.68 ) ,
   y2 = c ( 9.14, 8.14, 8.74, 8.77, 9.26, 8.1, 6.13, 3.1, 9.13, 7.26, 4.74 ) ,
   y3 = c ( 7.46, 6.77, 12.74, 7.11, 7.81, 8.84, 6.08, 5.39, 8.15, 6.42, 5.73 ) ,
   y4 = c ( 6.58, 5.76, 7.71, 8.84, 8.47, 7.04, 5.25, 12.5, 5.56, 7.91, 6.89 ) )
```

```
# show results from four regression analyses
with ( anscombe, print ( summary ( lm ( y1 ~ x1, data = anscombe ) ) ) )
with ( anscombe, print ( summary ( lm ( y2 ~ x2, data = anscombe ) ) ) )
with ( anscombe, print ( summary ( lm ( y3 ~ x3, data = anscombe ) ) ) )
with ( anscombe, print ( summary ( lm ( y4 ~ x4, data = anscombe ) ) ) )

# place four plots on one page using standard R graphics
# ensuring that all have the same scales
# for horizontal and vertical axes
pdf ( file = "fig_anscombe_R.pdf", width = 8.5, height = 8.5 )
par ( mfrow=c ( 2, 2 ) , mar=c ( 5.1, 4.1, 4.1, 2.1 ) )
with ( anscombe, plot ( x1, y1, xlim=c ( 2, 20 ) , ylim=c ( 2, 14 ) , pch = 19,
  col = "darkblue", cex = 1.5, las = 1, xlab = "x1", ylab = "y1" ) )
title ( "Set I" )
with ( anscombe, plot ( x2, y2, xlim=c ( 2, 20 ) , ylim=c ( 2, 14 ) , pch = 19,
  col = "darkblue", cex = 1.5, las = 1, xlab = "x2", ylab = "y2" ) )
title ( "Set II" )
with ( anscombe, plot ( x3, y3, xlim=c ( 2, 20 ) , ylim=c ( 2, 14 ) , pch = 19,
  col = "darkblue", cex = 1.5, las = 1, xlab = "x3", ylab = "y3" ) )
title ( "Set III" )
with ( anscombe, plot ( x4, y4, xlim=c ( 2, 20 ) , ylim=c ( 2, 14 ) , pch = 19,
  col = "darkblue", cex = 1.5, las = 1, xlab = "x4", ylab = "y4" ) )
title ( "Set IV" )
dev.off ( )

# par ( mfrow=c ( 1, 1 ) , mar=c ( 5.1, 4.1, 4.1, 2.1 ) ) # return to plotting defaults

# Suggestions for the student:
# See if you can develop a quartet of your own,
# or perhaps just a duet, two very different data sets
# with the same fitted model.
```

示例代码A.3　制作棒球差分跑垒图（R语言）

```
# Making Differential Runs Plots for Baseball ( R )

# data visualization with R standard graphics

excess.runs.data.frame.ARI <-read.csv ( "MLB_2007_ARI_data_frame.csv" )
```

```
pdf ( file=paste ( "fig_differential_runs_ARI.pdf ", sep="" ) ,
        width = 11, height = 8.5 )
par ( mfrow=c ( 1, 1 ) , xpd=NA, cex=1 )

plot ( excess.runs.data.frame.ARI$excess.runs, type="h",
  las=1, xlab="Game Number and Opponent", ylab="Differential Runs",
  ylim=c ( - ( max ( abs ( excess.runs.data.frame.ARI$excess.runs ) , 14 ) + 1 ) ,
  ( max ( abs ( excess.runs.data.frame.ARI$excess.runs ) , 14 ) + 1 ) ) )
abline ( h=0, lty="solid", xpd=FALSE, lwd=.5 )

legend ( "topright", title=NULL,
  legend=c ( "Home Game" , "Away Game " ) , pch=c ( 19, 21 ) )

# plot all as open circles first
points ( excess.runs.data.frame.ARI$excess.runs, pch=21 )

# then fill in the circles for the home games
for ( i in seq ( along=excess.runs.data.frame.ARI$game.number ) )
 if ( excess.runs.data.frame.ARI$home.away[i]=="Home" )
 points ( excess.runs.data.frame.ARI$game.number[i],
   excess.runs.data.frame.ARI$excess.runs[i], pch=19 )

for ( i in seq ( along=excess.runs.data.frame.ARI$game.number ) )
text ( excess.runs.data.frame.ARI$game.number[i], -
  ( max ( abs ( excess.runs.data.frame.ARI$excess.runs ) , 15 ) + 1 ) ,
  excess.runs.data.frame.ARI$other.team.label[i], cex=.85, pos=4, srt=90 )

text ( excess.runs.data.frame.ARI$game.number[1],
  ( max ( abs ( excess.runs.data.frame.ARI$excess.runs ) , 14 ) + 1 ) ,
  map.team.to.name ( excess.runs.data.frame.ARI$this.team[1] ) , cex=2, pos=4 )

dev.off ( )
```

示例代码A.4 平均分数图：以棒球为例（R语言）

```
# Moving Fraction Plot: A Basketball Example ( R )

library ( grid ) # graphics utilities needed for split-plotting
library ( ggplot2 ) # graphics package with ribbon plot
```

```
# read game summary data for the Oklahoma City Thunder
OKC_data <-read.csv ( "okc_data_2014_2015.csv", stringsAsFactors = FALSE )

# check the structure of the data
print ( str ( OKC_data ) )

# create winning fraction plot to explore streakiness during the season
# a window of twelve games is used following Albert and Bennett ( 2001 )

# add game number to data frame
OKC_data$game_number <-seq ( 1:nrow ( OKC_data ) )

# set binary indicator if this team has won
OKC_data$win_bin <-rep ( 0, length = nrow ( OKC_data ) )
for ( i in seq ( along = OKC_data$win_bin ) )
    if ( OKC_data$win_team_code[i] == "OKC" )
    OKC_data$win_bin[i] <-1

# window across the season twelve games at a time
OKC_data$win_window <-rep ( NA, length = nrow ( OKC_data ) )
for ( i in seq ( along = OKC_data$win_window ) ) {
    if ( i > 6
     OKC_data$win_window[i] <-
       mean ( OKC_data$win_bin[ ( i -6 ) : ( i + 5 ) ] ) * 100
}

moving_fraction_plotting_frame <-
  OKC_data[, c ( "game_number", "win_window" ) ]
moving_fraction_plotting_frame$ymax_topwhite <-
  rep ( NA, length = nrow ( moving_fraction_plotting_frame ) )
moving_fraction_plotting_frame$ymax_bottomwhite <-
  rep ( NA, length = nrow ( moving_fraction_plotting_frame ) )
moving_fraction_plotting_frame$ymin_topwhite <-
  rep ( NA, length = nrow ( moving_fraction_plotting_frame ) )
moving_fraction_plotting_frame$ymin_bottomwhite <-
  rep ( NA, length = nrow ( moving_fraction_plotting_frame ) )
for ( i in seq ( along = moving_fraction_plotting_frame$win_window ) ) {
    if ( is.na ( moving_fraction_plotting_frame$win_window[i] ) ) {
    moving_fraction_plotting_frame$ymax_topwhite[i] <-100
    moving_fraction_plotting_frame$ymin_topwhite[i] <-50.1
    moving_fraction_plotting_frame$ymax_bottomwhite[i] <-49.99
    moving_fraction_plotting_frame$ymin_bottomwhite[i] <-0
    }
```

```
    if ( !is.na ( moving_fraction_plotting_frame$win_window[i] ) ) {
    if ( moving_fraction_plotting_frame$win_window[i] > 50 ) {
      moving_fraction_plotting_frame$ymax_topwhite[i] <-100
      moving_fraction_plotting_frame$ymin_topwhite[i] <-
        moving_fraction_plotting_frame$win_window[i]
      moving_fraction_plotting_frame$ymax_bottomwhite[i] <-49.99
      moving_fraction_plotting_frame$ymin_bottomwhite[i] <-0
      }
    if ( moving_fraction_plotting_frame$win_window[i] <= 50 ) {
      moving_fraction_plotting_frame$ymax_topwhite[i] <-100
      moving_fraction_plotting_frame$ymin_topwhite[i] <-50.1
      moving_fraction_plotting_frame$ymax_bottomwhite[i] <-
        moving_fraction_plotting_frame$win_window[i]
      moving_fraction_plotting_frame$ymin_bottomwhite[i] <-0
      }
  }
}

greenmin <-50.01
greenmax <-100
redmin <-0
redmax <-49.99

pdf ( file = "fig_moving_fraction_plot.pdf", width = 8.8, height = 8.5 )
ggobject <-ggplot ( ) +
geom_ribbon ( data=moving_fraction_plotting_frame,
mapping=aes ( x=game_number, ymin=greenmin, ymax=greenmax ) ,
stat="identity", colour="white", fill="darkgreen" ) +
geom_ribbon ( data=moving_fraction_plotting_frame,
mapping=aes ( x=game_number, ymin=redmin, ymax=redmax ) ,
stat="identity", colour="white", fill="darkred" ) +
geom_ribbon ( data=moving_fraction_plotting_frame,
mapping=aes ( x=game_number, ymin=ymin_topwhite, ymax=ymax_topwhite ) ,
stat="identity", colour="white", fill="white" ) +
geom_ribbon ( data=moving_fraction_plotting_frame,
mapping=aes ( x=game_number, ymin=ymin_bottomwhite, ymax=ymax_bottomwhite ) ,
stat="identity", colour="white", fill="white" ) +
annotate ( "segment", x = 0, xend = 82, y = 49.99, yend = 50.01 ) +
ylab ( "Moving Fraction ( Winning Percentage ) " ) +
xlab ( "Sequence of Games" )

print ( ggobject )

dev.off ( )
```

示例代码A.5 可视化棒球比赛（R语言）

```
# Visualizing Basketball Games（R）

library（lubridate）# data/time functions and lakers data frame
# lubridate imports plyr package
library（ggplot2）# statistical graphics, grid graphics assumed

# functions used with grid graphics to split the plotting region
# to set margins and to plot more than one ggplot object on one page/screen
vplayout <-function（x, y）
viewport（layout.pos.row=x, layout.pos.col=y）

# user-defined function to plot a ggplot object with margins
ggplot.print.with.margins <-function（ggplot.object.name,
   left.margin.pct=10,
    right.margin.pct=10, top.margin.pct=10, bottom.margin.pct=10）
   { # begin function for printing ggplot objects with margins
     # margins expressed as percentages of total... use integers
   grid.newpage（）
   pushViewport（viewport（layout=grid.layout（100, 100）））
   print（ggplot.object.name,
   vp=vplayout（（0 + top.margin.pct）:（100 -bottom.margin.pct）,
      （0 + left.margin.pct）:（100 -right.margin.pct）））
   } # end function for printing ggplot objects with margins

# lakers data frame from lubridate includes
# play-by-play data for the Los Angeles Lakers 2008-2009 season
# original data from Parker（2010）http://www.basketballgeek.com/data/
# date: year/month/day text to be converted to date object
# opponent: three-character abbreviation for other team
# game_type: home or away for Los Angeles Lakers
# time: clock time remaining minutes:seconds converted to duration
# period: period of play 1, 2, 3, or 4
# etype: one of ten event types: foul, free throw, jump ball,
#       rebound, shot, sub, timeout, turnover, violation
# team: three-character abbreviation for team
#       or OFF for neither team as with a jump ball
# player: one of 371 players involved in Los Angeles Lakers games
# result: missed or made
# points: points scored
# type: one of 74 event descriptions: hook, off, layup,
```

```
#      shooting, personal, jump, pullup jump,
#      def, driving layup, driving finger roll layup, regular,
#      offensive, 3pt, turnaround jump, putback layup,
#      slam dunk, tip, dunk, defensive goaltending,
#      hook bank, running layup, official, driving slam dunk,
#      short, driving reverse layup, kicked ball, putback dunk,
#      technical, alley oop dunk, turnaround fade away, running jump,
#      delay of game, defense 3 second, fade away bank, floating jump,
#      driving dunk, loose ball, running bank, running dunk,
#      fade away jumper, finger roll layup, turnaround hook, reverse layup,
#      reverse dunk, jump hook, jump bank, double technical,
#      running hook, driving jump, turnaround bank, step back jump,
#      turnaround bank hook, pullup bank, alley oop layup, putback slam dunk,
#      flagrant type 1, running reverse layup, running finger roll layup,
#      reverse slam dunk, hanging technical, running slam dunk,
#      driving bank hook, jump ball, away from play, double personal,
#      driving bank, running bank hook, driving hook, lane, clear path,
#      jump bank hook, flagrant type 2, inbound
# x, y: shot location, standing behind the offensive teams hoop then
#      the X axis runs from left to right and the Y axis runs from
#      bottom to top. The center of the hoop is located at (25, 5.25).

# 2008-2009 team abbreviations/code names
team_code_2008 = c("ATL", "BOS", "CHA", "CHI", "CLE",
          "DAL", "DEN", "DET", "GSW", "HOU",
          "IND", "LAC", "LAL", "MEM", "MIA",
          "MIL", "MIN", "NJN", "NOH", "NYK",
          "OKC", "ORL", "PHI", "PHX", "POR",
          "SAC", "SAS", "TOR", "UTA", "WAS")

# Note. Charlotte Bobcats later became the Charlotte Hornets
# New Orleans Hornets later became the New Orleans Pelicans
team_name_2008 = c("Atlanta Hawks", "Boston Celtics",
          "Charlotte Hornets", "Chicago Bulls",
          "Cleveland Cavaliers", "Dallas Mavericks",
          "Denver Nuggets", "Detroit Pistons",
          "Golden State Warriors", "Houston Rockets",
          "Indiana Pacers", "Los Angeles Clippers",
          "Los Angeles Lakers", "Memphis Grizzlies",
          "Miami Heat", "Milwaukee Bucks",
          "Minnesota Timberwolves", "New Jersey Nets",
          "New Orleans Hornets", "New York Knicks",
          "Oklahoma City Thunder", "Orlando Magic",
```

```
            "Philadelphia 76ers", "Phoenix Suns",
            "Portland Trail Blazers", "Sacramento Kings",
            "San Antonio Spurs", "Toronto Raptors",
            "Utah Jazz", "Washington Wizards" )
# Note. Charlotte Bobcats became the Charlotte Hornets
# New Orleans Hornets became the New Orleans Pelicans
# New Jersey Nets became the Brooklyn Nets

# lakers$date <-ymd ( lakers$date ) # code as date variable
lakers$time <-ms ( lakers$time ) # code as period object
lakers$time <-as.duration ( lakers$time ) # code as durations

# convert time to gametime with periods of 12 minutes, overtime 5 minutes
# here we convert to minutes and fractions of minutes
lakers$gametime <-dminutes ( c ( 12, 24, 36, 48, 53 ) [lakers$period] ) -
  as.duration ( lakers$time )
lakers$minutes <-as.numeric ( seconds ( lakers$gametime ) ) /60
print ( str ( lakers ) ) # examine stucture of the data frame
# get rid of observations with team OFF ( jump ball )
lakers_games <-lakers[ ( lakers$team != "OFF" ) , ]

# route plots to external plotting device... pdf file
pdf ( file = "plot_lakers_basketball_2008_2009.pdf ",
        width = 8.5, height = 8.5 )
# ------------------------------------------
# cycle through all Lakers games for the season
gamedate <-unique ( lakers_games$date )
for ( igame in seq ( along = gamedate ) ) { # begin for-loop for all games
  this_game <-lakers_games[lakers_games$date == gamedate[igame], ]

# work with the current game, compute score as cumulative sum for each team
# using ddply function from the plyr package, required for lubridate package
  this_game_scores <-ddply ( this_game, "team", transform,
    score = cumsum ( points ) )

# identify team names and scores for this game
  first_team_name <-team_name_2008[which ( team_code_2008 == "LAL" ) ]
  second_team_name <-team_name_2008[which ( team_code_2008 ==
    this_game_scores$opponent[1] ) ]
  first_team_score <-
    max ( this_game_scores[ ( this_game_scores$team == "LAL" ) , "score"] )
  second_team_score <-
    max ( this_game_scores[ ( this_game_scores$team ==
```

```
        this_game_scores$opponent[1] ) , "score"] )

# summary for this game to be used in plot title
    this_game_summary_text <-
        paste ( gsub ( "UTC", "", ymd ( this_game_scores$date ) [1] ) ,
        " ", first_team_name, " ", this_game_scores$game_type[1],
        " ( ", first_team_score, " ) versus",
        second_team_name, "" , " ( ", second_team_score, " ) ", sep = "" )

# create visualization for this game with annotation shading
# for the second and fourth 12-minute periods in the game
# and with customized legend for the step function score lines
    ggplot_object <-
        ggplot ( data = subset ( this_game_scores, team == "LAL" ) ,
        aes ( x = minutes, y = score ) ) +
        layer ( geom = "step", size = 0.75, colour = "purple" ) +
        layer ( data = subset ( this_game_scores,
            team == this_game_scores$opponent[1] ) ,
            geom = "step", size = 1.5, colour = "blue" ) +
        annotate ( "rect", xmin = 12.01, xmax = 24.00,
            ymin = min ( this_game_scores$score ) ,
            ymax = max ( this_game_scores$score ) ,
            alpha = 0.1, fill = "black" ) +
        annotate ( "rect", xmin = 36.01, xmax = 48.00,
            ymin = min ( this_game_scores$score ) ,
            ymax = max ( this_game_scores$score ) ,
            alpha = 0.1, fill = "black" ) +
        annotate ( "rect", xmin = 0, xmax = 24.00,
            ymin = max ( this_game_scores$score ) -15,
            ymax = max ( this_game_scores$score ) ,
            alpha = 1, colour = "darkgrey", fill = "white" ) +
        geom_segment ( x = 1.0, xend = 3.0,
            y = max ( this_game_scores$score ) -5,
            yend = max ( this_game_scores$score ) -5,
            colour = "purple", size = 0.75 ) +
        geom_segment ( x = 1.0, xend = 3.0,
            y = max ( this_game_scores$score ) -10,
            yend = max ( this_game_scores$score ) -10,
            colour = "blue", size = 1.5 ) +
        annotate ( "text", x = 4, y = max ( this_game_scores$score ) -5,
            colour = "black", alpha = 0.9, size = 4.5,
            label = first_team_name, hjust = 0 ) +
        annotate ( "text", x = 4, y = max ( this_game_scores$score ) -10,
```

```
        colour = "black", alpha = 0.9, size = 4.5,
        label = second_team_name, hjust = 0 ) +
      xlab ( "Game Minutes" ) + ylab ( "Score" ) +
      ggtitle ( this_game_summary_text ) +
      theme ( axis.title.x = element_text ( size = rel ( 1.25 ) ) ) +
      theme ( axis.title.y = element_text ( size = rel ( 1.25 ) ) )

    ggplot.print.with.margins ( ggplot_object,
      left.margin.pct = 5, right.margin.pct = 5,
      top.margin.pct = 5, bottom.margin.pct = 5 )

    } # end for-loop for all games
dev.off ( ) # closer the pdf plotting device
```

示例代码A.6　把数据科学看成一个折衷的学科（R语言）

```
# Seeing Data Science as an Eclectic Discipline ( R )

# Program for multidimensional scaling of ten academic disciplines

library ( MASS ) # includes functions for multidimensional scaling
library ( wordcloud ) # textplot utility to avoid overlapping text

USE_METRIC_MDS <-FALSE # metric versus non-metric toggle

# define a utility function for converting a distance structure
# to a distance matrix as required for some routines and
# for printing of the complete matrix for visual inspection.
make.distance.matrix <-function ( distance_structure )
   { n <-attr ( distance_structure, "Size" )
    full <-matrix ( 0, n, n )
    full[lower.tri ( full ) ] <-distance_structure
    full+t ( full )
}

# enter data into a distance structure as required for various
# distance-based routines. That is, we enter the upper triangle
# of the distance matrix as a single vector of distances
distance_structure <-
   as.single ( c ( 35, 45, 40, 43, 18, 32, 3, 20, 19,
                  8, 12, 9, 33, 30, 25, 7, 21,
                    1, 15, 16, 13, 41, 17, 10,
                      28, 36, 31, 42, 5, 26,
                        39, 38, 37, 4, 44,
```

```
                                2, 11, 34, 24,
                                  14, 29, 6,
                                    23, 22,
27 ) )

# provide a character vector of discipline names
disciplines <-c ( "Marketing", "Operations Research", "Mathematics",
   "Statistics", "Computer Science", "Accounting", "Finance",
   "Management", "Data Science", "Economics" )

attr ( distance_structure, "Size" ) <-length ( disciplines )  # set size attribute

# check to see that the distance structure has been entered correctly
# by converting the distance structure to a distance matrix
# using the utility function make.distance.matrix, which we had defined
distance_matrix <-unlist ( make.distance.matrix ( distance_structure ) )
cat ( "\n", "Distance Matrix of Academic Disciplines", "\n" )
print ( distance_matrix )

if ( USE_METRIC_MDS )
   {
   # apply the metric multidimensional scaling algorithm and plot the map
mds_solution <-cmdscale ( distance_structure, k=2, eig=T )
   First_Dimension <-mds_solution$points[, 1]
   Second_Dimension <-mds_solution$points[, 2]
   }
# apply the non-metric multidimensional scaling algorithm
# this is more appropriate for rank-order data
# and provides a more satisfactory solution here

if ( !USE_METRIC_MDS )
   {
   mds_solution <-isoMDS ( distance_matrix, k = 2, trace = FALSE )
   }

pdf ( file = "plot_nonmetric_mds_data_science.pdf ",
          width=11, height=8.5 ) # opens pdf plotting device
# use par ( mar = c ( bottom, left, top, right ) ) to set up margins on the plot
par ( mar=c ( 7.5, 7.5, 7.5, 5 ) )

# original solution
First_Dimension <-mds_solution$points[, 1]
Second_Dimension <-mds_solution$points[, 2]

# set up the plot but do not plot points... use names for points
```

```
plot ( First_Dimension, Second_Dimension, type = "n", cex = 1.5,
  xlim = c ( -25, 25 ) , ylim = c ( -25, 25 ) ) # first page of pdf plots
# We plot the city names in the locations where points normally go.
text ( First_Dimension, Second_Dimension, labels = disciplines,
  offset = 0.0, cex = 1.5 )
title ( "Academic Disciplines ( initial solution ) " )

# reflect the horizontal dimension
# multiply the first dimension by -1 to get reflected image
First_Dimension <-mds_solution$points[, 1] * -1
Second_Dimension <-mds_solution$points[, 2]
plot ( First_Dimension, Second_Dimension, type = "n", cex = 1.5,
  xlim = c ( -25, 25 ) , ylim = c ( -25, 25 ) ) # second page of pdf plots
text ( First_Dimension, Second_Dimension, labels = disciplines,
  offset = 0.0, cex = 1.5 )
title ( "Academic Disciplines ( horizontal reflection ) " )

# reflect the vertical dimension
# multiply the section dimension by -1 to get reflected image
First_Dimension <-mds_solution$points[, 1]
Second_Dimension <-mds_solution$points[, 2] * -1
plot ( First_Dimension, Second_Dimension, type = "n", cex = 1.5,
  xlim = c ( -25, 25 ) , ylim = c ( -25, 25 ) ) # third page of pdf plots
text ( First_Dimension, Second_Dimension, labels = disciplines,
  offset = 0.0, cex = 1.5 )
title ( "Academic Disciplines ( vertical reflection ) " )
# multiply the first and second dimensions by -1
# for reflection in both horizontal and vertical directions
First_Dimension <-mds_solution$points[, 1] * -1
Second_Dimension <-mds_solution$points[, 2] * -1
plot ( First_Dimension, Second_Dimension, type = "n", cex = 1.5,
  xlim = c ( -25, 25 ) , ylim = c ( -25, 25 ) ) # fourth page of pdf plots
text ( First_Dimension, Second_Dimension, labels = disciplines,
  offset = 0.0, cex = 1.5 )
title ( "Academic Disciplines ( horizontal and vertical reflection ) " )
dev.off ( ) # closes the pdf plotting device

pdf ( file = "plot_pretty_original_mds_data_science.pdf",
      width=8.5, height=8.5 ) # opens pdf plotting device
# use par ( mar = c ( bottom, left, top, right ) ) to set up margins on the plot
par ( mar=c ( 7.5, 7.5, 7.5, 5 ) )
First_Dimension <-mds_solution$points[, 1] # no reflection
Second_Dimension <-mds_solution$points[, 2]  # no reflection
# wordcloud utility for plotting with no overlapping text
textplot ( x = First_Dimension,
```

```
    y = Second_Dimension,
    words = disciplines,
    show.lines = FALSE,
    xlim = c（−28, 28）, # extent of horizontal axis range
    ylim = c（−20, 20）, # extent of vertical axis range
    xaxt = “n”, # suppress tick marks
    yaxt = “n”, # suppress tick marks
    cex = 1.25, # size of text points
    mgp = c（0.85, 1, 0.85）, # position of axis labels
    cex.lab = 1.5, # magnification of axis label text
    xlab = “Methods . . . . . . . . . . . . . . . Applications”,
    ylab = “Mostly Numbers . . . . Numbers and Words”）
dev.off（）# closes the pdf plotting device

pdf（file = “plot_reflected_mds_data_science.pdf”,
        width=8.5, height=8.5）# opens pdf plotting device
# use par（mar = c（bottom, left, top, right））to set up margins on the plot
par（mar=c（7.5, 7.5, 7.5, 5））
First_Dimension <−mds_solution$points[, 1] * −1 # reflect horizontal
Second_Dimension <−mds_solution$points[, 2] * −1 # reflect vertical
# wordcloud utility for plotting with no overlapping text
textplot（x = First_Dimension,
    y = Second_Dimension,
    words = disciplines,
    show.lines = FALSE,
    xlim = c（−28, 28）, # extent of horizontal axis range
    ylim = c（−20, 20）, # extent of vertical axis range
    xaxt = “n”, # suppress tick marks
    yaxt = “n”, # suppress tick marks
    cex = 1.25, # size of text points
    mgp = c（0.85, 1, 0.85）, # position of axis labels
    cex.lab = 1.5, # magnification of axis label text
    xlab = “Applications . . . . . . . . . . . . . . . Methods”,
    ylab = “Words and Numbers . . . Mostly Numbers”）
dev.off（）# closes the pdf plotting device
```

附录B 职业联盟和球队

表B.1　美国国家女子篮球职业联盟

联盟	球队	缩写
东部联盟	亚特兰大梦想队（Atlanta Dream）	ATL
	芝加哥天空队（Chicago Sky）	CHI
	康涅狄格太阳队（Connecticut Sun）	CON
	印第安纳狂热队（Indiana Fever）	IND
	纽约自由人队（New York Liberty）	NYL
	华盛顿神秘人队（Washington Mystics）	WAS
西部联盟	洛杉矶火花队（Los Angeles Sparks）	LAS
	明尼苏达山猫队（Minnesota Lynx）	MIN
	菲尼克斯水星队（Phoenix Mercury）	PHO
	圣安东尼奥星队（San Antonio Stars）	SAS
	西雅图风暴队（Seattle Storm）	SEA
	达拉斯飞马队（Tulsa Shock）	TUL

表B.2　美国职业棒球大联盟

联盟	分区	球队	缩写
美国联盟	东区	巴尔的摩金莺队（Baltimore Orioles）	BAL
		波士顿红袜队（Boston Red Sox）	BOS
		纽约洋基队（New York Yankees）	NYY
		坦帕湾光芒队（Tampa Bay Rays）	TBR
		多伦多蓝鸟队（Toronto Blue Jays）	TOR
	中区	芝加哥白袜队（Chicago White Sox）	CHW
		克里夫兰印第安人队（Cleveland Indians）	CLE

续表

联盟	分区	球队	缩写
美国联盟	中区	底特律老虎队（Detroit Tigers）	DET
		堪萨斯皇家队（Kansas City Royals）	KCR
		明尼苏达双城队（Minnesota Twins）	MIN
	西区	休斯敦太空人队（Houston Astros）	HOU
		洛杉矶天使队（Los Angeles Angels）	LAA
		奥克兰运动家队（Oakland A's）	OAK
		西雅图水手队（Seattle Mariners）	SEA
		得克萨斯游骑兵队（Texas Rangers）	TEX
国家联盟	东区	亚特兰大勇士队（Atlanta Braves）	ATL
		迈阿密马林鱼队（Miami Marlins）	MAI
		纽约大都会队（New York Mets）	NYM
		费城费城人队（Philadelphia Phillies）	PHI
		华盛顿国民队（Washington Nationals）	WSN
	中区	芝加哥小熊队（Chicago Cubs）	CHC
		辛辛那提红人队（Cincinnati Reds）	CIN
		密尔沃基酿酒人队（Milwaukee Brewers）	MIL
		匹兹堡海盗队（Pittsburgh Pirates）	PIT
		圣路易斯红雀队（St. Louis Cardinals）	STL
	西区	亚利桑那响尾蛇队（Arizona Diamondbacks）	ARI
		科罗拉多洛矶队（Colorado Rockies）	COL
		洛杉矶道奇队（Los Angeles Dodgers）	LAD
		圣地亚哥教士队（San Diego Padres）	SDP
		旧金山巨人队（San Francisco Giants）	SFG

表B.3 美国职业足球大联盟

联盟	球队	缩写
东部联盟	芝加哥火焰队（Chicago Fire）	CHI
	哥伦布机员队（Columbus Crew SC）	CCR
	华盛顿特区联队（D.C. United）	DCU
	蒙特利尔冲击队（Montreal Impact）	MON
	新英格兰革命队（New England Revolution）	NER
	纽约城队（New York City）	NYC
	纽约红牛队（New York Red Bulls FC）	NYR
	奥兰多城队（Orlando City SC）	ORL
	费城联队（Philadelphia Union）	PHI
	多伦多队（Toronto FC）	WAS

续表

联盟	球队	缩写
西部联盟	科罗拉多急流队（Colorado Rapids）	COL
	达拉斯队（FC Dallas）	FTD
	休斯敦迪纳摩队（Houston Dynamo）	HOU
	洛杉矶银河队（LA Galaxy）	LAG
	波特兰伐木工队（Portland Timbers）	POR
	皇家盐湖城队（Real Salt Lake）	RSL
	圣何塞地震队（San Jose Earthquakes）	SAN
	西雅图海湾人队（Seattle Sounders FC）	SEA
	堪萨斯城竞技队（Sporting Kansas City）	SKC
	温哥华白帽队（Vancouver Whitecaps FC）	VAN

表B.4　美国国家篮球职业联盟

联盟	分区	球队	缩写
东部联盟	大西洋分区	波士顿凯尔特人队（Boston Celtics）	BOS
		布鲁克林篮网队（Brooklyn Nets）	BKN
		纽约尼克斯队（New York Knicks）	NYK
		费城76人队（Philadelphia 76ers）	PHI
		多伦多猛龙队（Toronto Raptors）	TOR
	中央分区	芝加哥公牛队（Chicago Bulls）	CHI
		克利夫兰骑士队（Cleveland Cavaliers）	CLE
		底特律活塞队（Detroit Pistons）	DET
		印第安纳步行者队（Indiana Pacers）	IND
		密尔沃基雄鹿队（Milwaukee Bucks）	MIL
	东南分区	亚特兰大老鹰队（Atlanta Hawks）	ATL
		夏洛特黄蜂队（Charlotte Hornets）	CHA
		迈阿密热火队（Miami Heat）	MIA
		奥兰多魔术队（Orlando Magic）	ORL
		华盛顿奇才队（Washington Wizards）	WAS
西部联盟	西南分区	达拉斯小牛队（Dallas Mavericks）	DAL
		休斯敦火箭队（Houston Rockets）	HOU
		孟菲斯灰熊队（Memphis Grizzlies）	MEM
		新奥尔良鹈鹕队（New Orleans Pelicans）	NOP
		圣安东尼马刺队（San Antonio Spurs）	SAS
	西北分区	丹佛掘金队（Denver Nuggets）	DEN
		明尼苏达森林狼队（Minnesota Timberwolves）	MIN
		俄克拉何马城雷霆队（Oklahoma City Thunder）	OKC
		波特兰开拓者队（Portland Trail Blazers）	POR
		犹他爵士队（Utah Jazz）	UTA

续表

联盟	分区	球队	缩写
西部联盟	太平洋分区	金州勇士队（Golden State Warriors）	GSW
		洛杉矶快船队（Los Angeles Clippers）	LAC
		洛杉矶湖人队（Los Angeles Lakers）	LAL
		菲尼克斯太阳队（Phoenix Suns）	PHX
		萨克拉门托国王队（Sacramento Kings）	SAC

表B.5　美国国家橄榄球联盟

联盟	分区	球队	缩写
美国联盟	东区	布法罗比尔队（Buffalo Bills）	BUF
		迈阿密海豚队（Miami Dolphins）	MAI
		新英格兰爱国者队（New England Patriots）	NE
		纽约喷气机队（New York Jets）	NYJ
	北区	巴尔的摩乌鸦队（Baltimore Ravens）	BAL
		辛辛那提孟加拉虎队（Cincinnati Bengals）	CIN
		克利夫兰布朗队（Cleveland Browns）	CLE
		匹兹堡钢人队（Pittsburgh Steelers）	PIT
	南区	休斯敦德州人队（Houston Texans）	HOU
		印第安纳波利斯小马队（Indianapolis Colts）	IND
		杰克逊维尔美洲虎队（Jacksonville Jaguars）	JAC
		田纳西泰坦队（Tennessee Titans）	TEN
	西区	丹佛野马队（Denver Broncos）	DEN
		堪萨斯城酋长队（Kansas City Chiefs）	KC
		奥克兰突袭者队（Oakland Raiders）	OAK
		圣地亚哥闪电队（San Diego Chargers）	SD
国家联盟	东区	达拉斯牛仔队（Dallas Cowboys）	DAL
		纽约巨人队（New York Giants）	NYG
		费城老鹰队（Philadelphia Eagles）	PHI
		华盛顿红人队（Washington Redskins）	WAS
	北区	芝加哥熊队（Chicago Bears）	CHI
		底特律雄狮队（Detroit Lions）	DET
		绿湾包装工队（Green Bay Packers）	GB
		明尼苏达维京人队（Minnesota Vikings）	MIN
	南区	亚特兰大猎鹰队（Atlanta Falcons）	ATL
		卡罗来纳黑豹队（Carolina Panthers）	CAR
		新奥尔良圣徒队（New Orleans Saints）	NO
		坦帕湾海盗队（Tampa Bay Buccaneers）	TB

续表

联盟	分区	球队	缩写
国家联盟	西区	亚利桑那红雀队（Arizona Cardinals）	ARI
		旧金山49人队（San Francisco 49ers）	SF
		西雅图海鹰队（Seattle Seahawks）	SEA
		洛杉矶公羊队（St. Louis Rams）	STL

表B.6　美国国家冰球联盟

联盟	分区	球队	缩写
东部联盟	大西洋分区	波士顿棕熊队（Boston Bruins）	BOS
		布法罗军刀队（Buffalo Sabres）	BUF
		底特律红翼队（Detroit Red Wings）	DET
		佛罗里达美洲豹队（Florida Panthers）	FLA
		蒙特利尔加拿大人队（Montreal Canadiens）	MON
		渥太华参议员队（Ottawa Senators）	OTW
		坦帕湾闪电队（Tampa Bay Lightning）	TBL
		多伦多枫叶队（Toronto Maple Leafs）	TOR
	大都会分区	卡罗来纳飓风队（Carolina Hurricanes）	CAR
		哥伦布蓝夹克队（Columbus Blue Jackets）	CBJ
		新泽西魔鬼队（New Jersey Devils）	NJD
		纽约岛人队（New York Islanders）	NYI
		纽约游骑兵队（New York Rangers）	NYR
		费城飞人队（Philadelphia Flyers）	PHI
		匹兹堡企鹅队（Pittsburgh Penguins）	PIT
		华盛顿首都队（Washington Capitals）	WAS
西部联盟	中部分区	芝加哥黑鹰队（Chicago Blackhawks）	CHI
		科罗拉多雪崩队（Colorado Avalanche）	COL
		达拉斯星队（Dallas Stars）	DAL
		明尼苏达荒野队（Minnesota Wild）	MIN
		纳什维尔掠夺者队（Nashville Predators）	NAS
		圣路易斯蓝调队（St. Louis Blues）	STL
		温尼伯喷气机队（Winnipeg Jets）	WIN
	太平洋分区	阿纳海姆鸭队（Anaheim Ducks）	ANA
		亚利桑那郊狼队（Arizona Coyotes）	ARI
		卡尔加里火焰队（Calgary Flames）	CAL
		埃德蒙顿油工队（Edmonton Oilers）	EDM
		洛杉矶国王队（Los Angeles Kings）	LAK
		圣何塞鲨鱼队（San Jose Sharks）	SJS
		温哥华加人队（Vancouver Canucks）	VAN

数据科学术语

邻接矩阵（adjacency matrix）：由节点和节点间的链接组成的网络。如果节点链接到了节点，则等于 1，否则等于 0。无向网络产生对称邻接矩阵，有向网络产生不对称邻接矩阵。

代理（agent）：又称“人工代理”，是一种可以像人一样在限定的操作域中替代计算机用户或程序自动行使职责的程序。

基于代理的建模（agent-based modeling）：一种基于离散事件模拟的模拟方法。在基于代理的网络建模中，我们认为个体节点在角色、动机、行为或交互方面可能彼此不同。基于代理的技术为随时间变化的网络（动态网络）建模提供了工具。

代数建模系统（algebraic modeling system）：数学规划的计算机实现，可以将受约束优化问题的结构（代数）从定义这些问题的参数的输入数据分离。在敏感性测试和随机编程中特别有用。

Apache 软件基金会：成立于 1999 年，是一个有关软件开发和维护的开源社区。该基金会为互联网运行提供基础性工具。

应用程序编程接口（application programming interface, API）：处理系统间数据请求的方法。客户端程序与服务器端应用交互以获取规定结构内的数据，如 JavaScript（JavaScript object notation, JSON）或可扩展标记语言（extensible markup languagem, XML）。通常使用表示层状态转移（representational state transferm, REST）进行数据交换。

ARPANET：军方资助的广域网，是互联网的先驱。

ASP：应用服务提供商（application services provider）的缩写，是提供外包应用服务的公司。此外，在微软系统中，ASP 也用来表示动态服务器网页（active server pages）。

关联规则（association rules）：用于识别频繁项集或二元变量组合的机器学习模型，在市场购物篮分析和推荐系统中非常有用。

带宽（bandwidth）：描述信息在网络上的传输速度。“低带宽”表示较慢的速度，“高带宽”表示更快的速度。

贝叶斯统计（Bayesian statistics）：基于概率论，特别是贝叶斯定理的推论统计。数据用于更新先验概率分布，先验概率分布表示研究者对世界的信念或假设。更新过程的结果是后验概率分布。

最佳 / 最坏情况方法（best-case/worst-case approach）：在决策分析中，探索极端结果的过程被称为最佳情况和最坏情况。最佳 / 最坏情况方法通常包括的第三种情况是两个极端之间的结果。

中介中心性（betweenness centrality）：通常为节点计算，是反映节点位于其他节点对之间的最短路径上的程度的索引。一种节点重要性索引。对于网络链接，中介性的计算方法类似。链接中心性表示链接位于节点对之间的最短路径上的程度。

大数据（big data）：大数据信息技术公司提出的术语，指的是收集和存储的大量数据。数据正在以比以往任何时候更快的速度和更多的数量到达。可能需要分布式、可扩展的数据库系统来适配数据的体积、速度和种类。在这种情况下经常使用 NoSQL 系统。

二元变量（binary variable）：仅包含两个值的变量，通常编码为 0 和 1。

博客（blog）："weblog"的缩写。一种在 Web 上进行异步通信的方法。通常是由短条目组成的、与特定主体相关的个人专栏或日记。博客还可以让许多用户和主持人或版主互动。在这种情况下，它就是指围绕特定题目或主题讨论的留言板或异步焦点小组。

自助抽样（bootstrap sampling）：从样本中进行有放回地重复抽样的重复采样技术。提供在随机抽样下估计抽样分布和统计性质的方法。当样本中包含 N 个观察值时，每次自助抽样样本都是大小为 N 的有放回的随机样本。与交叉验证一样，自助抽样能够用于评估预测建模技术。

网络的边界（boundary of a network）：包含节点和链接的网络的范围，定义网络的开始和结束位置。

每秒比特数（bits per second, bps）：通信链路传输速度的指标，有时也称为"比特率"。

蛮力方法（brute force approach）：利用计算能力探索许多替代方案（数千或数百万种选择）的过程。

C、C ++、C #：流行计算机语言 C 语言的变体。使用这些语言编写的程序在执行前需要编译。C 是一种程序性语言。C ++ 和 C #（发音为"C sharp"）是 C 语言的面向对象扩展。

CART："分类和回归树（classification and regression trees）"的缩写。用于分类和回归问题的树状结构模型的递归分区方法。一种机器学习方法。

级联样式表（cascading style sheet, CSS）：网站的 HTML 规则集，最新版本是 CSS3。

聊天室（chat room）：互联网上的虚拟会议室，参与者可聚集并实时交谈。可能是公开的（对任何人开放，空间允许）或者私密的（需要密码才能进入）。又称"实时焦点小组"或"同步焦点小组"。一个主持人和参与者同时出席的在线焦点小组。

经典统计（classical statistics）：通常与经典假设检验相关联。经典假设检验建立空假设（无联系或无差别），并通过拒绝空假设来支持备择假设。当拒绝空假设时，则称有统计上显著的结果。

分类（classification）：预测分类变量或类的取值的一组监督学习方法。不同于回归。

客户端、客户（client）：客户端是用户用于与网络或者互联网交互的计算机。Web 客户端与 Web 服务器通信。"客户"也指进行研究的个人或组织以及研究和信息服务的用户。

客户端－服务器应用程序（client-server application）：一种计算机应用程序，客户端和服务器通过互联网通信实现。

接近中心度（closeness centrality）：一种衡量节点重要性的指标，表示节点与网络中所有其他节点的接近程度。其中，接近度是节点之间的跳数或连接数。

聚类分析（cluster analysis）：用于识别数据中存在的群组的多元统计方法。市场细分是聚类分析在商业中的主要应用之一。

逗号分隔的文本（comma-delimited text, CSV）：常用作电子表格程序和统计分析系统输入的文件格式和扩展名。

编译周期（compile cycle）：用于描述 C、C ++ 和 Java 等语言的程序开发过程的短语。首先编程，然后编译，接下来执行编译的代码。与没有正式编译步骤的解释型编程语言相对。

联合分析（conjoint analysis）：描述为联合测量更合适。用于联合问卷调查的统计方法，旨在同时测量消费者对多个产品属性的态度。

内容分析（content analysis）：从定性研究中分析文本的意义。有时又称主题、语义和网络文本分析。内容分析通常从简单的单词计数开始。另参见文本度量。

未经使用者的认可由服务器写入用户硬盘中的小型文字档案（cookie）：存储在用户工作站上的数据，可用于识别参与者和保存历史交易信息。

语料库（corpus）：文本分析和文本挖掘中使用的文档集合（通常是文本集合）。复数形式是“corpora”。

爬虫（网络爬虫）[crawler（web crawler）]：用于从万维网自动获取数据的计算机程序。又称为蜘蛛、自动程序或机器人。

横截面数据（cross-sectional data）：以假定单元相互独立的方式组织的研究单元。数据项在时间或地理位置上不相邻，因此它们相互独立，彼此不相关。

交叉验证（cross-validation）：旨在测试预测建模技术的重新采样技术。样本被重复拆分为训练子样本和测试子样本。每个预测模型都使用训练子样本进行拟合并在测试子样本上进行评估。多重交叉验证将样本分成 K 个子样本。在每次迭代时，K 个子样本中的一个用于测试，其他子样本用于拟合模型。对 K 个子样本的结果取平均得到样本外预测准确度的估计。留一法交叉验证将 K 设为样本的大小，以便在每次迭代时仅使用一个样本观察值作为测试子样本。交叉验证是在样本内部进行的，因此有时被称为内部交叉验证。

数据挖掘（data mining）：使用大型数据集的机器学习。请参阅机器学习。

数据可视化（data visualization）：描述统计图形和信息设计图形的通用术语。用于发现（探索性数据分析）、诊断（模型开发和验证）和显示（演示、视觉通信）。

声明性语言（declarative language）：一种计算机程序，语句提供关于期望结果的断言，而不是用于实现结果的一系列步骤，如 Prolog 和 SQL。

网络的度（degree of a network）：无向网络中的每个节点都有到其他节点的链接的程度或数量。节点重要性的索引。

度中心性（degree centrality）：表示节点度的另一个术语。网络的度中心性是指所有节点的平均度数。网络的摘要统计量。

度分布（degree distribution）：网络中所有节点度数的分布或集合。

网络密度（density of a network）：实际链接数与所有可能链接数的比例。完全未连接或断开连接的节点集具有零链接，而有 n 个节点的完全连接网络则有 $n(n-1)/2$ 条链接。如果网络中的链接数为 1，那么网络密度可得到公式 $1/n(n-1)/2$。

描述性统计（descriptive statistics）：不需要从样本得到有关总体的推断的传统统计方法。数据的统计汇总，既不具有解释性，也不具有预测性。不同于推理统计学方法。又称描述统计分析。

文档对象模型（Document Object Model, DOM）：定义网页上 HTML 的节点的恰当排列或层次结构（树状结构）的规则。

特征向量中心性（eigenvector centrality）：对于一个节点，如果它临近其他重要节点，那么认为该节点很重要。与之临近的节点又临近其他重要节点，以此类推。正如第一主成分表征一组变量中的共同可变性，特征向量中心性表征节点在网络的节点集中所处的中心性程度。

弹性搜索（Elasticsearch）：用于文档索引、存储、搜索和选择的开源解决方案。与 Solr 一样，它构建在 Apache Lucene 和基于 Java 的文本分析算法的基础上。为分布式文档存储而开发。

电子邮件（e-mail）：通过互联网发送消息的存储转发方法。有时用于访谈和问卷调查。

表情符号（emoticon）：使用键盘上的字符在网络交流中表达情绪。大写字母可用于强调或表示高声。一些更流行的带特殊字符的例子包括微笑或快乐的回应、眨眼或“开玩笑”和不愉快或不赞同的回应。又称“emoji”。

人种学（ethnography）：在现实生活环境中对社会和消费者行为的观察或实地研究。

期望值（expected value）：值的加权平均值，其中用概率定义权重。对于观测值，期望值是算术平均值。

实验研究（experimental research）：全部或者部分研究环境可被研究人员控制的研究设定。环境的不同版本表示不同的实验性处理。受试者被随机分配到不同的处理组。尽可能控制会对受试者的反应产生影响的因素。实验研究与观察性研究的研究设定不同。在观察性研究的研究设定中，研究人员不能控制环境的任何方面。

解释模型（explanatory model）：将一个或多个解释变量与一个或多个响应变量相关

联的模型。与纯粹的预测模型相比，理解关联解释变量和响应变量的潜在机制是解释模型的一个重要方面。

解释变量（explanatory variable）：用于预测或解释另一个变量（响应变量）的变量。

因子分析（factor analysis）：基于线性代数的多元统计过程。用于识别数据中的基础维度。建立在主成分分析的基础上。与主成分分析不同的是，因子分析关注共同方差，而不是总方差。可用于减少预测模型所需的解释变量的数量。

框架（frame）：网页设计中的一个元素。一些网页使用框架构建。框架是页面中的模块。当其他所有框架保持静止时，用户可以在一个框架中导航。例如，一些在线服务会使用多个框架，其中一个用于聊天，一个用于文本输入区域，另一个用于显示视觉要素。

文件传输协议（file transfer protocol, FTP）：互联网上使用的众多网络标准之一。

函数式语言（functional language）：把编程看作数学函数评估的计算机语言。数学函数将输入值集映射为输出值集。一种声明性编程范式。Scheme、Lisp 和 Erlang 都是函数式语言。函数式编程可以使用过程性语言或面向对象的语言。

博弈论（game theory）：数学和经济学中关于参与者及其知识、目标和达成目标的策略的分支。包括竞争性博弈和合作性博弈。正如通常被使用的那样，博弈论在体育中并未特别提及。

遗传算法（genetic algorithm）：由生物学和群体遗传学中的基因和突变思想指导的启发式方法。用于解决传统优化或约束优化方法难以解决的问题。

广义线性模型（generalized linear model）：传统统计学中的预测模型（监督学习模型）集，包括线性回归、逻辑回归和泊松回归等方法。预测公式的右侧是解释变量的线性组合。

生成语法（generative grammar）：语言术语，使指我们用于形成有意义的话语的规则。形态、语法和语义的统称。

Go（Golang）语言：由 Google 最先开发的开源计算机语言。像 C、C++ 和 C# 一样，Go 也需要编译周期。采用以在分布式处理环境中完成快速处理为目标的并发模型。

图论（graph theory）：是欧拉在 18 世纪引入的数学分支。处理表示对象（节点、顶点）及其关系（链接、边）的数学结构，是网络科学或社会网络分析的数学基础。

扎根理论（grounded theory）：一种分析和解释定性数据的方法。理论来源于数据。分析涉及识别类别和按类别对数据进行编码。共同的主题和概念来自观察到的类别之间的关系。

Hadoop：一种开源分布式文件系统，可以在其上构建数据库系统。其本身不是数据库系统，通常与大数据的讨论相关联。

启发式方法（heuristic）：复杂建模情境中的规则。适用于无法通过数学编程轻易解决的优化问题。

层次模型（hierarchical modeling）：又称多层建模（multi-level modeling）。传统的统计建模采用必须估计的参数水平。最常用的是贝叶斯统计。

超文本标记语言（hypertext markup language, HTML）：用于格式化网页的文本文件中的标准代码或标签。DOM 的实现。当前版本是 HTML5。另参考级联样式表（CSS）。

超文本传输协议（hypertext transfer protocol, HTTP）：万维网上客户端 – 服务器通信的主要方法。

索引（indexing）：对文本文档或数据库记录进行编码，以便将来可以轻松找到它们的过程。

推论统计（inferential statistics）：从样本得到有关总体的推论的传统统计方法。拟合的模型可能是解释性的或预测性的，与描述性统计方法不同。

信息检索（搜索）[information retrieval（search）]：文本分析的基本无监督应用。通过为文本文档索引使其可被搜索。搜索信息的用户输入查询文本，查询文本用于与文本文档的索引匹配。

整数规划（integer programming）：决策变量仅取整数值的约束优化方法。一个特例是使用二元决策变量的整数规划。

集成开发环境（integrated development environment, IDE）：集成开发环境通过图形用户接口、可感知编程语言的编辑器、调试工具以及编译和执行代码的便捷机制支持高效的代码开发。

互联网（Internet）：由许多相互连接的网络组成的公共数据通信网络。

物联网（Internet of Things, IoT）：由包含能够进行网络通信的嵌入式电子设备组成的物理对象网络。

局域网（Intranet）：组织内部的数据通信网络。

网络聊天（Internet Relay Chat, IRC）：一种聊天室软件。

互联网服务提供商（Internet Services Provider, ISP）：提供互联网连接服务的组织。这些组织通常提供基于互联网运行的软件应用程序，如浏览器和搜索引擎。

IT：“信息技术（information technology）”的缩写。

Java：太阳微系统公司引入公共领域的通用编程语言，由 Oracle 提供更新和支持。特别适用于在线应用程序的开发。Java 程序在运行前需要编译（编译周期）。

JavaScript：一种面向对象的 Web 脚本语言。用于客户端事件处理的卓越语言。嵌入在 Web 浏览器中。在 Node.js 中作为独立语言实现，可以在服务器端使用。JavaScript 和 Java 是不同的语言。

JavaScript 对象表示法（JavaScript Object Notation, JSON）：具有无序名 / 值对的 JavaScript 数据结构。为数组、字符串、数字、逻辑（布尔值真 / 假）和特殊值空（null）提供存储。可以直接在网页的 JavaScript 代码中使用。

JPEG：图像的图形位图文件格式。

背包问题（knapsack problem）：整数编程的特例。得名于仅能容纳一定总重量或者体积的物品的背包。要放入背包的每类物品都有一定的重量或体积，对背负者也有一定的价值。背包问题的目标是在满足重量或体积约束的同时最大化背包中物品的价值。标准背包问题包含二元决策变量（每类物品都可能放入或者不放入背包）和一个约束。约束可能是背包的重量或容量之一。背包问题可以推广到每类物品可放入多件的情况，即整数背包问题。背包问题还可以推广到有多个约束的情况，如同时受背包的重量或容量所限，即多维背包问题（multidimensional knapsack problem, MKP）。

kbps：千比特 / 秒。通信链路速度的指标。

关键字（keyword）：搜索查询中使用的一个词或一组词，由搜索引擎提供商索引。

LAMP：开发在线应用程序的公共域套件。这里是指 Linux 操作系统、Apache Web 服务器、MySQL 数据库以及 Perl、PHP 或 Python 编程语言。

测量水平（levels of measurement）：可以追溯到 S. S. 史蒂文斯（S. S. Stevens, 1946）的工作，即名义（分类）、序数（等级）、区间和比率测量之间的区别。

线性回归（linear regression）：又称普通最小二乘回归或回归。一种使用解释变量的线性组合来预测连续响应变量或者具备有意义的大小的变量的广义线性模型。

线性规划（linear programming）：约束优化的方法，其中决策变量的取值是连续的。

管理讨论邮件清单的程序（listserv）：自动或中介的电子邮件组（moderated e-mail group, MEG）。所有参与者（受访者和主持人）的电子邮件地址都被编入电子邮件清单。主持人发起讨论主题。对该消息的所有恢复都会自动发送给邮件清单上的所有人。

逻辑回归（logistic regression）：一种使用解释变量的线性组合来预测离散的二元响应变量的广义线性模型。

纵贯数据（longitudinal data）：在一段时间内关于多个人或者研究单元的观察值，同时也以横截面方式组织。纵贯数据的分析方法称为多时间序列分析、面板分析或纵向数据分析。可以预期，时间上相邻单元间的相关性高于时间上相距较远单元间的相关性。

Lucene：用于信息检索（搜索）的开源算法。Solr 和 Elasticsearch 搜索应用程序的基础。

机器学习（machine learning）：使用数据来确定模型形态的数据分析方法。机器学习方法是数据自适应方法，而不是传统（经典或贝叶斯）统计方法。传统统计方法在分析数据前做出模型设定和分布假设。常见的机器学习方法包括树形结构建模、支持向量机、神经网络和朴素贝叶斯模型。有时又称统计学习和数据挖掘。

马尔可夫链（Markov chain）：具备马尔可夫性质，即未来与过去无关的有限 / 离散或连续随机过程。马尔可夫链存在不同的状态，对于任何两个状态 i 和 j，不考虑过程中的前置状态，从状态 i 到状态 j 的概率是 Pij。Pij 的值称为转移概率。

数学规划（mathematical programming）：约束优化方法。线性规划、二次规划和整数规划的统称。

测量（measurement）：根据规则为属性分配数字。

混合整数规划（mixed integer programming）：决策变量是整数或者连续值的约束优化方法。

模型（model）：以一种可以被计算机代码捕获的方式表示世界，包括随机（概率）和统计模型、数学规划以及模拟模型。

调制解调器（modem）：调制器和解调器。对通过通信网络传输的数据进行编码和解码的通信设备。

MongoDB：面向文档的开源数据库系统，常用于存储来自万维网、社交媒体和信息系统处理日志的文本数据。MongoDB 是一种 NoSQL 数据库系统。

词态学（morphology）：语言学的一个分支。形成复杂词汇的规则。另见生成语法。

多级分类变量（multi-level categorical variable）：有两个以上取值的分类变量。不是二元变量。又称多项式变量。

多重插值（multiple imputation）：处理缺失数据的首选方法是多重插值。也就是说，使用现有数据创建多个替代数据集来预测缺失值，再分析每个结果数据集。

MySQL：一种流行的开源关系数据库系统。现在由甲骨文公司发布。

朴素贝叶斯模型（näive Bayes model）：重复应用贝叶斯定理的分类机器学习模型。之所以称之为“朴素”是因为它假设各个解释变量在影响响应变量时是独立起作用的。

自然语言处理（natural language processing, NLP）：使用语法规则来模仿人类交流并将自然语言转换为结构化文本以供进一步分析。自然语言是指人们用来形成有意义话语的词语和规则。

网络礼节（Netiquette）：适合互联网的社交行为。例如，输入时全部使用大写字母被认为是缺乏网络理解的，因为这被认为是在网上大喊大叫。

网络（network）：相互连接的对象，包括节点和连接节点的链接。数据通信网络包含计算机系统节点和数据通信链路。这些链路是有线或无线的电子电路。在图论数学中，节点又称为顶点，链接则称为边。

网络科学（network Science）：网络的跨学科研究，借鉴数学的图论、物理学和社会科学。

神经网络（neural Network）：隐含地表示解释变量之间的交互作用以及解释变量与响应变量间的非线性关系的生物学启发机器学习方法。在网络结构中建立解释变量之间的连接，从而最终与解释变量相连。可用于分类或回归。

NoSQL：非关系型（SQL）系统的数据库系统。常见的 NoSQL 数据库包含键值、文档、基于列的系统和基于图的系统。

面向对象的语言（object-oriented language）：基于对象类构建的计算机语言。它提供一种嵌入数据和处理数据方法的结构。Java、Ruby、Python 和 R 都是面向对象的语言。

观察性研究（observational sesearch）：不同于实验研究。研究人员无法控制环境或操纵环境条件。相反，研究人员会观察环境中发生的事件，并在事情的发生时进行测量。大多数商业研究都是观察性研究。

离线（offline）：不使用互联网或万维网的方法，如面对面焦点小组或电话焦点小组。

在线（online）：所有使用互联网或万维网的方法，如实时聊天、公告板（留言板）和用来管理讨论邮件清单的程序。

在线社区（online community）：通过互联网进行通信的个人聚合体。也就是说，一群人在很长一段时间内在线互动。又称虚拟社区。当用于初步研究时，在线社区可能包括 50~200 人的小组，他们被招募参与相关主题的研究，研究时间持续 3~12 个月。研究中可能包含多种方法，包括在线问卷调查、实时焦点小组和公告板。

运筹学（operations research）：数学规划、排队论和模拟方法等技术的统称。

自然搜索（organic search）：搜索引擎找到与用户查询最相关的匹配项的自然搜索。到目前为止，相关性最重要的元素是从其他网页指向特定网页的链接。不同于自然搜索，付费搜索的结果是广告商支付的广告和链接。

离群值（outlier）：超出大部分其他观察值范围的变量观察值。

PageRank：计算 Web 搜索中链接的重要性、可信度或相关性的算法。类似于特征向量中心性。

付费搜索(paid Search)：搜索结果是广告商付费的广告和链接。有别于自然搜索结果。

专门问题小组（panel）：在一段时间内，参与许多研究的受访者。

面板数据（panel data）：纵向数据的另一个术语。不一定与受访者组成的专门问题小组相关。

参数（parameter）：总体分布的定量特征。

解析器（文本解析器）[parser（text parser）]：为后续分析准备文本的计算机程序。该程序把一个字符串序列替换为另一个序列，通常使用正则表达式实现。

Perl："实用提取与报告语言（practical extraction and report language）"的缩写。在 Web 应用程序应用的文本处理和脚本语言。

PHP：个人主页（personal home page）。一种可以替代 Perl 的脚本语言，广泛用于 Web 应用程序。

泊松分布（Poisson distribution）：取值为非负整数的离散变量的概率分布，在体育中的得分等计数的建模中很有用。得名于法国数学家西莫恩・德尼・泊松（Simeon Denis Poisson）。

泊松回归（Poisson regression）：一种使用解释变量的线性组合来预测取值为非负整

数（计数）的离散响应的广义线性模型。和 Poisson 分布一样，得名于法国数学家西莫恩·德尼·泊松（Simeon Denis Poisson）。

总体（population）：研究人员感兴趣的观察值的完整集合。样本是从识别总体成员的抽样框架中选取的。

总体分布（population distribution）：研究人员感兴趣的分布。以总体参数为特征。

帖子、发帖（post）：（名词）由参与者（主持人、受访者或观察者）发布的帖子。实时在线小组中的参与者发表的声明或问题。（动词）发送消息。

后验分布（posterior Distribution）：参数的概率分布。在贝叶斯统计中，后验分布是通过在样本数据的先验分布和似然函数上应用贝叶斯定理获得的。“后验”是指它是贝叶斯数据分析的最终产品，先验分布则始于这一过程。贝叶斯统计学家使用贝叶斯定理来修正关于总体参数的信念，始于先验分布，终于后验分布。此处，“信念”是指总体或未知的数学表示。

PostgreSQL：一种流行的开源关系数据库系统，记为“PostgreSQL”，通常简称为“Postgres”。

预测模型（predictive model）：一种设计使用观察到的解释变量的取值预测尚未被观察到的响应变量取值的模型。这一模型的目标是在无论与解释变量和响应变量相关的底层级制是否被理解的情况下都能够准确地预测响应。

主成分分析（principal component analysis）：基于线性代数的多元统计过程，用于识别数据中的基础维度。因子分析的基础，可用于减少预测模型所需的解释变量的数量。

先验分布（prior distribution）：贝叶斯数据分析开始时的参数概率分布。在收集或分析任何数据之前，先验分布（又称为“先验”）就已经存在了。它反映了研究人员对总体参数的经验认识。

过程语言（procedural language）：描述为获取特定结果的算法或步骤序列的计算机语言，如 Basic、Fortran 和 C。Python 和 R 经常被用作过程语言，它们的面向对象基础则经常会被忽视。

心理图形（psychographics）：与心理因素有关的人口图形学。

Python：开源、面向对象的通用计算机语言。广泛应用于文本及数据处理、Web 编程以及传统统计和机器学习。Python 语言程序不需要编译周期，因此相对于 C、C ++ 或 Java 语言程序，它们可以更快速地开发。

排队理论（queuing theory）：用于理解排队或等待时间过程的 Q 数学模型。特别适用于分析调度和交通问题。

R：开源的、面向对象的数据编程语言。广泛应用于传统统计、机器学习和数据可视化。R 语言程序不需要编译周期，因此相对于 C、C ++ 或 Java 语言程序，R 语言程序的开发速度更快。

随机森林（random forests）：使用社区或树状结构模型集合的机器学习方法。随机森林法是一种典型的集合方法。在构建随机森林时，我们将数以千计的树状结构模型的预测结合起来。在构建每棵树之前，对解释变量进行无放回抽样，对观察值进行有放回抽样（自助抽样）。在构造了数千棵树之后，我们对预测取平均值。参考自助抽样（bootstrap sampling）。

随机网络（随机图）[random network（random graph）]：以纯随机的方式连接起来的一组节点。

随机变量（random variable）：感兴趣的实值变量。连续随机变量可以取实数轴中某一段的任意值，离散随机变量沿实数轴取整数值。

回归（regression）：一组监督学习方法，旨在通过有意义量级预测变量的值。不同于分类。

正则表达式（regular expressions）：识别字符串的专用语法，可用于高效搜索和文本处理。操作系统的 Shell 搜索工具和 Perl、Java、JavaScript、Python、R 等各种宿主语言中都有实现。

关系型数据库（relational database）：由具有行列结构的表组成的数据库。行通常称为记录，列通常称为字段。

指标的效度（reliability of a measure）：对相同特质的重复测量的一致程度，如测试－重测效度或折半效度。对于多项目量表，效度通过内部一致性指标反映。这些指标必须同时获取。稳定性是指标随时间彼此相关的程度。效度不应和稳定性相混淆。

重新采样（resampling）：从样本中重复采样的统计过程。参考重复抽样和交叉验证。

抽样（sampling）：将总体的子集（而非整个总体）用于分析和建模的过程。

抽样分布（sampling distribution）：描述从总体中反复抽样的样本统计量分布的统计术语。使用样本统计量进行有关总体的统计推断的基础。

抽样框架（sampling frame）：从中抽取样本的总体成员列表。

Scala：开源、面向对象的通用计算机语言，可以使用 Java JVM 库。Apache Spark 的基础语言。

散点图（scatter plot）：用于显示两个连续变量值的统计图形。在检查变量之间的关系时很有用。

爬虫（网络爬虫）[scraper（web scraper）]：一种用于识别来自 Web 中特定数据部分的计算机程序。Web 自动获取数据文本，通常使用 XPath 语法实现。

语义学（semantics）：语言学的一个分支。研究通过语言表达的意义。另参见生成语法（generative grammar）。

语义网（semantic web）：一种让基于 Web 数据以能够让人和计算机使用的方式定义和链接的想法。需要广泛接受 XML 等信息编码标准。

半监督学习（semi-supervised learning）：监督学习和无监督学习的结合。一些观察有已知响应值，另一些则没有。常用于文本分析。

敏感性分析（sensitivity analysis）：在数学规划中，敏感性分析探究了最优解相对定义模型参数的输入数据变化的稳定性程度。当输入数据中的微小变化会引起输出数据的巨大变化时，称方法、模型或过程是“敏感的”。

模拟退火（simulated annealing）：受冶金中的退火过程启示的启发式建模方法。在数学规划无法轻易解决的优化问题中很有用。

模拟（simulation）：在计算机程序中捕获事物的本质。因此，计算机程序可以模仿或模拟行为。包括离散事件模拟、过程模拟和基于代理的建模。

社交网络分析（social network analysis）：社会科学家将网络科学应用于研究个人、团体或组织间的相互作用时使用的术语。

Solr：用于文档的索引、存储、搜索和选择的开源解决方案。与 Elasticsearch 一样，Solr 也是构建在 Apache Lucene 和基 Java 的文本分析算法基础之上的。

Spark：基于 Scala 构建的实时分析环境，是 Apache 软件组织的一部分。

空间数据（spatial data）：包含地理编码或位置数据的观察结果。常见的地理编码是经度和纬度。空间数据的分析方法称为空间数据分析。与空间距离较远的单元相比，空间距离邻近的单元之间的关联性更高。

SQL：结构化查询语言。一种描述所需结果并从数据库中获得这一结果的声明性语法，与关系数据库系统相关。

词干分析（stemming, word stemming）：在文本分析中，剥离词缀或将词语缩减到其基础或词干。

随机过程（stochastic process）：离散或连续随机变量的集合。

随机规划（stochastic programming）：输入数据不确定的数学规划。我们使用概率分布，而不是将参数指定为固定输入数据。使用代数建模系统更容易实现。

监督学习（supervised learning）：在传统统计学或机器学习中，一种识别解释变量和响应变量之间区别的模型。其中，解释变量用于预测响应变量。监督学习主要包括分类和回归两类。

支持向量机（support vector machine）：利用基于解释变量组定义的决策边界对观察样本分组的机器学习方法。其中的决策边界称为支持向量。

语法（syntax）：语言学的一个分支，形成短语和句子的规则。另请参阅生成语法。

系统日志（system logging）：计算机系统针对所发生事情的记录，这些记录可用于消费者和商业研究。NoSQL 数据库常用于此目的。

传输控制协议 / 网际协议（Transmission Control Protocol/Internet Protocol, TCP/IP）。在互联网上计算机之间的基本通信协议。

远程登录协议（telnet）：互联网上终端与计算机之间的通信协议。

文本分析（text analysis）：文本分析和解析方法的统称，包括内容分析、扎根理论构建和文本挖掘。

文本测量（text measure）：情感分析中描述文本属性的分数。与问卷调查工具相似，文本测量能够用于评估人格、消费者偏好和政治观点等。文本测量以非结构化文本（文档、脚本），而不是强制选择的问卷响应作为输入数据，

文本挖掘（text mining）：文本的自动或部分自动处理。涉及在文本上建立结构并从文本中提取相关信息。与数据挖掘一样，它通常与大型数据库或文档集（语料库）的分析相关联。

词频－逆文本频率（term frequency–inverse document frequency, TF-IDF）：词频－逆文档频率测量模型。我们关注每篇文档中不同术语的出现频率相对这些术语在整个文档集合中的出现频率。用词频－逆文档频率向量表示每篇文档。信息检索（搜索）和各种文本分析方法都使用了词频－逆文本频率。

帖子（thread）：一个讨论或对话的帖子。其与特定主题相关的在线消息序列，可引起其他问题和陈述；是在异步焦点小组（公告板或留言板）中比在实时焦点小组中更为流行的术语。

时间序列（time series）：跨多个时间段对一个人或一个研究单元的多个观察值。分析方法称为时间序列分析。可以预期，时间上相邻单元之间的相关性高于时间上距离较远的单元之间的相关性。

传统统计（traditional statistics）：传统方法和贝叶斯方法的统称，与机器学习方法相反。使用传统统计，我们在分析之前指定模型，并在将模型拟合到样本数据之前对基本总体分布做出假设。

传递性（transitivity）：衡量网络连通性的指标，又称网络的平均聚类系数。通常根据邻接矩阵计算从完全连接三元组的比例。三元组是三个节点的集合，闭合三元组是每对节点都有链接的三个节点的集合。

树形结构模型（tree-structured model）：用于构建关联解释变量与响应变量的树形结构的分类或回归模型。最重要或最有用的解释变量位于树的顶部，从树顶部往底部，变量的重要性逐步降低。隐含地表示解释变量在响应预测中的相互作用。另请参阅 CART。

无监督学习（unsupervised learning）：在传统统计学或机器学习中，一种不区分解释变量和响应变量的模型，如关联规则、聚类分析和主成分分析。另请参阅机器学习。

统一资源定位符（uniform resource locator, URL）：互联网信息资源的地址。

Usenet：广域网前身。

指标的效度（validity of a measure）：指标测量了其所应当测量的东西的程度。

虚拟社区（virtual community）：又称在线社区，是通过互联网联系的个体集合。

虚拟设施（virtual facility）：描述对真实的物理研究设施的在线模拟。例如，在线焦点小组软件提供类似现实中亲自参加真实焦点小组访谈的虚拟设施。

虚拟专用网络（virtual private network, VPN）：用于通过互联网进行点对点通信的安全网络连接。

网络存在感（web presence）：一个组织、品牌、网站或 Web 登录页面在网络上被认可的程度。通常所说的"搜索引擎优化（search engine optimization, SEO）"是网络存在感的一部分。评估网络存在感的方法之一是查看网站在自然搜索结果列表中的位置。

维基百科（Wiki）：网络上的集体表达行动。支持生成可由一群贡献者编辑的网站的软件。任何人可以在任何时间、通过任何能够访问 Web 浏览器的设备上编辑维基百科的网页。维基百科一词来源于夏威夷语"wiki"，意为"快速"。

万维网（World Wide Web, WWW）：通过互联网提供的超文本链接数据。这些数据多为非结构化或半结构化文本，因此在输入预测模型前需进行筛选和解析。

可扩展标记语言（extensible markup language, XML）：XML 在结构和形态上与 HTML 类似，但二者目标不同。XML 是一种描述数据性质的数据标记方法。

XPath：一种用于查找文档对象模型中的节点和属性并提取相关数据的特殊语法。

棒球术语

球数领先（ahead in the count）：从击球手的视角来看，坏球多于好球的情况。与球数落后（behind in the count）相对。

全明星赛（All Star Game）：在美国职业棒球大联盟赛季中期举行的一场比赛。参赛球员是从各个球队中技术突出的球员中选择的。

美国联盟（American League）：在美国职业棒球大联盟（Major League Baseball，MLB）中的两个联盟之一。美国联盟由 15 支球队组成的，分为 3 个赛区，每个赛区有 5 支球队。美国联盟允许指定的击球手。另可参阅“国家联盟（National League）”。

双杀传球（around the horn）：棒球俚语，是指在完成一局垒上无人的比赛后向内野投球。

打数（at bats, AB）：击球外观中，击球手没有接球（步行），没有击球，并且没有牺牲（通过牺牲飞行的短打）。击球手未能保送上垒（base-on-balls/walk），未被球棒集中，也没有牺牲（通过牺牲高飞式触击）时的击球表现。总打数在计算球员的击球率时被用作分母。打数是打席的子集。

客队（away team）：球队在非主场参加的比赛，也称为“visiting team”。

拯救（bailing out）：棒球俚语，指脚距离投手最近的击球手在挥棒击球时脱离了本垒板。不论击球手的击球姿势（前脚靠后站立或平行站立）是什么都有可能发生。又称“stepping in the bucket”。

投手犯规（balk）：当跑垒员在垒上时以固定式投球的方式投球，投手在向能够防范垒上跑垒员的球员投球时必须完全停下来，投手未能完全停下来则视为犯规。此时，作为对防守队的出发，跑垒员可以进入下一垒。

坏球（ball）：投手未投出好球，且击球手也未击中的球。所有在达到本垒前落地的球。

禁止女性参赛（bar on women）：1952—1992 年，美国职业棒球大联盟禁止女性参赛。

垒（base）：跑垒员为了得分必须触及的四个点：一垒、二垒、三垒和本垒。

四坏球（base on balls, BB）：击球手在未击球的情况下被保送上一垒，因为他在三阵前获得了四个坏球。也称为保送上垒，因为击球手通常是保送而非跑到一垒。

跑垒员（base runner）：垒（一垒、二垒或三垒）上的防守队员。

满垒（bases loaded）：棒球俚语，是指在一垒、二垒和三垒上都有跑垒员。

跑垒指导员（base coach）：由经理指定的身着制服的团队成员，负责为跑垒员提供有关跑垒道的建议。一垒跑垒指导员为跑垒员提供如何跑到二垒的指导，三垒跑垒指导员为跑垒员提供如何跑到本垒的建议。

一垒打（base hit）：使击球手到达一垒的击球。另请参阅“一垒打（single, 1B）”。

跑垒员（base runner）：安全到达某个垒并在当前局的比赛结束之前一直待在上面的进攻球员。

跑垒犯规（baserunning error）：进攻球员跑出垒线或未能触垒。记作进攻队出局，但在其得分记录表中不记为犯规，只记录防守队的犯规数。

击球手（batter）：进攻球员的初始角色，使用球棒击中投手投掷的球。击球手站在击球区。又称“hitter”。

下一棒击球手（batter in the hole）：休息区的防守队员，排在即将上场的击球手之后上场担任击球手。

即将上场的击球手（batter on deck）：下一个进入击球位置的防守队员，即在当前击球手之后上场的球员。即将上场的击球手应当站在或者跪在称为“下一个击球区（next batter's box）”的特殊区域。

击球区（batter's box）：击球手在击球时应当站立的区域。

投接搭档（battery）：由一名投手和一名捕手组成。

击球率（batting average, BA, AVG）：安打（hits）数除以打数（at bats）[不计四坏保送（walks）和牺牲打（sacrifices）]。高于 0.300 的击球率是非常有价值的。低于 0.200（又称门多萨线）击球率仅对投手和特别好的捕手和内野手可接受。2014 赛季 30 支 MLB 球队的常规赛的平均击球率为 0.251（Sports Reference LLC, 2015a）。选择击球手的经验法则是击球率应高于 0.251。也就是说，要寻找在每四次击球中大约击中一次的击球手。击球率高于 0.300 的击球手很罕见。

击球姿势（batting stance）：在投手投球之前，击球手在击球区中相对本垒板的位置。可参阅前脚靠后站立击球姿势（closed batting stance）和平行站立击球姿势（open batting stance）。

击球队（batting team）：进攻队，相对球场上的防守队而言。

球数落后（behind in the count）：从击球手的视角来看，好球多于坏球的情况，又称“down in the count”或“inthe hole”；与球数领先（ahead in the count）相对。

球员休息区（bench）：球队的座位，又称“dugout”。不在首发阵容中的球员称为替补球员（sitting on the bench）。球队首发阵容中未包含天才球员时称为有替补力量（bench strength）或替补深度（deep bench）。习语：当一个组织有许多有才能的员工时，这个组织就拥有替补力量。

大联盟（big Leagues）：美国职业棒球大联盟。又被亲切地称为“the bigs”。

击球（ball in play, BIP; ball put into play, BPIP）：在比赛中的球。在为投手计算坏球和好球时，击球手击出的球属于好球。

外野安打（bloop single）：被击落在内野手和外野手之间的球，又称德州安打（texas leaguer）。

触击（bunt）：一种击球策略，是指在固定位置握住球棒，而不是挥棒击球。在有两个好球的情况下，再出现一个触击界外球（foul ball）则称为三振。

值裁、裁定（call）：作为动词，表示裁判值裁比赛（裁定一次投球是坏球还是好球，裁定一次击球是界内球还是界外球，裁定跑垒员是安全还是出局）。作为名词，表示裁判做出的裁定。

中止比赛（called game）：裁判可以取消或推迟比赛。在体育馆亮灯前，比赛可能会由于天黑而中止。当前，比赛通常是由于下雨而中止的。

捕手（catcher）：在本垒板后面负责接住投手投球的防守队员。捕手是防守队中唯一处于界外区域的球员，其位置编号为 2。

击球失败（caught looking）：击球手尚未挥动球棒即被判出局。

离垒触杀（caught off base）：跑垒员可以离垒，但是可能在离垒时被防守队员触杀。

盗垒失败（caught stealing, CS）：跑垒员试图偷窃时，在未到达下一垒时被触杀。

中外野手（center fielder）：在外野中间，处于左外野手和右外野手之间的防守球员。位置编号为 8。

冠军系列赛（Championship Series）：常规赛结束后，在外卡战之后，每个联盟都有两个分区系列赛季后赛。这些分区系列赛的获胜球队在七战四胜制的冠军系列赛中相互对阵。其中，一个在美国联盟，另一个在全国联盟。

变速球（changeup）：慢速球 [MLB 速度为 112.65~136.79 千米 / 时（70~85 英里 / 时）]。变速球和直球（fastball）的区别在于速度，而非移动方式。变速球有许多种，包括指圈变速球（circle changeup）、三指变速球（three-finger changeup）和四指变速球（four-finger changeup）。四指变速球又称掌球（palm ball）。

受阻挥棒（check swing）：击球手开始朝投过来的球挥棒，但是挥得不够远，因此不能够成为好球。击球手的一次挥棒是受阻挥棒还是好球挥棒（strike swinging）有赖于判断。做出这一裁定的可能是本垒裁判员，对于右手击球手可能是一垒裁判员，对于左手击球手可能是三垒裁判员。

短握（choking up）：用手在远离球棒底部的位置（球棒手柄端）握住球棒。单打击球手使用的一种技术，挥杆时间短，对球棒的控制力强。单打击球手使用的一种技术，其挥杆时间更短，对球棒的控制力更强。

单击削球（chop single）：击球手为了达到一垒而故意向地面击球，使其弹得很高，很难及时抓住。

中心击球手（clean-up hitter）：阵容中的第四名击球手，有很好的机会与垒上的其他跑垒员一起击球。

封闭型击球姿势（closed batting stance）：击球手在击球区中，与投手最近的脚和本垒板距离比与投手最远的脚和本垒板的距离更小。

终结者（closer）：结束一场比赛的替补投手。

在决定胜负的时刻能显出威力的击球手（clutch hitter）：当跑垒员在垒上或比赛即将结束且球队需要得分以赢得比赛时表现出色的击球手。

指导员（coach）：穿着经理指定制服的团队成员，承担指导职责，如担任跑垒指导员。

控制感（command）：一个有控制感的投手可以在需要时投出好球。参阅控制力（control）。

控制力（control）：一个有控制力的投手可以投出比坏球（ball）更多而好球（strike）。另参阅控制感（command）。

守住所有垒（cover the bases）：防守队的球员站在垒旁边守垒。通过站在垒旁边，野手可以进行封杀或者触杀。每个垒旁边都有一名防守球员称为守住所有垒。习语：当我们为每种可能都做好了准备时，我们就做好了充分准备。如果指棒球中的一个垒，通常使用守垒（cover the bag）这个短语，因为野手可以通过传球来牵制跑垒员。

占板（crowd the plate）：击球手站在击球区中距离本垒板非常近的位置。

弧线球（curveball or curve）：比直球（fastball）慢得多的变化球（breaking ball）[MLB 的球速为 104.61~128.75 千米 / 时（65~80 英里 / 时）]。当右手掷球的投手朝右手击球的击球手投球或者左手掷球的投手朝左手击球的击球手投球时，弧线球会脱开击球手。投下（overhand）弧线球是标准的弧线球，又被亲切地称为“查理叔叔或狗子”。一些投手可以投出所谓的“蝴蝶弧线球（knuckle curveball）”。

卡特球（cut fastball；cutter）：又称切角直球。是指带运动的快球。

截断位置（cut-off position）：赛场上外野手和本垒板之间的位置。当一名跑垒员绕着垒跑向本垒时，外野手可以沿着较低的轨迹朝着本垒板投球。这样，在截断位置的内野手就可以拦截这个球并将其投向另一个垒，通常是二垒。以防止另一位跑垒员朝垒前进。或者，从外野断球的内野手可以决定把球投到本垒，以便捕手能够触杀跑垒员。因为内野手比外野手距离本垒更近，所以内野手的投球比外野手更为准确。许多外野手没有足够的能力将球投回本垒，因此把球投给处于截断位置的球员是至关重要的。

死球（dead ball）：球出界，导致比赛暂停。

死球时代（dead ball era）：1920 年以前棒球所处的时代。在这一时期，比赛期间使用的球极少。没有要求使用新的白球。与活球时代（live ball era）相对。

死红击球手（dead red hitter）：只能接住特定类型球的击球手，如快球。但是，当投球手投出另一种类型的球，如曲线球时，他就很难接住。

守队（defense）：防守球队，与进攻球队相对。

防守方的故意忽略（Ddefensive indifference）：垒上的跑垒员试图占领下一垒，而守队无意理会。这种情况发生在比赛后期，当守队领先多于一分时，击球对即使再得一分也无法获胜。如果因记分员裁决防守方的故意忽略，那么跑垒员占领下一垒则不计为盗垒。

指定击球手（designated hitter, DH）：在击球顺序中，但是在场上没有位置的球员。指定击球手代替最弱的击球手（通常是投手）击球。在美国职业棒球大联盟中，美国联盟有指定击球手，而国家联盟则没有。

钻石（diamond）：棒球比赛场地的别称。由四个垒包确定的棒球场内野的方形或者菱形形状而得名。

挖（dig in）：击球手用鞋上的钉子在击球区中挖一个洞。

分区系列赛（Division series）：常规赛结束后，在联盟内部三个分区或者外卡赛的获胜球队参加的五局三胜制的季后赛。每个联盟内都有两个分区系列赛。

二垒打（double, 2B）：能使击球手到达二垒的击球，又称“two-bagger”。

双赛（double-header）：同一天进行的两场比赛。标准的双赛在两场比赛间仅有短暂的休息。日夜双赛则在两场比赛之间有几个小时的间隔。

双杀（double play）：在一场比赛中有两次出局。双杀的类型由球员的位置号定义。例如，4-6-3 双杀是指首先由二垒手向游击手投球，然后由游击手向一垒手投球。外野双杀（unassisted double play）是由一名球员单独完成的双杀。

双重切换（double-switch）：球员替换涉及两名球员。通常使用替补球员来替换非投手球员，将非投手球员（通常是更好的击球手）放在阵容中，以便他在投手（通常是较差的击球手）之前击球。

球员休息区（dugout）：一个球队的座位区。又称“bench”。

投手防御率（earned run average, ERA）：投球表现指标。在九局比赛中允许的得分数（除因失误而产生的得分外）。另参见“WHIP”。

预期得分（expected runs）：为每半局状态或每场比赛计算，是指击球队在半局结束时的预期得分。该计算基于状态或比赛状况的历史实况统计数据。预期得分在评估替代比赛策略时非常有用，例如是否使用牺牲短打或是否尝试盗垒。

长打（extra-base hit）：一垒安打之外的垒打，包括二垒安打、三垒安打和本垒打。

界内球（fair ball）：击落在边线内的球。

界内区域（fair territory）：边线之内的区域。

爱好者（fan）：“fanatic”或“fancier”的缩写，更早一些称为“crank”。喜欢比赛和/或特定球队的体育消费者。

幻想棒球（fantasy baseball）：棒球迷们组建一支球队的球员来假装管理美国职业大棒球联盟的球队。在幻想棒球中，棒球谜可以向球队的所有者一样做决定。早期又称“炮制棒球（rotisserie baseball）”。

直球（fastball）：球速最快的投球，MLB 速度为 128.75~160.93 千米/时（80~100 英里/时）。根据投手的握球方式可分为不同类型，包括四缝线直球、二缝线直球、卡特球（cutter）和指叉快球（splitter）。四缝快球比其他快球更快，但运动更少。

外野手（fielder）：防守球员。

守场员选杀（fielder's choice）：野手选择让在击球手位置的跑垒员出局而使击球手达到一垒。击球手不得分。

防守失误（fielding error）：应当导致出局但实际上没有的防守。源于捕球，而非投球。另参阅界外（throwing error）。

界外（throwing error）：应当导致出局但实际上没有的防守。源于投球，而非捕球。参见“防守失误（fielding error）”。

一垒（first base）：为了获得一垒安打，击球手必须首先触到的垒。

一垒手（first baseman）：最接近一垒的防守球员和内野手。位置编号为 3。

五拍子球员（five–tool player）：拥有很强的棒球技能的球员。五种棒球技能包括速度、手臂强度、守备能力、打击能力和长打能力。

高飞球（fly ball）：球击向空中，与地滚球（bround ball）相对，但不是在低空，与平飞球（line ball）相对。

接杀（fly out）：球向空中击出并在空中被捕获，从而导致出局。可能在界内或者界外，又称“fly ball put”。与地滚球出局（ground out）相对。

弃权比赛（forfeited fame）：由主裁判以 9:0 或者犯规而裁定结束的比赛。

封杀（force out）：与触杀（tag out）相对。当手中握球或者戴有手套的防守队员触到了一个垒，同时一名跑垒员因为所在的前一垒而必须进入这个垒时，这个跑垒员就被封杀了。又称“Force Play”。

界外球（foul ball）：被击出边线之外的球。

界外区域（foul territory）：边线之外的区域。

擦棒球（foul tip）：从击球手的球棒直接落入捕手的手套或手中的界外球。打棒球计为好球，含三振。

接捕 [frame（a pitch）]：捕手试图以球在好球区的方式接住投手投出的球，但是实际上球并未落入好球区。

自由球员（free agent）：未与任何球队签约，有资格与所有球队签约的球员。

满球数（full count）：击球手击出三个坏球和两个好球。

比赛（game, G）：棒球比赛或者在比赛中出场。

满贯全垒打（grand slam）：满贯的本垒打。

地滚球（ground ball）：击向地面的球，与平飞球（line drive）和高飞球（fly ball）相对。

地滚球出局（ground out）：击球手在把一个地滚球打给一位野手之后，在一垒盗垒被出局。与飞球出局（fly out）相对。

外二垒安打（ground–rule double）：当击球手基础的球越过外场屏障，离开比赛场地时，击球手将获得二垒打。

安打（hit, H）：击球手击球并安全到达一个垒，其中没有任何失误、守场员选杀、步行或触身球。包括一垒安打、二垒安打、三类安打和全垒打。习语：流行的东西叫作热门商品。

打带跑战术（hit-and-run）：为了让跑垒员在前往下一垒方面抢占先机的进攻战术。为了跑垒员，击球手不管球被投向哪里都会试图去击球。

触身球（hit batsman, hit by pitch, HBP）：当投出的球集中了击球手的身体时，击球手被报送上一垒。

完全打击（hit for the cycle）：击球手在一场比赛中击出了一垒安打、二垒安打、三垒安打和全垒打至少各一个。是一项不寻常的成就。

击球手（hitter）：击球手（batter）的另一个术语。

低谷（hitting slump）：击球手在连续几场比赛中击球都出现了问题。要么没有命中，要么命中率很低。

连续击出安打（hitting streak）：击球手在击球时表现非常出色。通常是通过至少一次安打的连续比赛数来评估的。乔·迪马吉奥保持着这一纪录，他连续 56 场比赛击出安打。

击球手球场（hitter's park）：像丹佛的库尔斯球场和波士顿的芬威公园这样的球场有利于击球手，能够在所有比赛状态都有更高的预期得分。与投手球场（pitcher's park）相对。

长打（hitting for power）：打出本垒打。

让跑垒员保持在垒上（holding runner on base）：当跑垒员在一垒时，一垒手站在一垒附近。这样在投手向一垒手投球时，跑垒员就必须离一垒更近（更少离垒）来避免被触杀。这样做是为了降低跑垒员盗取二垒的可能性。

本垒板（home plate）：扁平的橡胶标记，方形的一面朝向投手，三角形的一面远离投手。捕手蹲在本垒板后面。击球时，球员站在击球区的本垒板旁边。在绕垒跑之后，球员必须触碰本垒板才能得分。又称"home base"。

本垒打（home run, HR）：使击球手达到泪奔的击球。又称"homer"或"long ball"。通常是通过将球击出外场屏障来实现。对于场内本垒打（inside-the-part home run），击球手绕着垒跑时，球保持在赛场上。习语：当项目做得很好时，我们可以说打了一个本垒打。

主队（home team）：在主队体育场内比赛的球队。另参见客队（away team, visiting team）。

不合法投球（illegal pitch）：投手的轴心脚（pivot foot）不在投手板上时投出的一种投球，是快速投球或者投球犯规。

内野手（infielder）：靠近垒的防守球员。

局（inning）：在棒球比赛中的比赛单位。一局中包含三次出局。完整的一局首先由客队击球，然后是主队击球。上半场由客队击球，下半场由主队击球。

故意四坏球（intentional base on balls）：投手不想投出好球，而是给击球手一个四坏球。是一种避免向击球手（可能是一个好的击球手）投球或者让跑垒员在一垒上以使其可能被封杀的棒球战术。

妨碍行为（interference）：进攻干扰是指击球队干扰、阻碍或迷惑试图击出球的野手。例如，跑垒员在试图与外野手争相捕球时被球击中，这种情况跑垒员被判决出局。当捕手的手套碰到球棒时，防守性妨碍行为就产生了。防守性妨碍行为会影响击球手的挥棒或者让击球手不能击中球。此外，还有裁判妨碍行为和观众 / 球迷妨碍行为。

二垒（keystone sack）：二垒（second base）的另一个术语。

指节变化球（knuckleball）：一种非常慢的投球 [MLB 速度 88.51~112.65 千米 / 时（55~70 英里 / 时）]，旋转很少且以不可预测的方式移动。又称“knuckler”。

一棒（lead-off hitter）：阵容中的第一位击球手。因为有很大可能性攻垒（getting on base）而被选择开始球队的击球。

出击（leave the yard, go yard）：棒球俚语，指击中本垒打。

左外野手（left fielder, LF）：在外野左侧的防守队员。其中，“左侧”是由从本垒板朝场地方向看来定义的。左外野手的位置编号为 7。习语：疯狂的想法出自左外野。

残垒数（left on base, LOB）：攻队的半局比赛结束时，球队三次出局，但球员仍在垒上。

左投手（lefty）：用左手投球或者击球的球员。

平飞球（line drive）：向空中击出的球，与地滚球（ground Ball）相对。但是，球在空中的位置并不高，与高飞球（fly ball）相对。

阵容（lineup）：在比赛开始时向本垒裁判提交的球 / 击球手的顺序。在比赛期间，阵容有变化时应向裁判报告。

活球（live ball）：继续处于比赛过程中的球，与死球（dead ball）相对。

活球时代（live ball era）：1920 年以后，美国职业棒球大联盟要求使用新的白球。与死球时代（dead ball era）相对。

转弯（making the turn）：向一垒跑去的跑垒员可以跑过该垒并向界外区域跑去。如果不朝界外区域跑去，那么跑垒员来时沿垒道跑向二垒。此时，他的动作称为转身，可能被野手触杀。

经理（manager）：为球队在场上的行动负责的人。可能是一名球员。

人工得分（manufactured run）：使用“小球”策略获得的得分，即让跑垒员在垒上，通过一垒安打、步行和盗垒每次前进一个垒。与二三垒安打或全垒打（extra-base hits）相对。

门多萨线（Mendoza line）：以马里奥 · 门多萨（Mario Mendoza）命名。马里奥 · 门多萨是大联盟的一名游击手，他的终生击球率是 0.215。门多萨线是指 0.200 的击球率，这被认为是该位置球员最小可接受的击球率。门多萨线又可称为优克线（Uecker line），以鲍勃・优克（Bob Uecker）命名。鲍勃・优克是一位强壮的防守型捕手。1962—1967 年，他在密尔沃基酿酒人队和亚特兰大勇士率的击球率恰好是 0.200。

垒手（men on base）：击球队在一垒、二垒和三垒上的跑垒员。

中继投手（middle reliever）：在比赛开始后和结束前参加比赛的投手。不同于起始投手和终结者。

中内野手（middle infielder）：二垒手或游击手。参见中场（up the middle）。

美国职业棒球大联盟（major league baseball, MLB）：美国的职业棒球组织。由两个联盟组成，每个联盟包含 30 支球队。其中 15 支属于美国联盟，15 支属于国家联盟。

国家联盟（National league）：美国职业棒球大联盟中的一个，由 15 支球队组成，分成 3 个分区，每个分区 5 支球队。国家联盟不允许指定击球手。参见美国联盟（American league）。

邻打（neighborhood play）：当二垒上有近距离交锋，跑垒员滑行入垒中时，如果二垒手没有保持脚在垒上，就可能被记为封杀。只要二垒手的脚在二垒附近，那么就被记为封杀。这样可以避免对穿鞋钉的球员造成伤害。参见封杀（force out）。

无安打比赛（no hitter）：虽然击球手通过步行或者失误到达垒上，但是投手在九局中未能命中。另参见完全比赛（perfect game）。

无安打比赛（no–no）：棒球俚语，指没有击球手，即没有其他球队击中和得分。另参见完全比赛（perfect game）。

阻挡（obstruction）：野手在没有控球的情况下阻挡跑垒员的前进。

攻队（offense）：进攻的球队，与守队（defense）相对。

官方计分员（official scorer）：负责保存比赛记录和裁定命中率与防守失误的人。

赛场上的球队（on the field team）：场上的球队是守队，与攻队（batting team）相对。

上垒率（on–base percentage, OBP）：打席（plate appearance）的比例，包括击球手通过安打（hit）、保送上垒（walk）和触身球（hit by pitch）到达垒上。不含由于防守失误（fielding error）、守场员选杀（fielder's choice）、不死三振（dropped/uncaught third strike）、野手阻挡（obstruction）或捕手妨碍行为（interference）而产生的上垒。又称“on–base average（OBA）”。通常用比例，而不是百分比表示。因刘易斯的书《点球成金》（Lewis, 2003）及随后的同名电影而广为人知。上垒率被认为是比击球率更好的进攻表现指标，其计算公式为：

$$\text{上垒率}=\frac{\text{安打}+\text{四坏保送}+\text{触身球}}{\text{打数}+\text{四坏保送}+\text{触身球}+\text{牺牲打}}$$

就击球手本身而言，获得保送上垒或触身球与击出安打的效果相同，均可在不产生出局记录的情况下让击球手到达一垒。2014 赛季 30 支美国职棒大联盟球队常规赛的平均上垒率为 0.314。选择好的击球手的一个经验法则是寻找高于 0.333 的上垒率。也就是说，我们要找的是在每三次打席中能够有一次上垒的击球手。

上垒加长打率（on–base percentage plus slugging, OPS）：衡量总体击球实力的指标。

$$上垒加长打率=上垒率+长打率$$

2014 赛季 30 支 MLB 球队的常规赛的上垒加长打率为 0.700（Sports Reference LLC, 2015a）。

平行站立击球姿势（open batting stance）：击球手在击球区中，距离投手最近的脚比距离投手最远的脚和本垒板的距离更远。

出局（out）：攻队在比赛中的三个单元之一。也就是说，每半局比赛中有三次出局。

"出局（out）"：表示要记录出局的裁判判决。

外野手（outfielder）：离垒很远的防守队员。

滑出垒位（overslide）：在二垒和三垒，跑垒员可以在触垒后离开垒。球员离垒时可以被野手触杀。滑出垒位可能会发生在二垒或者三垒。滑出垒位与一垒无关，因为跑出一垒进入界外区域是被允许的。滑出垒位与本垒也无关，因为得分后跑出本垒后，跑垒员即完成沿垒道绕垒的任务。

比赛节奏（pace of play）：又称"pace of game"。美国职业棒球大联盟一直在寻找加快比赛进程的方法，重点关注投手或击球手的非必要延误。这一点是有争议的，因为慢节奏和没有时钟正是棒球的吸引力所在。视频重播的引入影响了比赛节奏，使比赛变得更长。

捕逸（passed ball）：越过捕手的投球，属于捕手的失误。与爆投（wild pitch）相对。爆投属于投手的失误。

PECOTA：一种使用球员的可比年龄曲线作为基础数据的测量和预测系统。得名于 20 世纪 80 年代的堪萨斯城皇家队的内野手比尔·派克塔（Bill Pecota）。

完全比赛（perfect game）：投手在九局比赛中的投球都没有让跑垒员上垒。没有安打、没有保送上垒、没有实物。进入投手板 27 名击球手都出局了。

投手牵制指派（pick off assignment）：指定野手负责为投手牵制占据垒包。与二垒的投手牵制相关，二垒手或游击手都可以占据垒包。

投手牵制打法（pick off play）：投手把球投到一垒、二垒或三垒，试图接住离垒的跑垒员。接球的野手必须在跑垒员触垒前将球触杀。

代打（pinch hitter）：代替另一名球员击球的球员，替换阵容中的原始球员。原始球员可能无法返回比赛。

代跑者（pinch runner）：代替另一名恰好在垒上的球员跑垒的球员，替换阵容中的原始球员。原始球员可能无法返回比赛。

投球（pitch）：球从投手传给击球手。

投球数（pitch count）：投手进入比赛后投出的球数（含好球和坏球）。经理们会认真关注这一数字。首发投手的投球数达到 100 被许多经理看作警告信号。投球数越高，投手就越容易受伤。当投球数很高时，投手投出的直球速度会降低。同时，投手得到出局的效率也会比较低。投球数又称击球手在击球时面对的击球数。攻队可能采用高投球数策略，试图通过投出更多的球（含坏球和好球）来提高首发投手的投球数，从而迫使该投手退出比赛。这正是《点球成金》一书和随后的同名电影中所推崇的策略之一。

投手（pitcher, P）：负责向击球手投球的防守队员。位置编号为 1。

投手的决战（pitcher's duel）：一场由两个投手投球，很少得分的比赛。

投手球场（pitcher's park）：像芝加哥的美国蜂窝球场和旧金山的 AT & T 球场有利于投手，在所有比赛状态都有较低的预期得分。与击球手球场（hitter's park）相对。

投手板（pitcher's plate）：投手区（pitcher's mound）中间的长方形硬质橡胶平台。投手在把球传给击球手之前，轴心脚必须在投手板上。又称"rubber"。

伸臂投球（pitching from the stretch）：不同于完全伸展手臂投球，投手部分伸展手臂投球，在将球投出前完全停住。通常在垒上有跑垒员时使用。

投球深度（pitching depth）：球队中可以参赛的投手数量。

投手丘（pitching mound）：投手投球的圆形凸起区域。

投手轮换（pitching rotation）：球队在其首发投手阵容中的四名或者五名投手的有序组合。在常规赛的所有比赛中，首发投手通常都有固定的出场顺序，这样每名投手在两次首发出场之间都有三到四天的休息时间。

枢心脚（pivot foot）：投手向击球手投球时，必须与投手板接触的脚。

定点击球手（place hitter）：对球棒具有良好的控制能力的击球手。其所击出的球没有野手能够接到，但可以保持落在球场内。

打板（plate）：棒球俚语，动词，表示得一分。来源于"本垒板（home plate）"一词。因此，"他们打了两个板"是指"他们得了两分"。

打席（plate appearance）：打数（at bats）、四坏保送（walks）、触身球（hit by pitches）和牺牲打（sacrifices）的总和。

$$\text{打席}=\text{打数}+\text{四坏保送}+\text{触身球}+\text{牺牲打}$$

轮班换阵（platooning）：一种在应对左投手和右投手时使用不同阵容的管理策略。例如，当对方球队的首发投手习惯使用左手时，阵容中可能会包含更多习惯使用右手的击球手。而当对方球队的首发投手习惯使用右手时，阵容中可能会包含更多习惯使用左手的击球手。这样做是因为预期中习惯使用右手的击球手在对阵习惯使用右手的投手时效果更差，而预期中习惯使用左手的击球手在对阵习惯使用左手的投手时效果更差。这些效果方面的差异是由于曲线会像脱离了击球手一样，更难击中。

“比赛开始（play ball）”：裁判宣布比赛开始。

内野飞球（pop-up）：向空中击出但飞行不远的球。通常会被内野手、捕手或投手捕获。

位置编号（position number）：与场地位置相关并用于计分的数字。（1）投手；（2）捕手；（3）一垒手；（4）二垒手；（5）三垒手；（6）游击手；（7）左外野手；（8）中外野手；（9）右外野手。

非投手球员（position player）：除了投手以外的球员，包括内野手、外野手和捕手。

强有力的击球手（power hitter）：击出本垒打的棒球球员。

有效击球（productive at bat）：能够让跑垒员以某种方式前进的击球，包括安打、牺牲短打、牺牲高飞或者从后面击中跑垒员以使其前进。又称“productive out”，与“unproductive out”相对。

拉打型击球手（pull hitter）：右手击球手通常会把球击到二垒和三垒之间或者左野。或者，左手击球手通常会把球击到一垒和二垒之间或者右野。为了适应推打型击球手，一些守队会进行移防，让一些球员偏离其正常位置。

暗中操作（pull the string）：棒球俚语，是指用曲线球等骗过击球手。

快速投球（quick pitch）：投手传出的球，未给击球手预留足够的时间在击球区做好准备。又称“quick return”。

争取到达外场屏障（reaching for the fences）：试图打出本垒打的棒球球员。

正式比赛（regulation game）：一些比赛取消了，另一些没有完成，需要延期至后续某一时间或者日期完成。

替补投手（relief pitcher）：在首发投手退出之后进入比赛的投手。

录像判决（replay review）：由远程裁判通过视频重放做出的判决。这类可审查的判决包括可能的本垒打判决、非本垒打边界（non-home-run boundar）判决、特定界内/界外判决、封杀/触杀判决、外场接球（catches in the outfield）判决、触身球（hit-by-pitch）判决、本垒碰撞（collisions at home plate）判决、返垒（tag-up）判决以及各类封杀/触杀判决。由本垒裁判判定的好球和坏球不能进行录像判决。

再踏垒（retouch）：经过一个垒之后返回垒的跑垒员。跑垒员必须触垒，以免被野手触杀。

反向曲线球（reverse curve）：与曲线球运动方向相反的变化球。又称“screwball”或“fall-away”。

右外野手（right fielder, RF）：在外野左侧的防守队员。其中，“右侧”是由从本垒板朝场地方向看来定义的。右外野手的位置编号为 9。

RISP：表示得分位置的跑垒员。该跑垒员可能在二垒或者三垒，此时一垒打就可以让跑垒员回到本垒。

绕垒（rounding the bases）：棒球俚语，是指绕着垒跑，从一垒到二垒，再到三垒，最后到本垒。

得分（run）：棒球中的计分单位，又称“score”。类似于足球或篮球的一分。

打点（run batted in, RBI）：当跑垒员因击球手的击球、牺牲打或者守场员选杀得分时，击球手得到一个打点。

夹杀（run down）：跑垒员在垒之间被野手抓住可能会被触杀。通常会有两个或者更多野手参与夹杀。他们试图通过来回传球将跑垒员触杀。

跑垒员（runner）：不击球，但是在垒道上的球员。

牺牲短打（sacrifice bunt）：成功地使跑垒员进入下一垒的短打。

牺牲高飞（sacrifice fly）：成功让跑垒员进入下一类的平飞球（line drive）或者高飞球（fly ball）。跑垒员必须在被触杀前触碰当前的垒并进入下一垒。

“安全上垒（safe）”：裁判的裁决，跑垒员被保送上垒。

得分圈（scoring position）：在二垒或三垒上的跑垒员被称为得分圈内的跑垒员，因为一个单打就足以让跑垒员回到本垒。

旋转球（screwball）：沿着与弧线球相反方向运动的变化球。又称“reverse curve”或“fall-away”。

赛季（season）：在美国职业棒球大联盟中，一个棒球赛季包括 162 场比赛，其中客场比赛和主场比赛各 81 场。

二垒（second Base）：位于内野中间，在一垒和三垒之间。又称“keystone sack”。

二垒手（second baseman）：防守球员，最接近二垒的内野手。位置编号为 4。

次要优势（secondary lead）：当投手挥臂准备投球时，跑垒员从离垒开始就占据了领先优势。但是在投手投球后，跑垒员与垒相距更远。距离垒多出的这部分距离称为次要优势。

半故意保送上垒（semi-intentional walk）：投手向击球手投球时，有意在未向其表明意图的情况下把其保送上垒。半故意保送上垒记为保送上垒，而不是故意保送上垒。

侧身投球法（set position）：在垒上的进攻球员常用的合法投球方法。在侧身投球中，投手在投球前会完全停止。另一个合法的投球方法是正面投球法（windup position）。另参见投手犯规（balk）。

影子棒球（shadow ball）：棒球哑剧或者打假想球以娱乐球迷。在大萧条时期的黑人棒球队中很流行。

移防（shift）：场上的球员为了适应击球手的特殊力量而调整位置。例如，对于右手拉打型击球手来说，移防可能会需要二垒手从一垒和二垒之间的正常位置调整至二垒和三垒之间。移防的使用是有争议的。离开正常位置的野手可能在双杀（double Plays）、投手牵制（pick offs）和断球（taking cut-off positions）等方面不太熟练。移防也会影响棒球数据的完整性。在左手拉打型击球手击球时，三垒手在移防至一垒和二垒之间。当三垒手在一垒和二垒之间防守一个地滚球时，首先让击球手出局，记为 5 比 3 出局，即向三垒击球。

摩擦球(shine ball)：投手用制服把球的一侧擦干净，同时在另一侧涂上灰尘或者粉末。用于影响球的轨迹。

完封（shutout）：由一名投手完成所有九局比赛，对方球队未得分。

游击手（shortstop）：防守球员，像三垒手一样的内野手，在二垒和三垒之间打球。但是，游击手比三垒手距离三垒更远。位置编号为 6。

侧投（side-arm delivery）：介于高压式投球法（overhand delivery）和低手投球法（如垒球）之间的投球方法。

一垒安打（single, 1B）：使击球手到达一垒的击球。又称"base hit"。

滑球（dlider）：像双缝线直球（two-seam fastball）一样握住的球，但略微偏离中心。MLB 的速度是 112.65~136.79 千米 / 时（70~85 英里 / 时）。滑球不如直球快，但是会像弧线球一样在方向上有变化。

长打率（slugging percentage, SLG）：击打力量的指标。贝比·鲁斯的长打率为 0.690，是美国职业大棒球联盟的历史最高纪录。长打率可能的最大值是 4.0，这意味着球员每次击球都可以打出本垒打。长打率的计算公示为：

$$长打率=\frac{一垒打数+（2\times 二垒打数）+（3\times 三垒打数）+（4\times 本垒打数）}{打数}$$

2014 赛季 30 支 MLB 球队在常规赛中的平均长打率为 0.386（Sports Reference LLC, 2015a）。

小球战术（small ball）：基于垒打、步行和盗垒的棒球战术。也就是说，每次前进一个垒来得分，即人工得分。又称在比赛内（inside game），即指动作处于垒道内。

转速（spin rate）：投手投出的球从投手的手到本垒板的过程中的速度。速度相同的直球可能转速差异很大。低转速（低于 2 000 转 / 分）的直球有时也称重球（heavy）。这样的球有可能会落下来。高转速（高于 2 500 转 / 分）的直球则会有更多运动。

唾球（spitball）：又称"spitter"。投手将唾液或一些异物涂在球上，从而影响球的运动轨迹。虽然一些投手被怀疑投出了唾球，但是美国职业大棒球联盟并不允许唾球。

强迫取分（squeeze play）：为了让跑垒员到达本垒，击球手在三垒与跑垒员触击，得到少于两次出局。自杀式强迫取分（suicide squeez）是指在投手开始投球时，三垒跑手就开始跑向本垒。安全取分(safety squeeze)是指在投手投球后，三垒跑手才开始跑向本垒。

先发投手（starting pitcher）：在比赛首发阵容中的投手，相对替补投手（relief pitcher）而言。

盗垒（stolen base, SB）：不借助击球、传球或爆投，从一垒到达二垒、二垒到达三垒或从三垒到达本垒。1990年以后，美国职业大棒球联盟的盗垒成功率约为70%(Baumer & Zimbalist, 2014）。

进入击球区（stepping in the bucket）：棒球俚语，是指脚距离投手最近的击球手在挥棒击球时离开本垒板。不论击球手的站姿如何（前脚靠后站立或平行站立）都可能发生。又称“bailing out”。

好球（strike）：裁决好球（called strike）是指投出的球在好球带内，但是击球手没有挥棒的球。或者击球手在击出第一个或第二个好球时出界的球。挥动好球（strike swinging）是指击球手挥棒但是每次挥棒均未击中的好球。擦棒球（foul tip）是指在第三次击出好球时，击球手挥棒击出的球直接击中捕手的手套或者手。或者在尝试击出第三个好球时，将球击出界外的击球也是挥动好球。为了保留坏球和好球的完整记录，所有在比赛中击出的球，不论其位置是否在好球区都算作好球。

三振出局（strikeout, K）：击球手在获得四个坏球之前得到三个好球。若击球手没有挥棒击球，则此时的三振称为拿香三振（strikeout looking）或站着不动而被三振（called strike three）。若击球手挥棒击球，则此时的三振称为挥空三振（strikeout swinging）。符号“K”表示三振。这一表示法可能来源于单词“knockout”，或者“strikeout”中的字母“k”。有时将K反着写，表示拿香三振。如果没有跑垒员在一垒上，且捕手未能捕获第三个好球，那么如果击球手在被封杀前到达一垒，则他可以被保送上一垒。

打击区域（strike zone）：矩形区域，其底部宽度和深度由本垒板区域定义，高度由参照击球手定义，从击球手的膝盖到击球手腰带上方约三个棒球的位置。以前，打击区域的上界是击球手的肩膀。裁判员对有效打击区域的认定不尽相同。较小或较窄的打击区域对击球手有利，较大或较宽的打击区域对投手有利。棒球分析师用以平方英尺为单位的面积来测量打击区域的大小。

暂停比赛（suspended game）：中止一场比赛并改在以后的时间/日期进行。

横扫(sweep)：棒球俚语，是指在与另一支球队的短系列赛(通常包含三到四场比赛)中赢得所有比赛。又称“clean sweep”。

左右开弓型击球手（switch hitter）：从左侧和右侧都能击球的击球手。

左右开弓型投手（switch oitcher）：从两边都可以投球的投手。非常罕见的一类球员。

标记（tagging up）：当出局少于三次时，跑垒员可以把脚放在垒上，等到飞行的球被抓住，然后跑到下一垒。在以这种方式标记时，如果跑垒员在达到下一垒之前没有被野手触杀，他就被获准进入下一垒。

触杀（tag out）：与封杀（force out）相对。在跑垒员到达垒前用球或者握住球的手套碰到他，则跑垒员出局。又称“tag play”。

带头（离垒）[take a lead（off base）]：跑垒员离开所在的垒并朝下一个垒的方向移动，以便在跑到或者盗得下一垒时占有先机。参见“让跑垒员在垒上（holding runner on base）”。

让投手更近一步（take a pitcher deep）：棒球俚语，指打出本垒打。

德州安打（texas leaguer）：用于描述被击落后落在内野手和外野手之间的球，又称“bloop single”。德州联盟是一个双 A 小棒球联盟，但是没有证据表明德州安打在德州联盟中比在其他联盟中更为流行。

三垒（third base）：跑垒员为了得分在一垒和二垒之后必须到达的位置。

三垒手（third baseman）：防守球员，距离三垒最近的内野手。位置编号为 5。

三垒打（three-bagger）：使击球手达到三垒的击球。又称“三杀（triple）”。

投球（throw）：比赛中除了向击球手投球之外的所有投球行为。

界外（throwing error）：应当导致出局但实际上没有的防守。源于投球，而非捕球。另可参见“防守失误（fielding error）”。

平局比赛（tie game）：主队和客队比分相同的正式比赛。在棒球中属于罕见事件。

“暂停（time）”：裁判裁决，中止比赛。当裁判裁决暂停时，球就死了。

投球暗示（tip a pitch）：揭示投球类型的投手动作。可能是投手在投手板中的位置、手臂角度或出手点。如果这其中的任何一个投球类型变化，精明的击球手就可能推断出投球的类型。指导投球类型能够使击球手在击球时具备优势。

垒打数（total bases, TB）：球员击球获得的总垒数。其数值等于一垒安打数加上二垒安打数乘以二，再加上三垒安打数乘以三，再加上全垒打数乘以四。

三垒安打（triple, 3B）：使击球手到达三垒的击球。又称“three-bagger”。

投手三冠王（triple crown）：联盟内在常规赛中击球率、全垒打和打点最高 / 最多的球员。

三杀（triple-play）：在一场比赛中有三次出局。三杀的类别由球员的位置编号确定。例如，5-4-3 三杀首先由三垒手把球投向二垒手，然后由二垒手把球投向一垒手。外野三杀（unassisted triple-play）是由一位球员完成的三杀。

二垒打（two-bagger）：使击球手到达二垒的击球。又称“double（2B）”。

裁判员（umpire）：执行美国职业棒球大联盟官方规则的人。裁判员裁定在垒道上是安全还是出局，是界内球还是界外球，以及是坏球还是好球。常规赛的比赛有四名裁判，其中每个垒有一名裁判，本垒裁判裁定是坏球还是好球。季后赛的比赛增在四名裁判的基础上增加两名裁判，其中一名在右野线，另一名在左野线。

裁判长（umpire-in-chief）：裁判员团队中的首席裁判员。

中场（up the middle）：中场防御由中野手（二垒手和游击手）和中外野手负责。许多球队都把他们最好的防守队员放在这些位置上，因为许多球都被击向中场。

攻队 [up to bat（team）]：击球队或进攻球队，与守队（fielding team）相对。

客队（visiting team）：不在与主场体育场比赛的球队。又称“away team”。

VORP：球员高于相同位置替补球员平均能力的价值。用每场比赛的得分为单位表示。是与 WAR 类似的表现指标。

保送上垒（walk）：击球手获得了一垒，因为在三振前有四个坏球。又称四坏球（base on balls, BB）。

再见投手犯规（walk-off balk）：在第九局即将结束时，使跑垒员到达三垒并赢得比赛的投手犯规。属于非常罕见的事件，又称再见胜利（balk-off win）。

再见安打（walk-off hit）：在第九局即将结束时为主队赢得一分并使其获胜的一次安打。

再见全垒打（walk-off home run）：在第九局即将结束时为主队赢得比赛的全垒打。

额外胜利数（WAR, WARP）：在整个赛季中，高于替补球员的胜利数。额外胜利数是指球员高于同位置替补球员平均能力的价值。例如，当 WAR 值为 5 时，表示如果使用替补球员，那么球队会在整个赛季少得 5 分。以整个赛季中的胜利数为单位表示，其中 10 分相当于 1 次胜利。这个指标存在许多专有版本，高于替补球员的胜利数（Wins Above Replacement Player，WARP）是其中之一。WAR 是一个类似 VORP 的总体表现指标。openWAR 是 WAR 的一个开源指标，其计算可使用公开数据来源的数据。

WHIP：每局比赛允许的保送数和安打数。WHIP 和防御率（Earned Run Average，ERA）都是衡量投球表现的总体指标。

外卡战（Wild Card Game）：在常规赛结束后，两支外卡队之间的一场季后赛比赛。这两支球队都是拥有最佳战绩但却未在分区取胜的球队。

爆投（wild pitch）：越过捕手的投球，属于投手的错误。与之相对的是因捕手的错误而产生的捕逸。爆投被认为是无法捕获的。

正面投球（windup position）：垒上无防守队员时的标准投球位置。正面投球时，投手在掷球前处于不完全停止的状态。

世界大赛（World series）：美国职业棒球大联盟赛季结束时的七场最精彩的比赛。对阵双方为美国联盟冠军系列赛（三角旗）的获胜球队和国家联盟冠军系列赛（三角旗）的获胜球队。自 1903 年以来每年举办，1904 年和 1994 年除外。

参考文献

Abrams, R.I.2010.The Money Pitch: Baseball Free Agency and Salary Arbitration.Philadelphia: Temple University Press.

Adler, J.2006.Baseball Hacks: Tips & Tools for Analyzing and Winning with Statistics. Sebastopol, Calif.: O'Reilly.

Agresti, A.2013.Categorical Data Analysis（third ed.）.New York: Wiley.

Akaike, H.1973.Information theory and an extension of the maximum likelihood princi-ple. In B.N.Petrov and F.Csaki（eds.）, Second International Symposium on Information Theory, pp.267–281.Budapest: Akademiai Kiado.214.

Alamar, B.C.2013.Sports Analytics: A Guide for Coaches, Managers, and Other Decision Makers.New York: Columbia University Press.

Albert, J.2009.Bayesian Computation with R.New York: Springer.34, 205.

Albert, J.H.2003.Teaching Statistics Using Baseball.Washington D.C.: The Mathematical Association of America.

Albert, J.H.and J.Bennett 2001.Curve Ball: Baseball, Statistics, and the Role of Chance in the Game.New York: Springer.34.

Albert, J.H., J.Bennett, and J.J.Cochran（eds.）2005.Anthology of Statistics in Sports. Alexandria, Va.: ASA-SIAM.

Albert, J.H.and R.H.Koning 2007.Statistical Thinking in Sports.New York: Chapman & Hall/CRC.in press.

Alder, J.2015.Super bowl attendance.Retrieved from the World Wide Web on August 5, 2015 at http: //football.about.com/od/histo2/a/SBattendance.htm/.9.

Alfons, A.2014a.cvTools: Cross-Validation Tools for Regression Models.Comprehensive R Archive Network.2014.http: //cran.r-project.org/web/packages/cvTools/cvTools.pdf.

Alfons, A.2014b.simFrame: Simulation Framework.Comprehensive R Archive Network.2014.http: //cran.r-project.org/web/packages/simFrame/simFrame.pdf.215.

Alfons, A., M.Templ, and P.Filzmoser 2014.An Object-Oriented Framework for Statistical Simulation: The R Package simFrame.Comprehensive R Archive Network.2014.http: //cran.r-project.org/web/packages/simFrame/vignettes/simFrame-intro.pdf.215.

Allen, M.J.and W.M.Yen 2002.Introduction to Measurement Theory.Prospect Heights, Ill.: Waveland Press.

Allison, P.D.2010.Survival Analysis Using SAS: A Practical Guide(second ed.).Cary, N.C.: SAS Institute Inc.

American Football Coaches Association 1999a.Defensive Football Strategies.Champaign, Ill.: Human Kinetics.

American Football Coaches Association 1999b.Offensive Football Strategies.Champaign, Ill.: Human Kinetics.

Amor, D.2002.The E-business（R）evolution: Living and Working in an Interconnected World（second ed.）.Upper Saddle River, N.J.: Prentice Hall.

Anand, S.S.andA.G.Büchner 2002.Database marketing and web mining.InW.Klösgen and J.M.Zytkow（eds.）, Handbook of Data Mining and Knowledge Discovery, Chapter 46.1, pp.843–849.Oxford: Oxford University Press.

Andersen, P.K., Ø.Borgan, R.D.Gill, and N.Keiding 1993.Statistical Models Based on Counting Processes.New York: Springer.

Anderson, C.and D.Sally 2013.The Numbers Game: Why Everything You Know About Soccer is Wrong.New York: Penguin Press.

Angell, R.1972.The Summer Game.New York: Ballantine Books.

Angell, R.1977.Five Seasons: A Baseball Companion.New York: Simon & Schuster.

Angell, R.1982.Late Innings: A Baseball Companion.New York: Simon & Schuster.

Angell, R.2003.Game Time: A Baseball Companion.Orlando, Fla.: Harcourt.

Anscombe, F.J.1973, February.Graphs in statistical analysis.The American Statistician 27: 17–21.

Appleton, D.R.1995.May the best man win? The Statistician 44（4）: 529–538.42. Armstrong, J.S.（ed.）2001.Principles of Forecasting: A Handbook for Researchers and Practioners.Boston: Kluwer.

Asinof, E.1963.Eight Men Out: The Black Sox and the 1919 World Series.New York: Holt, Rinehart & Winston.

Asur, S.and B.A.Huberman 2010.Predicting the future with social media.In Proceedings of the 2010 IEEE/WIC/ACM International Conference on Web Intelligence and Intelligent Agent Technology -Volume 01, WI-IAT'10, pp.492–499.Washington, DC, USA: IEEE Computer Society.http: //dx.doi.org/10.1109/WI-IAT.2010.63.224.

Athanasopoulos, G., R.A.Ahmed, and R.J.Hyndman 2009.Hierarchical forecasts for Australian domestic tourism.International Journal of Forecasting 25: 146–166.

Avery, C.and J.Chevalier 1999.Identifying investor sentiment from price paths: the case of football betting.Journal of Business 72（4）: 493–521.

Bacon, L.D.2002.Marketing.In W.Klösgen and J.M.Zytkow（eds.）, Handbook of Data Mining and Knowledge Discovery, Chapter 34, pp.715–725.Oxford: Oxford University Press.

Badenhausen, K., M.K.Ozanian, and C.Settimi 2014, August 20.Cowboys are the first U.S.team to top $3b valuation.Forbes.Retrieved from the World Wide Web, August 3, 2015, at http: //www.forbes.com/nfl-valuations/.

Badenhausen, K., M.K.Ozanian, and C.Settimi 2015a, January 21.Lakers top 2015 list of NBA's most valuable teams; average team worth record $1.1 billion.Forbes.Retrieved from the World Wide Web, August 3, 2015, at http: //www.forbes.com/ nba-valuations/.140.

Badenhausen, K., M.K.Ozanian, and C.Settimi 2015b, March 25.MLB worth $36b as team values hit record $1.2b average.Forbes.Retrieved from the World Wide Web, August 3, 2015, at http: //www.forbes.com/mlb-valuations/.

Baeza-Yates, R.and B.Ribeiro-Neto 2011.Modern Information Retrieval（second ed.）.New York: Addison-Wesley.

Bahga, A.and V.Madisetti 2014.Cloud Computing: A Hands-On Approach.Atlanta.Self-published with online information at www.cloudcomputingbook.info.

Baker, B.O., C.D.Hardyck, and L.F.Petrinovich 1966.Weak measurements vs.strong statistics: An empirical critique of S.S.Stevens' proscriptions on statistics.Educational and Psychological Measurement 26: 291–309.Reprinted in Mehrens and Ebel（1967）.

Bar-Eli, M., S.Avugos, and M.Raab 2006.Twenty years of "hot hand" research: Review and critique.Journal of Sport and Exercise 7: 525–553.

Barlow, G.L.2000.Capacity management in the football industry.In A.Ingold, U.McMahon-Beattie, and I.Yeoman（eds.）, Yield Management: Strategies for Service Industries（second ed.）., Chapter 20, pp.303–314.London UK: Thomson Learning.

Barry, D.and J.A.Hartigan 1993, September.Choice models for predicting divisional winners in major league baseball.Journal of the American Statistical Association 88（423）: 766–774.

Bates, D.M.and D.G.Watts 2007.Nonlinear Regression Analysis and Its Applications.New York: Wiley.

Baumer, B.and A.Zimbalist 2014.The Sabermetric Revolution: Assessing the Growth of An-alytics in Baseball.Philadelphia: University of Pennsylvania Press.295.

Baumer, B.S., S.T.Jensen, and G.J.Matthews 2015, June.openWAR: An open source system for evaluating overall player performance in Major League Baseball.Journal of Quantitative Analysis in Sports 11（2）: 69–84.

Baumohl, B.2008.The Secrets of Economic Indicators: Hidden Clues to Future Economic Trends and Investment Opportunities（second ed.）.Upper Saddle River, N.J.: Pearson.

Beazley, D.M.2009.Python Essential Reference（fourth ed.）.Upper Saddle River, N.J.: Pear-son Education.

Beazley, D.M.and B.K.Jones 2013.Python Cookbook（third ed.）.Sebastopol, Calif.: O'Reilly.

Becker, R.A.and W.S.Cleveland 1996.S-Plus TrellisTM Graphics User's Manual.Seattle: MathSoft, Inc.238.

Belew, R.K.2000.Finding Out About: A Cognitive Perspective on Search Engine Technology and the WWW.Cambridge: Cambridge University Press.

Belichick, S.2008.Football Scouting Methods（reissue ed.）.Saratoga, Calif.: Liber

Apertus Press.Written by Bill Belichick's father.

Belsley, D.A., E.Kuh, and R.E.Welsch 1980.Regression Diagnostics: Identifying Influential Data and Sources of Collinearity.New York: Wiley.

Bennett, J.M.and J.A.Flueck 1983, February.An evaluation of major league baseball offensive performance measures.The American Statistican 37（1）: 76–82.

Berk, R.A.2008.Statistical Learning from a Regression Perspective.New York: Springer.

Berndt, E.R.1991.The Practice of Econometrics.Reading, Mass.: Addison-Wesley.

Berners-Lee, T.2000.Weaving the Web: The Original Design and Ultimate Destiny of the World Wide Web.New York: HarperBusiness.

Berri, D.J.and M.B.Schmidt 2010.Stumbling on Wins: Two Economists Expose the Pitfalls on the Road to Victory in Professional Sports.Upper Saddle River, N.J.: FT Press/Pearson.67.

Betz, N.E.and D.J.Weiss 2001.Validity.In B.Bolton（ed.）, Handbook of Measurement and Evaluation in Rehabilitation（third ed.）., pp.49–73.Gaithersburg, Md.: Aspen Publishers.

Bird, S., E.Klein, and E.Loper 2009.Natural Language Processing with Python: Analyzing Text with the Natural Language Toolkit.Sebastopol, Calif.: O'Reilly.http: //www.nltk.org/book/.35.

Birge, J.R.and F.Louveaux 2011.Introduction to Stochastic Programming.New York: Springer.

Bishop, Y.M.M., S.E.Fienberg, and P.W.Holland 1975.Discrete Multivariate Analy-sis: Theory and Practice.Cambridge: MIT Press.

Blattberg, R.C., B.-D.Kim, and S.A.Neslin 2008.Database Marketing: Analyzing and Managing Customers.New York: Springer.

Blei, D., A.Ng, and M.Jordan 2003.Latent Dirichlet allocation.Journal of Machine Learning Research 3: 993–1022.216.

Blount, Jr., R.1993.Yogi.In M.Mulvoy（ed.）, Baseball: Four Decades of Sports Illustrated's Finest Writing on America's Favorite Pastime, pp.171–190.Birmingham: Oxmoor House.

Bodendieck, Z.and T.Gatto（eds.）2006.2007 Baseball Register.Chesterfield, Mo.: Sporting News.

Bollen, J., H.Mao, and X.Zeng 2011.Twitter mood predicts the stock market.Journal of Computational Science 2: 1–8.

Borg, I.and P.J.F.Groenen 2010.Modern Multidimensional Scaling: Theory and Applications（second ed.）.New York: Springer.81.

Borgatti, S.P., M.G.Everett, and J.C.Johnson 2013.Analyzing Social Networks.Thousand Oaks, Calif.: Sage.232.

Boswell, T.1984.Why Time Begins on Opening Day.Garden City, N.Y.: Doubleday.

Boswell, T.1989.The Heart of the Order.New York: Doubleday.

Boswell, T.1994.Cracking the Show.New York: Doubleday.

Bouton, J.1981.Ball Four, Plus Ball Five: An Update, 1970—1980.New York: Stein & Day.
Box, G.E.P.and D.R.Cox 1964.An analysis of transformations.Journal of the Royal Statistical

Society, Series B (Methodological) 26 (2) : 211–252.

Box, G.E.P., G.M.Jenkins, and G.C.Reinsel 2008.Time Series Analysis: Forecasting and Control (fourth ed.) .New York: Wiley.227.

Bradbury, J.C.2007.The Baseball Economist: The Real Game Exposed.New York: Dutton.13, 14.

Bradley, R.A.1976, June.Science, statistics, and paired comparisons.Biometrics 32 (2) : 213–239.

Bradley, R.A.and M.E.Terry 1952, December.Rank analysis of incomplete block de-signs: I.the method of paired comparisons.Biometrika 39 (3/4) : 324–345.

Bradley, S.P., A.C.Hax, and T.L.Magnanti 1977.Applied Mathematical Programming. Reading, Mass.: Addison-Wesley.

Braun, W.J.and D.J.Murdoch 2007.A First Course in Statistical Programming with R.Cambridge, UK: Cambridge University Press.

Brealey, R., S.Myers, and F.Allen 2013.Principles of Corporate Finance.New York: McGraw-Hill/Irwin.

Breiman, L.2001.Statistical modeling: The two cultures.Statistical Science 16 (3) : 199–215.

Briskorn 2008.Sports Leagues Scheduling: Models, Combinatorial Properties, and Optimization Algorithms.New York: Springer.

Broughton, D.2012, November 12–18.Everybody loves bobbleheads.Sports Business Journal: 9.Retrieved from the World Wide Web at http: //www.sportsbusinessdaily.com/Journal/Issues/2012/11/12/ Research-and-Ratings/Bobbleheads.aspx.111.

Brown, C.B.2015.The Art of Smart Football.San Bernardino, Calif.Self-published.Brown, F.G.1976.Principles of Educational and Psychological Testing (Second ed.) .New York: Holt, Rinehart, and Winston.35.

Brownlee, J.2011.Clever Algorithms: Nature-Inspired Programming Recipies.Melbourne, Australia: Creative Commons.http: //www.CleverAlgorithms.com.216.

Bu hlmann, P.andS.vandeGeer2011.StatisticsforHigh-DimensionalData: Methods, The ory and Applications.New York: Springer.213.

Bukiet, B., R.Elliotte, and J.Palacios 1997.A markov chain approach to baseball.Operations Research 45: 14–23.

Burnham, K.P.and D.R.Anderson 2002.Model Selection and Multimodel Inference: A Prac tical Information-Theoretic Approach (second ed.) .New York: Springer-Verlag.

Buvač, V.and P.J.Stone 2001, April 2.The General Inquirer user's guide.Software developed with the support of Harvard University and The Gallup Organization.

Cairo, A.2013.The Functional Art: An Introduction to Information Graphics and Visualization.Berkeley, Calif: New Riders.

Cameron, A.C.and P.K.Trivedi 1998.Regression Analysis of Count Data.Cambridge: Cambridge University Press.

Campbell, D.T.and D.W.Fiske 1959.Convergent validity and discriminant validity by the multitrait-multimethod matrix.Psychological Bulletin 56: 81–105.

Campbell, S.and S.Swigart 2014.Going beyond Google: Gathering Internet Intelligence（5 ed.）.Oregon City, Oreg.: Cascade Insights.http: //www.cascadeinsights.com/ gbgdownload.

Carlin, B.P.1996, February.Improved NCAA basketball tournament modeling via point spread and team strength information.The American Statistician 50（1）: 39–43.42.

Carlin, B.P.and T.A.Louis 1996.Bayes and Empirical Bayes Methods for Data Analysis. London: Chapman & Hall.205

Carr, D., N.Lewin-Koh, and M.Maechler 2014.hexbin: Hexagonal Binning Routines. Comprehensive R Archive Network.2014.http: //cran.r-project.org/web/packages/ hexbin/ hexbin.pdf.238.

Carr, J.2015, June 18.Final: Dodgers get balk-off win against Rangers, 1-0.The Orange County Register.Retrieved from the World Wide Web on September 12, 2015 at http: // ocregister.com/dodgers/writer-667515-dodgers-final.html/.196.

Carroll, B., P.Palmer, and J.Thorn 1988.The Hidden Game of Football.New York: Warner Books.

Carroll, B., P.Palmer, J.Thorn, and D.Pietrusza（eds.）1998.The Hidden Game of Football: The Next Edition.Kingston, N.Y.: Total Sports.

Carroll, J.D.and P.E.Green 1997.Psychometric methods in marketing research: Part II, multidimensional scaling.Journal of Marketing Research 34: 193–204.81.

Carter, D.M.2011.Money Games Profiting from the Convergence of Sports and Entertainment.Stanford, Calif.: Stanford University Press.

Casciano, C.2011.The CSS Pocket Guide.Upper Saddle River, N.J.: Pearson/Peachpit.Ceri, S., A.Bozzon, M.Brambilla, E.D.Valle, P.Fraternali, and S.Quarteroni 2013.Web Information Retrieval.New York: Springer.

Cespedes, F.V., J.P.Dougherty, and B.S.Skinner, III 2013, Winter.How to identify the best customers for your business.MIT Sloan Management Review 54（2）: 53–59.Chakrabarti, S.2003.Mining the Web: Discovering Knowledge from Hypertext Data.San Francisco: Morgan Kaufmann.

Chambers, J.M.and T.J.Hastie（eds.）1992.Statistical Models in S.Pacific Grove, Calif.: Wadsworth & Brooks/Cole.Champions of S, S-Plus, and R call this “the white book.”It introduced statistical modeling syntax using S3 classes.

Chang, W.2013.R Graphics Cookbook.Sebastopol, Calif.: O’Reilly.

Charniak, E.1993.Statistical Language Learning.Cambridge: MIT Press.

Chatterjee, S.and A.S.Hadi 2012.Regression Analysis by Example（fifth ed.）.New York: Wiley.

Chen, D.-S., R.G.Batson, and Y.Dang 2010.Applied Integer Programming: Modeling and Solution.New York: Wiley.

Chihara, L.and T.Hesterberg 2011.Mathematical Statistics with Resampling and R.New York: Wiley.

Chiusano, P.and R.Bjarnason 2015.Functional Programming in Scala.Shelter Island, N.Y.: Manning.

Chodorow, K.2013.MongoDB: The Definitive Guide（second ed.）.Sebastopol, Calif.:

O'Reilly.

Christensen, R.1997.Log-Linear Models and Logistic-Regression (second ed.) .New York: Springer.

Chun, W.J.2007.Core Python Programming (second ed.) .Upper Saddle River, N.J.: Pearson Education.

Chvá tal, V.1983.Linear Programming.New York: W.H.Freeman and Company.

Cleveland, W.S.1993.Visualizing Data.Murray Hill, N.J.: AT&T Bell Laboratories.Initial documentation for trellis graphics in S-Plus.238.

Cohen, J.1960, April.A coefficient of agreement for nominal data.Educational and Psychological Measurement 20 (1) : 37–46.211.

Commandeur, J.J.F.and S.J.Koopman (eds.) 2007.An Introduction to State Space Time Series Analysis.Oxford: Oxford University Press.228.

Conejo, A.J., M.Carrión, and J.M.Morales 2010.Decision Making Under Uncertainty in Electricity Markets.New York: Springer.Chapter 2: Stochastic Programming Funda-mentals.

Connolly, T.and C.Begg 2015.Database Systems: A Practical Approach to Design, Implemen-tation, and Management (sixth ed.) .New York: Pearson.

Conway, D.and J.M.White 2012.Machine Learning for Hackers.Sebastopol, Calif.: O'Reilly.

Cook, E.1966.Percentage Baseball.Cambridge, Mass.: MIT Press.

Cook, R.D.1998.Regression Graphics: Ideas for Studying Regressions through Graphics. New York: Wiley.

Cook, R.D.2007.Fisher lecture: Dimension reduction in regression.Statistical Science 22: 1–26.

Cook, R.D.and S.Weisberg 1999.Applied Regression Including Computing and Graphics. New York: Wiley.

Copeland, R.2013.MongoDB Applied Design Patterns (second ed.) .Sebastopol, Calif.: O'Reilly.

Cover, T.M.1978, January–February.Errata: An offensive earned-run average for baseball. Operations Research 27 (1) : 207.

Cover, T.M.and C.W.Keilers 1977, October.An offensive earned-run average for baseball. Operations Research 25 (5) : 729–740.Also see Cover (1978) .

Cowpertwait, P.S.P.and A.V.Metcalfe 2009.Introductory Time Series with R.New York: Springer.

Cox, T.F.and M.A.A.Cox 1994.Multidimensional Scaling.London: Chapman & Hall.81 Cronbach, L.J.1951.Coefficient alpha and the internal structure of tests.Psychometrika 16: 297–334.35.

Davenport, T.H.and J.G.Harris 2007.Competing on Analytics: The New Science of Winning.Boston: Harvard Business School Press.199.

Davenport, T.H., J.G.Harris, and R.Morison 2010.Analytics at Work: Smarter Decisions, Better Results.Boston: Harvard Business School Press.199.

David, H.A.1963.The Method of Paired Comparisons.London: Charles Griffin & Company Limited.

Davidson, R.R.and P.H.Farquhar 1976, June.A bibliography on the method of paired comparisons.Biometrics 32（2）: 241–252.

Davison, A.C.and D.V.Hinkley 1997.Bootstrap Methods and their Application.Cambridge: Cambridge University Press.

Davison, M.L.1992.Multidimensional Scaling.Melbourne, Fla.: Krieger.81.

Day, Z.2013, December 5.Measuring pitching with trackman: the secrets of fastball spin. BaseballProspectus.com.Retrieved from the World Wide Web, September 19, 2015, at http: //www.baseballprospectus.com/article.php?articleid=22362/.

Dean, J.and S.Ghemawat 2004.MapReduce: Simplifed Data Processing on Large Clus-ters. Retrieved from the World Wide Web at http: //static.usenix.org/event/osdi04/tech/full_papers/dean/dean.pdf.

Delen, D., R.Sharda, and P.Kumar 2007.Movie forecast guru: A Web-based DSS for Hollywood managers.Decision Support Systems 43（4）: 1151–1170.224

Derderian, J.-C.1978, May.Maximum hedges.Mathematics Magazine 51（3）: 188–192.
DeSimone, B.1999, March 9.Gambling and sports: laying it on the line.The Chicago Tribune.

D’Esopo, D.A.and B.Lefkowitz 1977.The distribution of runs in a game of baseball. In S.P.Ladany and R.E.Machol（eds.）, Optimal Strategies in Sports, pp.55–62.New York: Elsevier-North Holland.

Dewan, J.and B.Jedlovec 2015.The Fielding Bible.Chicago: ACTA Sports.

Dickson, P.R.1997.Marketing Management（second ed.）.Orlando, Fla.: Harcourt Brace & Company.111, 131.

Downing, D., M.Covington, M.Covington, C.A.Barrett, and S.Covington 2012.Dictionary of Computer and Internet Terms（eleventh ed.）.Hauppauge, N.Y.: Barron’s Educational Series.

Draper, N.R.and H.Smith 1998.Applied Regression Analysis（third ed.）.New York: Wiley.

Dresow, K.2015.Offensive Football Systems.San Bernardino, Calif.Self-published.

Duda, R.O., P.E.Hart, and D.G.Stork 2001.Pattern Classification（second ed.）.New York: Wiley.

Dumais, S.T.2004.Latent semantic analysis.In B.Cronin（ed.）, Annual Review of Information Science and Technology, Volume 38, Chapter 4, pp.189–230.Medford, N.J.: Information Today.

Durbin, J.and S.J.Koopman 2012.Time Series Analysis by State Space Methods（seconded.）.New York: Oxford University Press.228.

Dwyre, B.2015, September 23.NFL would like story to go away.Los Angeles Times: D1, D5.185.

Early, G.L.2011.A Level Playing Field: African American Athletes and the Republic of Sports.Cambridge, Mass.: Harvard University Press.

Efron, B.1986.Why isn’t everyone a Bayesian（with commentary）.The American

Statistician 40（1）: 1–11.

Efron, B.and R.Tibshirani 1993.An Introduction to the Bootstrap.London: Chapman and Hall.

Ellis, B.2015.Real-Time Analytics: Techniques to Analyze and Visualize Streaming Data. New York: Wiley.

Enders, W.2010.Applied Econometric Time Series（third ed.）.New York: Wiley.

Engelbrecht, A.P.2007.Computational Intelligence: An Introduction（second ed.）.New York: Wiley.216.

Epstein, D.2013.The Sports Gene: Inside the Science of Extraordinary Athletic Performance.New York: Current/Penguin.

Erdo″s, P.and A.Re´ nyi 1959.On random graphs.Publicationes Mathematicae 6: 290–297.

Erdo″s, P.and A.Re´ nyi 1960.On the evolution of random graphs.Publications of the Mathematical Institute of the Hungarian Academy of Sciences 5: 17–61.

Erdo″s, P.and A.Re´ nyi 1961.On the strength of connectedness of a random graph.Acta Mathematica Scientia Hungary 12: 261–267.

ESPN.com 2015.MLB Park Factors 2015.Retrieved from the World Wide Web on September 12, 2015 at http: //espn.go.com/mlb/stats/parkfactor/.65.

Everitt, B.S., S.Landau, M.Leese, and D.Stahl 2011.Cluster Analysis（fifth ed.）.New York: Wiley.

Fair, R.C.2008.Estimated age effects in baseball.Journal of Quantitative Analysis in Sports 4（1）: 1–39.33.

FanGraphs.com 2015.RE24: FanGraphs Sabermetrics Library.Retrieved from the World Wide Web on September 8, 2015 at http: //www.fangraphs.com/library/misc/ re24/.62.

Fawcett, T.2003, January 7.ROC graphs: Notes and practical considerations for researchers.http: //www.hpl.hp.com/techreports/2003/HPL-2003-4.pdf.

Feldman, D.M.2002, Winter.The pricing puzzle.Marketing Research: 14–19.

Feldman, R.2013.Techniques and applications for sentiment analysis.Communications of the ACM 56（4）: 82–89.

Feldman, R.and J.Sanger 2007.The Text Mining Handbook: Advanced Approaches in Analyzing Unstructured Data.Cambridge, UK: Cambridge University Press.

Feller, W.1968.An Introduction to Probability Theory and Its Applications（third ed.）, Volume I.New York: Wiley.

Feller, W.1971.An Introduction to Probability Theory and Its Applications, Volume 2.New York: Wiley.

Few, S.2009.Now You See It: Simple Visualization Techniques and Quantitative Analysis. Oak-land, Calif.: Analytics Press.

Fienberg, S.E.2007.Analysis of Cross-Classified Categorical Data（second ed.）.New York: Springer.

Firth, D.1991.Generalized linear models.In D.Hinkley and E.Snell（eds.）, Statistical Theory and Modeling: In Honour of Sir David Cox, FRS, Chapter 3, pp.55–82.London:

Chapman and Hall.

Fisher, R.A.1970.Statistical Methods for Research Workers（fourteenth ed.）.Edinburgh: Oliver and Boyd.First edition published in 1925.205.

Fisher, R.A.1971.Design of Experiments（ninth ed.）.New York: Macmillan.First edition published in 1935.205.

Fiske, D.W.1971.Measuring the Concepts of Personality.Chicago: Aldine.35.

Flam, F.2014, September 30.The odds, continually updated.The New York Times: D1.Retrieved from the World Wide Web at http: //www.nytimes.com/2014/09/30/ science/the-odds-continually-updated.html?_r=0.205.

Fogus, M.and C.Houser 2014.The Joy of Clojure.Shelter Island, N.Y.: Manning.182.

Forbes 2015.Brooklyn Nets.Retrieved from the World Wide Web on August 24, 2015 at http: //www.forbes.com/teams/brooklyn-nets/.140

Fort, R.D.2006.Value of Major League Baseball ownership.International Journal of Sport Finance 1（1）: 9–20.142.

Fort, R.D.2011.Sports Economics（third ed.）.Upper Saddle River, N.J.: Prentice Hall.

Fort, R.D.and J.Winfree 2013.15 Sports Myths and Why They're Wrong（third ed.）.Stanford, Calif.: Stanford University Press.

Foster, G.2013, August 26.Behold the power of a free bobblehead doll.The Wall Street Journal.Retrieved from the World Wide Web at http: //online.wsj.com/article/ SB100014241278 87323407104579037182599696524.html.111.

Fox, J.2002, January.Robust regression: Appendix to an R and S-PLUS companion to applied regression.Retrieved from the World Wide Web at http: //cran.r-project.org/doc/contrib/ Fox-Companion/appendix-robust-regression.pdf.214.

Fox, J.2014.car: Companion to Applied Regression.Comprehensive R Archive Network.2014.http: //cran.r-project.org/web/packages/car/car.pdf.

Fox, J.and S.Weisberg 2011.An R Companion to Applied Regression（second ed.）.Thousand Oaks, Calif.: Sage.

Frank, R.E., W.F.Massey, and Y.Wind 1972.Market Segmentation.Englewood Cliffs, N.J.: Prentice Hall.

Franks, B.2012.Taming the Big Data Tidal Wave: Finding Opportunities in Huge Data Streams with Advanced Analytics.Hoboken, N.J.: Wiley.199

Franses, P.H.and R.Paap 2001.Quantitative Models in Marketing Research.Cambridge: Cambridge University Press.

Frees, E.W.and T.W.Miller 2004.Sales forecasting with longitudinal data models.International Journal of Forecasting 20: 99–114.

Fre´ville, A.2004.The multidimensional 0-1 knapsack problem: an overview.European Journal of Operational Research 155: 1–21.41.

Gabriel, K.R.1971.The biplot graphical display of matrices with application to principal component analysis.Biometrika 58: 453–467.81.

Gandolfi, G.（ed.）2009.NBA Coaches Playbook: Techniques, Tactics, and Teaching

Points.Champaign, Ill.: Human Kinetics.

Garcia-Molina, H., J.D.Ullman, and J.Widom 2009.Database Systems: The Complete Book（second ed.）.Upper Saddle River, N.J.: Prentice-Hall.

Gasston, P.2011.The Book of CSS3: A Developer's Guide to the Future of Web Design.San Francisco: No Starch Press.

Gasston, P.2013.The Modern Web: Multi-Device Web Development with HTML5, CSS3, and JavaScript.San Francisco: No Starch Press.

Geisser, S.1993.Predictive Inference: An Introduction.New York: Chapman & Hall.199, 205.

Gelman, A., J.B.Carlin, H.S.Stern, and D.B.Rubin 1995.Bayesian Data Analysis.London: Chapman & Hall.205.

Gelman, A., J.Hill, Y.-S.Su, M.Yajima, and M.G.Pittau 2014.mi: Missing Data Impu-tation and Model Checking.Comprehensive R Archive Network.2014.http: //cran.r-project.org/web/packages/mi/mi.pdf.

Gershkov, A.and B.Moldavanu 2014.Dynamic Allocation and Pricing: A Mechanism Design Approach.Cambridge, Mass.: The MIT Press.

Gheorghe, R., M.L.Hinman, and R.Russo 2015.Elasticsearch in Action.Shelter Island, N.Y.: Manning.

Ghiselli, E.E.1964.Theory of Psychological Measurement.New York: McGraw-Hill.35

Glickman, M.E.and H.S.Stern 1998.A state-space model for national football league scores. Journal of the American Statistical Association 93（441）: 25–35.42.

Gnanadesikan, R.1997.Methods for Statistical Data Analysis of Multivariate Observations（second ed.）.New York: Wiley.

Goldman, S.（ed.）2005.Mind Game: How the Boston Red Sox Got Smart, Won a World Series, and Created a New Blueprint for Winning.New York: Workman Publishing.

Goodwin, D.K.1997.Wait Till Next Year.New York: Simon & Schuster.120.

Gorman, J.and K.Calhoun 1994.The Name of the Game: The Business of Sports.New York: Wiley.

Gower, J.C.and D.J.Hand 1996.Biplots.London: Chapman & Hall.81.

Granger, C.W.1969.Investigating causal relations by econometric models and cross-spectral methods.Econometrica 37: 424–438.

Graybill, F.A.1961.Introduction to Linear Statistical Models, Volume 1.New York: McGraw-Hill.

Graybill, F.A.2000.Theory and Application of the Linear Model.Stamford, Conn.: Cengage Learning.

Greene, W.H.2002.Econometric Analysis（fifth ed.）.Upper Saddle River, N.J.: Prentice Hall.131.

Greene, W.H.2012.Econometric Analysis（seventh ed.）.Upper Saddle River, N.J.: Pearson Prentice Hall.

Gries, M.2015, September 9.Analyzing StatCast.Presentation at the Sports Innovation

Conference, San Francisco, Calif.170.

Groeneveld, R.A.1990, November.Ranking teams in a league with two divisions of t teams. The American Statistician 44（4）: 277–281.42.

Grolemund, G.2014.Hands-On Programming with R: Write Your Own Functions and Simu-lations.Sebastopol, Calif.: O'Reilly.

Grolemund, G.and H.Wickham 2011, April 7.Dates and times made easy with lubridate. Journal of Statistical Software 40（3）: 1–25.http: //www.jstatsoft.org/v40/i03.

Grolemund, G.and H.Wickham 2014.lubridate: Make Dealing with Dates a Little Eas-ier. Comprehensive R Archive Network.2014.http: //cran.r-project.org/web/ packages/lubridate/ lubridate.pdf.

Gromley, C.and Z.Tong 2015.Elasticsearch: The Definitive Guide.Sebastopol, Calif.: O'Reilly.

Grossman, A.2015, August 25.Does Competitive Balance Drive Interest In Sports? Forbes/ Business retrieved from the World Wide Web, October 5, 2015, at http: //www.forbes.com/sites/ kurtbadenhausen/2015/08/25/ does-competitive-balance-drive-interest-in-sports/.

Guilford, J.P.1936.Psychometric Methods.New York: McGraw-Hill.

Guilford, J.P.1954.Psychometric Methods（second ed.）.New York: McGraw-Hill.First edition published in 1936.

Gulliksen, H.1950.Theory of Mental Tests.New York: Wiley.35.

Guttag, J.V.2013.Introduction to Computation and Programming Using Python（revised and expanded ed.）.Cambridge, Mass.: The MIT Press.

Hadley, G.1962.Linear Programming.Reading, Mass.: Addison-Wesley.

Halberstam, D.1994.October 1964.New York: Villard Books.

Halberstam, D.2000.Playing for Keeps: Michael Jordan & the World He Made.New York: Broadway Books.

Halberstam, D.2005.The Education of a Coach.New York: Hyperion.The coach described in this book is Bill Belichick.

Halberstam, D.2009.The Breaks of the Game.New York: Hyperion.

Hale, C.and J.Scanlon 1999.Wired Style: Principles of English Usage in the Digital Age. New York: Broadway Books.

Hamilton, J.D.1994.Time Series Analysis.Princeton, N.J.: Princeton University Press.

Hample, Z.2007.Watching Baseball Smarter: A Professional Fan's Guide for Beginners, Semi-experts, and Deeply Serious Geeks（Revised and Updated ed.）.New York: Vin-tage/ Random House.

Hand, D.J.1997.Construction and Assessment of Classification Rules.New York: Wiley.

Hanssens, D.M., L.J.Parsons, and R.L.Schultz 2001.Market Response Models: Econometric and Time Series Analysis（second ed.）.Boston: Kluwer.

Harrell, Jr., F.E.2001.Regression Modeling Strategies: With Applications to Linear Models, Logistic Regression, and Survival Analysis.New York: Springer.

Hart, W.E., C.Laird, J.-P.Watson, and D.L.Woodruff 2012.Pyomo—Optimization Modeling in Python.New York: Springer.

Hart, W.E.and D.L.Woodruff 2015.Pyomo Online Documentation 4.1.Retrieved from the World Wide Web on September 24, 2015 at https: //software.sandia.gov/ downloads/pub/pyomo/ PyomoOnlineDocs.pdf/.

Hastie, T., R.Tibshirani, and J.Friedman 2009.The Elements of Statistical Learning: Data Mining, Inference, and Prediction（second ed.）.New York: Springer.

Hastie, T.J.1992.Generalized linear models.In J.M.Chambers and T.J.Hastie（eds.）, Statistical Models in S, Chapter 6, pp.195–247.Pacific Grove, Calif.: Wadsworth & Brooks/Cole.

Hausser, R.2001.Foundations of Computational Linguistics: Human-Computer Communication in Natural Language（second ed.）.New York: Springer-Verlag.

Heer, J., M.Bostock, and V.Ogievetsky 2010, May 1.A tour through the visualization zoo: A survey of powerful visualization techniques, from the obvious to the obscure.acmqueue: Association for Computing Machinery: 1–22.Retrieved from the World Wide Web at http: //queue.acm.org/detail.cfm?id=1805128.

Herbrich, R.and T.Graepel 2006, June.TrueSkill: A Bayesian skill rating system.Microsoft Research Technical Report MSR-TR-2006-80, retrieved from the World Wide Web, December 19, 2014, at http: //research.microsoft.com/pubs/74419/ tr-2006-80.pdf.

Higgins, R.2015.Analysis for Financial Management（eleventh ed.）.New York: McGraw-Hill.

Hinkley, D.V., N.Reid, and E.J.Snell（eds.）1991.Statistical Theory and Modeling. London: Chapman and Hall.205.

Hirshleifer, J., A.Glazer, and D.Hirshleifer 2005.Price Theory and Applications: Decisions, Markets, and Information（seventh ed.）.New York: Cambridge University Press.131.

Hoberman, S.2014.Data Modeling for MongoDB: Building Well-Designed and Supportable MongoDB Databases.Basking Ridge, N.J.: Technics Publications.

Hoerl, A.E.and R.W.Kennard 2000.Ridge regression: biased estimation for non-orthogonal problems.Technometrics 42（1）: 80–86.Reprinted from Technometrics, volume 12.213.

Hoff, P.D.2009.A First Course in Bayesian Statistical Methods.New York: Springer.

Hoffman, P.and Scrapy Developers 2014, June 26.Scrapy documentation release 0.24.0.Supported at http: //scrapy.org/.Documentation retrieved from the World Wide Web, October 26, 2014, at https: //media.readthedocs.org/pdf/scrapy/0.24/ scrapy.pdf.

Holden, K., D.A.Peel, and J.L.Thompson 1990.Economic Forecasting: An Introduction. Cambridge, UK: Cambridge University Press.

Honaker, J., G.King, and M.Blackwell 2014.Amelia II: A Program for Missing Data.Comprehensive R Archive Network.2014.http: //cran.r-project.org/web/packages/ Amelia/Amelia.pdf.

Hosmer, D.W., S.Lemeshow, and S.May 2013.Applied Survival Analysis: Regression Modeling of Time to Event Data（second ed.）.New York: Wiley.

Hosmer, D.W., S.Lemeshow, and R.X.Sturdivant 2013.Applied Logistic Regression（third ed.）.New York: Wiley.

Hothorn, T., F.Leisch, A.Zeileis, and K.Hornik 2005, September.The design and analysis of benchmark experiments.Journal of Computational and Graphical Statistics 14（3）: 675– 699.

Hothorn, T., A.Zeileis, R.W.Farebrother, C.Cummins, G.Millo, and D.Mitchell 2014. lmtest: Testing Linear Regression Models.Comprehensive R Archive Network.2014.http: //cran.r-project.org/web/packages/lmtest/lmtest.pdf.

Houng, B.2014.Package trueskill: Implementation of the TrueSkill Algorithm in R.Comprehensive R Archive Network.2014.http: //cran.r-project.org/web/packages/ trueskill/trueskill.pdf.

Huet, S., A.Bouvier, M.-A.Poursat, and E.Jolivet 2004.Statistical Tools for Nonlinear Regression: A Practical Guide with S-Plus and R Examples（second ed.）.New York: Springer.

Hughes, A.M.2000.Strategic Database Marketing: The Masterplan for Starting and Managing a Profitable Customer-Based Marketing Program（second ed.）.New York: McGraw-Hill.

Humphreys, B.R.and D.R.Howard（eds.）2008a.The Business of Sports: Volume 1, Perspectives on the Sports Industry, Volume 1.Westport, Conn.: Praeger.

Humphreys, B.R.and D.R.Howard（eds.）2008b.The Business of Sports: Volume 2, Economic Perspectives on Sport, Volume 2.Westport, Conn.: Praeger.

Humphreys, B.R.and D.R.Howard（eds.）2008c.The Business of Sports: Volume 3, Bridging Research and Practice, Volume 3.Westport, Conn.: Praeger.

Hyndman, R.J., R.A.Ahmed, G.Athanasopoulos, and H.L.Shang 2011.Optimal combination forecasts for hierarchical time series.Computational Statistics and Data Analysis 55: 2579–2589.

Hyndman, R.J.and G.Athanasopoulos 2014.Forecasting: Principles and Practice.Online: OTexts.https: //www.otexts.org/fpp.

Hyndman, R.J., G.Athanasopoulos, S.Razbash, D.Schmidt, Z.Zhou, and Y.Khan 2014. forecast: Forecasting Functions for Time Series and Linear Models.Comprehensive R Archive Network.2014.http: //cran.r-project.org/web/packages/forecast/ forecast.pdf.

Hyndman, R.J., A.B.Koehler, J.K.Ord, and R.D.Snyder 2008.Forecasting with Exponential Smoothing: The State Space Approach.New York: Springer.228.

Hyslop, B.2010.The HTML Pocket Guide.Upper Saddle River, N.J.: Pearson/Peachpit.

Ihaka, R., P.Murrell, K.Hornik, J.C.Fisher, and A.Zeileis 2014.colorspace: Color Space Manipulation.Comprehensive R Archive Network.2014.http: //cran.r-project.org/web/packages/colorspace/colorspace.pdf.

Indurkhya, N.and F.J.Damerau（eds.）2010.Handbook of Natural Language Processing（second ed.）.Boca Raton, Fla.: Chapman and Hall/CRC.

Ingersoll, G.S., T.S.Morton, and A.L.Farris 2013.Taming Text: How to Find, Organize, and Manipulate It.Shelter Island, N.Y.: Manning.216.

Issenberg, S.2013.The Victory Lab: The Secret Science of Winning Campaigns.New York: Broadway Books.

Izenman, A.J.2008.Modern Multivariate Statistical Techniques: Regression, Classification, and Manifold Learning.New York: Springer.

James, B.1997.The Bill James Guide to Baseball Managers.New York: Scribners.

James, B.2010.The New Bill James Historical Baseball Abstract.New York: Free Press.65.

James, G., D.Witten, T.Hastie, and R.Tibshirani 2013.An Introduction to Statistical Learning with Applications in R.New York: Springer.

Jenkins, L.2015a, June 22.Andre and the giant.Sports Illustrated 122（25）: 37–46.

Jenkins, L.2015b, June 29.Class picture.Sports Illustrated 122（26）: 40–47.

Johnson, R.A.and D.W.Wichern 1998.Applied Multivariate Statistical Analysis（fourth ed.）.Upper Saddle River, N.J.: Prentice Hall.

Jones, Maillardet, and Robinson 2014.Introduction to Scientific Programming and Simulation Using R（second ed.）.Boca Raton, Fla.: Chapman & Hall/CRC.

Jones, R.E.1983.Scoring every inning.In L.R.Davis（ed.）, Insider's Baseball: The Finer Points of the Game, As Examined by The Society for American Baseball Research, pp.242– 247. New York: Charles Scribner's Sons.

Joula, P.2008.Authorship Attribution.Hanover, Mass.: Now Publishers.225.

Jozsa, Jr., F.P.2010.The National Basketball Association: Business Organization and Strategy.Danvers, Mass.: World Scientific Publishing.

Judge, G.G., W.E.Griffiths, R.C.Hill, H.Lütkepohl, and T.-C.Lee 1985.The Theory and Practice of Econometrics（second ed.）.New York: Wiley.

Jurafsky, D.and J.H.Martin 2009.Speech and Language Processing: An Introduction to Natu-ral Language Processing, Computational Linguistics, and Speech Recognition（second ed.）.Upper Saddle River, N.J.: Prentice Hall.

Kahn, L.M.2000.The sports business as a labor market laboratory.Journal of Economic Perspectives 14（3）: 75–94.14.

Kalyanaram, G.and R.S.Winer 1995.Empirical generalizations from reference price research.Marketing Science 14（3）: G161–G169.

Kaplan, E.H.and S.J.Garstka 2001.March madness and the office pool.Management Science 47（3）: 369–382.42.

Karaesmen, I.Z., G.J.van Ryzin, K.T.Talluri, and G.J.Vulcano 2008.Revenue management: Models and methods.In S.Mason, R.R.Hill, L.Monch, O.Rose, T.Jefferson, and J.Fowler（eds.）, Proceedings of the 2008 Winter Simulation Conference, pp.145–155.New York: Springer.131.

Karau, H., A.Konwinski, P.Wendell, and M.Zaharia 2015.Learning Spark: Lightning-Fast Data Analysis.Sebastopol, Calif.: O'Reilly.

Kaufman, L.and P.J.Rousseeuw 1990.Finding Groups in Data: An Introduction to Cluster Analysis.New York: Wiley.

Keating, P.2015, October 12.The Owners Issue.ESPN: 50–51.Introduction to special issue about owners of professional team sports.130.

Keller, J.B.1994.A characterization of the Poisson distribution and the probability of winning a game.The American Statistician 48（4）: 294–298.

Kellerer, H., U.Pferschy, and D.Pisinger 2004.Knapsack Problems.New York: Springer.41.

Kemeny, J.G.and J.L.Snell 1976.Finite Markov Chains.New York: Springer.

Kennedy, P.2008.A Guide to Econometrics（sixth ed.）.New York: Wiley.

Keri, J.（ed.）2006.Baseball Between the Numbers: Why Everything You Know About the Game is Wrong.New York: Basic Books.65.

Késenne, S.2007.The Economic Theory of Professional TeamSports: An Analytical Treatment.Cheltenham, U.K.: Edward Elgar.

Kleiber, C.and A.Zeileis 2008.Applied Econometrics with R.New York: Springer.

Knight, M.2015.The Best Team Money Can Buy: The Los Angeles Dodgers' Wild Struggle to Build a Baseball Powerhouse.New York: Simon & Schuster.111.

Koller, M.2014.Simulations for Sharpening Wald-type Inference in Robust Regression for Small Samples.Comprehensive R Archive Network.2014.http: //cran.r-project.org/ web/ packages/robustbase/vignettes/lmrob_simulation.pdf.214.

Koller, M.and W.A.Stahel 2011.Sharpening Wald-type inference in robust regression for small samples.Computational Statistics and Data Analysis 55（8）: 2504–2515.214 Konik, M.2006.The Smart Money: How the World's Best Sports Bettors Beat the Bookies Out of Millions.New York: Simon & Schuster.

Kotler, P.and K.L.Keller 2012.Marketing Management（fourteenth ed.）.Upper Saddle River, N.J.: Prentice Hall.111, 121, 131.

Krippendorff, K.H.2012.Content Analysis: An Introduction to Its Methodology（third ed.）.Thousand Oaks, Calif.: Sage.223.

Krishnamurthi, L.2001.Pricing strategies and tactics.In D.Iacobucci（ed.）, Kellogg on Marketing, Chapter 12, pp.279–301.New York: Wiley.

Kuhn, M.and K.Johnson 2013.Applied Predictive Modeling.New York: Springer.

Kutner, M.H., C.J.Nachtsheim, J.Neter, and W.Li 2004.Applied Linear Statistical Models（fifth ed.）.Boston: McGraw-Hill.

Ladany, S.P.and R.E.Machol（eds.）1977.Optimal Strategies in Sports.New York: NorthHolland.

Lamp, G.2014.ggplot for Python.GitHub.2014.https: //github.com/yhat/ggplot.238.

Lander, J.P.2014.R for Everyone: Advanced Analytics and Graphics.Upper Saddle River, N.J.: Pearson Education.

Langville, A.N.and C.D.Meyer 2012.Who's 1?: The Science of Rating and Ranking. Princeton, N.J.: Princeton University Press.

Lantz, B.2013.Machine Learning with R.Birmingham, U.K.: Packt Publishing.

Laursen, G.H.N.and J.Thorlund 2010.Business Analytics for Managers: Taking Business Intelligence Beyond Reporting.Hoboken, N.J.: Wiley.199.

Law, A.M.2014.Simulation Modeling and Analysis（fifth ed.）.New York: McGraw-Hill.

Le, C.T.1997.Applied Survival Analysis.New York: Wiley.

Le, C.T.1998.Applied Categorical Data Analysis.New York: Wiley.

Ledoiter, J.2013.Data Mining and Business Analytics with R.New York: Wiley.

Lee, M.1981.Betting the Bases.San Clemente, Calif.: Mike Lee.

Leeds, M.A.and P.von Allmen 2014.The Economics of Sports（fifth ed.）.Upper Saddle

River, N.J.: Pearson.

Leeflang, P.S.H., D.R.Wittink, M.Wedel, and P.A.Naert 2000.Building Models for Marketing Decisions.Boston: Kluwer.

Leetaru, K.2011.Data Mining Methods for Content Analysis: An Introduction to the Computational Analysis of Content.New York: Routledge.223.

Lefkowitz, M.2014.Twisted documentation.Contributors listed as Twisted Matrix Laboratories at http: //twistedmatrix.com/trac/wiki/TwistedMatrixLaboratories.Documentation available at http: //twistedmatrix.com/trac/wiki/Documentation.

Leisch, F.and B.Gruen 2014.CRAN Task View: Cluster Analysis & Finite Mixture Models.Comprehensive R Archive Network.2014.http: //cran.r-project.org/web/ views/Cluster.html.

Lemke, R.J., M.Leonard, and K.Tlhokwane 2010.Estimating attendance at major league baseball games for the 2007 season.Journal of Sports Economics 11（3）: 316–348.112.

Lewin-Koh, N.2014.Hexagon Binning: an Overview.Comprehensive R Archive Network.2014.http: //cran.r-project.org/web/packages/hexbin/vignettes/hexagon_binning.pdf.238.

Lewis, M.2003.Moneyball: The Art of Winning an Unfair Game.New York: W.W.Norton & Company.31.

Lewis, M.2007.The Blind Side.New York: W.W.Norton.

Lilien, G.L., P.Kotler, and K.S.Moorthy 1992.Marketing Models.Englewood Cliffs, N.J.: Prentice-Hall.

Lilien, G.L.and A.Rangaswamy 2003.Marketing Engineering: Computer-Assisted Marketing Analysis and Planning（second ed.）.Upper Saddle River, N.J.: Prentice Hall. Lindsey, G.1963.An investigation of strategies in baseball.Operations Research 11（4）: 477–501.

Lindsey, J.K.1997.Applying Generalized Linear Models.New York: Springer.

Little, R.J.A.and D.B.Rubin 1987.Statistical Analysis with Missing Data.New York: Wiley.183

Liu, B.2010.Sentiment analysis and subjectivity.In N.Indurkhya and F.J.Damerau（eds.）, Handbook of Natural Language Processing（second ed.）., pp.627–665.Boca Raton, Fla.: Chapman and Hall/CRC.

Liu, B.2011.Web Data Mining: Exploring Hyperlinks, Contents, and Usage Data.New York: Springer.216.

Liu, B.2012.Sentiment Analysis and Opinion Mining.San Rafael, Calif.: Morgan & Claypool.

Lloyd, C.J.1999.Statistical Analysis of Categorical Data.New York: Wiley.

Lodish, L.M., M.M.Abraham, J.Livelsberger, B.Lubetkin, B.Richardson, and M.E.Stevens 1995.A summary of fifty-five in-market experimental estimates of the longterm effect of advertising.Marketing Science 14（3）: G133–G140.

Lord, F.M.and M.R.Novick 1968.Statistical Theories of Mental Test Scores.Reading, Mass.: Addison-Wesley.35.

Lowenfish, L.2010.The Imperfect Diamond: A History of Baseball's Labor Wars.Lincoln,

Neb.: University of Nebraska Press.

Lubanovic, B.2015.Introducing Python: Modern Computing in Simple Packages. Sebastopol, Calif.: O'Reilly.

Luce, D.and J.Tukey 1964.Simultaneous conjoint measurement: A new type of fundamental measurement.Journal of Mathematical Psychology 1: 1–27.

Luger, G.F.2008.Artificial Intelligence: Structures and Strategies for Complex Problem Solving（sixth ed.）.Boston: Addison-Wesley.216.

Lumley, T.2010.Complex Surveys: A Guide to Analysis Using R.New York: Wiley.183 Lumley, T.2014.mitools: Tools for Multiple Imputation of Missing Data.Comprehensive R Archive Network.2014.http: //cran.r-project.org/web/packages/mitools/mitools.pdf.

Lyon, D.W.2000.Pricing research.In C.Chakrapani（ed.）, Marketing Research: State-of-the Art Perspectives, Chapter 19, pp.551–582.Chicago: American Marketing Association.

Lyon, D.W.2002, Winter.The price is right（or is it）? Marketing Research: 8–13.

Lyons, R.S.2002.Palestra Pandemonium: A History of the Big Five.Philadelphia: Temple University Press.

Maechler, M.2014a.Package cluster.Comprehensive R Archive Network.2014.http: //cran.r-project.org/web/packages/cluster/cluster.pdf.

Maechler, M.2014b.robustbase: Basic Robust Statistics.Comprehensive R Archive Network.2014.http: //cran.r-project.org/web/packages/robustbase/robustbase.pdf.214.

Mahoney, B.2015, July 8.NBA salary cap for 2015–16 rises to $70 million.Retrieved from the World Wide Web on August 4, 2015 at http: //www.nba.com/2015/news/07/08/ap-nba-salary-cap-rises-to-70-million.ap/.4.

Maisel, L.S.and G.Cokins 2014.Predictive Business Analytics: Forward-Looking Capabilities to Improve Business Performance.New York: Wiley.199.

Major League Baseball 2015a.Official Rules of Major League Baseball.Chicago: Triumph Books.

Major League Baseball 2015b.Transactions.http: //mlb.mlb.com/mlb/transactions/.

Makridakis, S., S.C.Wheelwright, and R.J.Hyndman 2005.Forecasting Methods and Applications（third ed.）.New York: Wiley.

Manly, B.F.J.1994.Multivariate Statistical Methods: A Primer（second ed.）.London: Chapman & Hall.

Manning, C.D.andH.Schütze1999.Foundationsof Statistical Natural Language Processing.

Cambridge: MIT Press.Manteris, A.1991.Super Bookie: Inside Las Vegas Sports Gambling. Chicago: Contemporary Books.

Marchi, M.and J.Albert 2014.Analyzing Baseball Data with R.Boca Raton, Fla.: Chapman & Hall/CRC.34.

Marder, E.1997.The Laws of Choice: Predicting Consumer Behavior.New York: Free Press.Maronna, R.A., D.R.Martin, and V.J.Yohai 2006.Robust Statistics Theory and Methods. New York: Wiley.214.

Martin, L.2016.Sports Performance Measurement and Analytics: The Science of Assessing

Performance, Predicting Future Outcomes, Interpreting Statistical Models, and Evaluating the Market Value of Athletes.Old Tappan, N.J.: Pearson Education.http: //www.ftpress.com/martin. vii.

Martin, L.and T.W.Miller in press.A Model for Measurement in Sports.Manhattan Beach, Calif.: Research Publishers.http: //www.research-publishers.com/.

Matloff, N.2011.The Art of R Programming.San Francisco: no starch press.

Maybury, M.T. (ed.) 1997.Intelligent Multimedia Information Retrieval.Menlo Park, Calif./

Cambridge: AAAI Press / MIT Press.

McCallum, Q.E. (ed.) 2013.Bad Data Handbook.Sebastopol, Calif.: O'Reilly.

McCullagh, P.and J.A.Nelder 1989.Generalized Linear Models (second ed.) .New York: Chapman and Hall.

McDonagh, E.and L.Pappano 2008.Playing with the Boys: Why Separate is Not Equal in Sports.New York: Oxford University Press.

McGrayne, S.B.2011.The Theory that Would Not Die: How Bayes' Rule Cracked the Enigma Code, Hunted Down Russian Submarines and Emerged Triumphant from Two Centuries of Controversy.New Haven, Conn.: Yale University Press.205.

McGuire, F.1958.Offensive Basketball.Englewood Cliffs, N.J.: Prentice Hall.

McGuire, F.1960.Defensive Basketball.Englewood Cliffs, N.J.: Prentice Hall.

Meadow, C.T., B.R.Boyce, and D.H.Kraft 2000.Text Information Retrieval Systems(second ed.) .San Diego: Academic Press.

Mehrens, W.A.and R.L.Ebel (eds.) 1967.Principles of Educational and Psychological Measurement: A Book of Selected Readings.Chicago: Rand McNally.

Merkl, D.2002.Text mining with self-organizing maps.In W.Klösgen and J.M.Zytkow (eds.) , Handbook of Data Mining and Knowledge Discovery, Chapter 46.9, pp.903–910. Oxford: Oxford University Press.

Michalawicz, Z.and D.B.Fogel 2004.How to Solve It: Modern Heuristics.New York: Springer.216.

Milgram, S.1967.The small world problem.Psychology Today 1 (1) : 60–67.231.

Miller, J.E.1990.The Baseball Business: Pursuing Pennants and Profits in Baltimore.Chapel Hill, N.C.: University of North Carolina Press.13.

Miller, J.H.and S.E.Page 2007.Complex Adaptive Systems: An Introduction to Computational Models of Social Life.Princeton, N.J.: Princeton University Press.

Miller, M.1991.A Whole Different Ball Game: The Sport and Business of Baseball.New York: Bitch Lane Press/Carol Publishing Group.

Miller, S.and J.Wojciechowski (eds.) 2015.Baseball Prospectus 2015: The Essential Guide to the 2015 Season.New York: Wiley.138.

Miller, T.W.2005.Data and Text Mining: A Business Applications Approach.Upper Saddle River, N.J.: Pearson Prentice Hall.

Miller, T.W.2008.Without a Tout: How to Pick a Winning Team.Manhattan Beach, Calif.: Research Publishers.

Miller, T.W.2015a.Marketing Data Science: Modeling Techniques in Predictive Analytics with R and Python.Old Tappan, N.J.: Pearson Education.Data sets and programs available at http: //www.ftpress.com/miller/ and https: //github.com/mtpa/.

Miller, T.W.2015b.Modeling Techniques in Predictive Analytics with Python and R: A Guide to Data Science.Upper Saddle River, N.J.: Pearson Education.Data sets and programs available at http: //www.ftpress.com/miller/ and https: //github.com/mtpa/.

Miller, T.W.2015c.Modeling Techniques in Predictive Analytics: Business Problems and So-lutions with R（revised and expanded ed.）.Upper Saddle River, N.J.: Pearson Edu-cation. Data sets and programs available at http: //www.ftpress.com/miller/ and https: //github.com/ mtpa/.

Miller, T.W.2015d.Web and Network Data Science: Modeling Techniques in Predictive Analyt-ics with Python and R.Upper Saddle River, N.J.: Pearson Education.Data sets and pro-grams available at http: //www.ftpress.com/miller/ and https: //github.com/ mtpa/.

Millman, C.2001.The Odds: One Season, Three Gamblers, and the Death of Their Las Vegas.Cambridge, Mass.: Da Capo Press.

Mitchell, M.1996.An Introduction to Genetic Algorithms.Cambridge: MIT Press.216.

Mitchell, M.2009.Complexity: A Guided Tour.Oxford, U.K.: Oxford University Press.166 Mitchell, R.2015.Web Scraping with Python: Collecting Data from the Modern Web.Sebastopol, Calif.: O'Reilly.

Moran, M.and B.Hunt 2009.Search Engine Marketing, Inc.: Driving Search Traffic to Your Company's Web Site（second ed.）.Boston: IBM Press/Pearson Education.

Moreno, J.L.1934.Who shall survive?: Foundations of sociometry, group psychotherapy, and sociodrama.Reprinted in 1953（second edition）and in 1978（third edition）by Beacon House, Inc., Beacon, N.Y.230.

Morville, P.and J.Callender 2010.Search Patterns.Sebastopol, Calif.: O'Reilly.Moskowitz, T.J.and L.J.Wertheim 2011.Scorecasting: The Hidden Influences Behind How Sports Are Played and Games Are Won.New York: Crown Archetype.67.

Mosteller, F.1965.Fifty Challenging Problems in Probability with Solutions.Reading, Mass.: Addison-Wesley.

Mosteller, F.1997.Lessons from sports statistics.The American Statistician 51（4）: 305–310.Mosteller, F., R.E.K.Rourke, and G.B.Thomas, Jr.1970.Probability with Statistical Applications（second ed.）.Reading, Mass.: Addison-Wesley.

Mosteller, F.and D.L.Wallace 1984.Applied Bayesian and Classical Inference: The Case of "The Federalist"Papers（second ed.）.New York: Springer.Earlier edition published in 1964 by Addison-Wesley, Reading, Mass.The previous title was Inference and Dis-puted Authorship: The Federalist.

Mullin, B.J., S.Hardy, and W.A.Sutton 2014.Sport Marketing（fourth ed.）.Champaign, Ill.: Human Kinetics.

Murphy, K.P.2012.Machine Learning: A Probabilistic Perspective.Cambridge, Mass.: MIT Press.205, 216.

Murray, M.2007.Betting Baseball 2007.www.BettingBaseball.net: Michael Murray.

Murrell, P.2011.R Graphics（second ed.）.Boca Raton, Fla.: CRC Press.

Nagle, T.T.and J.Hogan 2005.The Strategy and Tactics of Pricing: A Guide to Growing More Profitably（fourth ed.）.Upper Saddle River, N.J.: Prentice Hall.

Nash, E.L.1995.Direct Marketing: Strategy/Planning/Execution（third ed.）.New York: McGraw-Hill.

Nash, E.L.（ed.）2000.The Direct Marketing Handbook（second ed.）.New York: McGrawHill.

National Basketball Association 2015.2015 NBA Finals.http: //www.nba.com/playoffs/2015/finals/.

National Sporting Goods Association 2015.NSGA sports participation in the united states（2015 edition）.https: //www.nsga.org/research/nsga-research-offerings/sports-participation-us-2015/.

Neal, W.D.2000.Market segmentation.In C.Chakrapani（ed.）, Marketing Research: State-of-the-Art Perspectives, Chapter 1, pp.375–399.American Marketing Association.Nelson, W.B.2003.Recurrent Events Data Analysis for Product Repairs, Disease Recurrences, and Other Applications.Series on Statistics and Applied Probability.Philadelphia and Alexandria, Va.: ASA-SIAM.

Nolan, D.and D.T.Lang 2014.XML and Web Technologies for Data Sciences with R.New York: Springer.

North, M.J.and C.M.Macal 2007.Managing Business Complexity: Discovering Strategic Solutions with Agent-Based Modeling and Simulation.Oxford, U.K.: Oxford University Press.

Null and Kaval 2001.The Summer that Saved Baseball: The Ultimate Fan's Road Trip.

Nashville, Tenn.: Cumberland House.Documents visits to thirty MLB ballparks.

Nunnally, J.C.1967.Psychometric Theory.New York: McGraw-Hill.35.

Nunnally, J.C.and I.H.Bernstein 1994.Psychometric Theory（third ed.）.New York: McGraw-Hill.35.

Obe, R.and L.Hsu 2012.PostgreSQL up and Running: A Practical Guide to the Advanced Open Source Database.Sebastopol, Calif.: O'Reilly.

O'Hagan, A.2010.Kendall's Advanced Theory of Statistics: Bayesian Inference, Volume 2B.New York: Wiley.205.

Okrent, D.1985.Nine Innings.New York: Ticknor & Fields.

Okrent, D.and S.Wulf 1989.Baseball Anecdotes.New York: Oxford University Press.

Oliver, D.2004.Basketball on Paper: Rules and Tools of Performance Analysis.Dulles, Va.: Brassey's Press.34.

Orme, B.K.2006.Getting Started with Conjoint Analysis: Strategies for Product Design and Pricing Research.Madison, Wis.: Research Publishers LLC.

Orme, B.K.2013.Getting Started with Conjoint Analysis: Strategies for Product Design and Pricing Research（third ed.）.Glendale, Calif.: Research Publishers LLC.http: //research-publishers.com/rp/gsca.htm.79.

Osborne, J.W.2013.Best Practices in Data Cleaning: A Complete Guide to Everything You Need to Do Before and After Collecting Your Data.Los Angeles: Sage.

Osgood, C.1962.Studies in the generality of affective meaning systems.American Psychologist 17: 10–28.225.

Osgood, C., G.Suci, and P.Tannenbaum（eds.）1957.The Measurement of Meaning. Urbana, Ill.: University of Illinois Press.225.

Ozanian, M.2015, May 6.The world's most valuable soccer teams.Forbes.Re-trieved from the World Wide Web, August 3, 2015, at http: //www.forbes.com/ soccer-valuations/.

Pankin, M.D.1978, July–August.Evaluating offensive performance in baseball.Opera-tions Research 26（4）: 610–619.

Parker, R.J.2010, May 5.Modeling basketball's points per possession with appli-cation to predicting the outcome of college basketball games.Retrieved from the World Wide Web on August 4, 2015 at http: //www.basketballgeek.com/ downloads/ryan_bach_essay.pdf/ with NBA season play-by-play data at http: //www.basketballgeek.com/data/.

Patra, K.2015, March 2.NFL salary cap will be $143.28 million in 2015.Retrieved from the World Wide Web on August 4, 2015 at http: //www.nfl.com/news/story/0ap3000000475775/ article/ nfl-salary-cap-will-be-14328-million-in-2015/.4.

Peppers, D.and M.Rogers 1993.The One to One Future: Building Relationships One Customer at a Time.New York: Doubleday.

Pessah, J.2015.The Game: Inside the Secret World of Major League Baseball's Power Brokers.New York: Little Brown and Company.13.

Petris, G.2010, October 13.An R package for dynamic linear models.Journal of Statistical Software 36（12）: 1–16.http: //www.jstatsoft.org/v36/i12.

Petris, G.and W.Gilks 2014.dlm: Bayesian and Likelihood Analysis of Dynamic Linear Mod-els.Comprehensive R Archive Network.2014.http: //cran.r-project.org/web/ packages/dlm/ dlm.pdf.

Petris, G., S.Petrone, and P.Campagnoli 2009.Dynamic Linear Models with R.New York: Springer.

Phillips, R.L.2005.Pricing and Revenue Management.Stanford, Calif.: Stanford University Press.131.

Pindyck, R.S.and D.L.Rubinfeld 2000.Econometric Models and Economic Forecasts（fourth revised ed.）.New York: McGraw-Hill.131.

Pindyck, R.S.and D.L.Rubinfeld 2004.Microeconomics（sixth ed.）.Upper Saddle River, N.J.: Prentice-Hall.131.

Pinker, S.1994.The Language Instinct.New York: W.Morrow and Co.

Pinker, S.1997.How the Mind Works.New York: W.W.Norton & Company.

Pinker, S.1999.Words and Rules: The Ingredients of Language.New York: HarperCollins.

Pollard, R.1973, June.Collegiate football scores and the negative binomial distribution. Journal of the American Statistical Association 68（342）: 351–352.156.

Popping, R.2000.Computer-Assisted Text Analysis.Thousand Oaks, Calif.: Sage.223.

Porter, M.E.1980.Competitive Strategy: Techniques for Analyzing Industries and Competitors.New York: The Free Press.

Powers, A.T.2003.The Business of Baseball.Jefferson, N.C.: McFarland & Company.13.

Privault, N.2013.Understanding Markov Chains: Examples and Applications.New York: Springer.

Provost, F.and T.Fawcett 2014.Data Science for Business: What You Need to Know About Data Mining and Data-Analytic Thinking.Sebastopol, Calif.: O'Reilly.199 Pustejovsky, J.and A.Stubbs 2013.Natural Language Annotation for Machine Learning.Sebastopol, Calif.: O'Reilly.35

Puterman, M.L.2005.Markov Decision Processes: Discrete Stochastic Dynamic Programming.New York: Wiley.

Putler, D.S.and R.E.Krider 2012.Customer and Business Analytics: Applied Data Mining for Business Decision Making Using R.Boca Raton, Fla: Chapman & Hall/CRC.

Quirk, J.and R.D.Fort 1992.Pay Dirt: The Business of Professional Team Sports.Princeton, N.J.: Princeton University Press.

Radcliffe-Brown, A.R.1940.On social structure.Journal of the Royal Anthropological Society of Great Britain and Ireland 70: 1–12.230.

Raiffa, H.1968.Decision Analysis: Introductory Lectures on Choices Under Uncertainty. London: Longman Higher Education.

Rajaraman, A.and J.D.Ullman 2012.Mining of Massive Datasets.Cambridge, UK: Cambridge University Press.

Reep, C., R.Pollard, and B.Benjamin 1971.Skill and chance in ball games.Journal of the Royal Statistical Society, Series A（General）134（4）: 623–629.156.

Rein, I., P.Kotler, and B.Shields 2006.The Elusive Fan: Reinventing Sports in a Crowded Marketplace.New York: McGraw-Hill.

Rein, I., B.Shields, and A.Grossman 2015.The Sports Strategist: Developing Leaders for a High-Performance Industry.New York: Oxford University Press.12.

Rencher, A.C.and G.B.Schaalje 2008.Linear Models in Statistics（second ed.）.New York: Wiley.

Resnick, M.1998.Turtles, Termites, and Traffic Jams: Explorations in Massively Parallel Mi-croworlds.Cambridge, Mass.: MIT Press.166.

Revelle, W.2014.psych: Procedures for Psychological, Psychometric, and Personality Research.Comprehensive R Archive Network.2014.http: //cran.r-project.org/ web/packages/psych/ psych.pdf.

Richardson, M.1938.Multidimensional psychophysics.Psychological Bulletin 35: 659–660.81.

Ripken, C.and B.Ripken 2004.Play Baseball the Ripken Way: The Complete Illustrated Guide to the Fundamentals.New York: Ballantine Books.

Ripken, C.and B.Ripken 2007.Coaching Youth Baseball the Ripken Way.Champaign, Ill.: Human Kinetics.

Ripley, B., W.Venables, D.M.Bates, K.Hornik, A.Gebhardt, and D.Firth 2015.Package

MASS: Functions and Datasets to Support Venables and Ripley "Modern Applied Statis-tics with S"（4th edition 2002）.Cambridge, USA: Comprehensive R Archive Network.2015.http: //cran.r-project.org/web/packages/MASS/MASS.pdf.

Robbins, J.N.2003.Learning Web Design: A Beginners Guide to HTML, CSS, JavaScript, and Web Graphics（fourth ed.）.Sebastopol, Calif.: O'Reilly.

Robert, C.P.2007.The Bayesian Choice: From Decision Theoretic Foundations to Computational Implementation（second ed.）.New York: Springer.205.

Robert, C.P.and G.Casella 2009.Introducing Monte Carlo Methods with R.New York: Springer.205.

Roberts, C.W.（ed.）1997.Text Analysis for the Social Sciences: Methods for Drawing Statistical Inferences from Texts and Transcripts.Mahwah, N.J.: Lawrence Erlbaum Associates.223.

Robinson, I., J.Webber, and E.Eifrem 2013.Graph Databases.Sebastopol, Calif.: O'Reilly. Rogers, H..J., H.Swaminathan, and R.K.Hambleton 1991.Fundamentals of Item Response Theory.Newbury Park, Calif.: Sage.

Roman, A.2004.The Art of Betting Baseball.www.booksurge.com: BookSurge LLC.

Romer, D.2006.Do firms maximize? Evidence from professional football.Journal of Political Economy 114（2）: 340–365.67.

Root, W.A.1989.Betting to Win on Sports.New York: Bantam Books.

Ross, K.2004.Mathematician at the Ballpark: Odds and Probabilities for Baseball Fans.New York: PI Press.

Ross, S.M.2014.Introduction to Probability Models（eleventh ed.）.New York: Academic Press.

Rossi, P.2014.bayesm: Bayesian Inference for Marketing/Micro-econometrics. Comprehensive R Archive Network.2014.http: //cran.r-project.org/web/packages/bayesm/bayesm.pdf.

Rossi, P.E., G.M.Allenby, and R.McCulloch 2005.Bayesian Statistics and Marketing.New York: Wiley.

Rousseeuw, P.J.1987.Silhouettes: A graphical aid to the interpretation and validation of cluster analysis.Journal of Computational and Applied Mathematics 20: 53–65.

Rubin, D.B.1987.Multiple Imputation for Nonresponse in Surveys.New York: Wiley.183.

Ruggiero, J., L.Hadley, G.Ruggiero, and S.Knowles 1997.A note on the Pythagorean Theorem of baseball production.Managerial and Decision Economics 18: 335–342.

Runquist, W.1995.Baseball by the Numbers: How Statistics Are Collected, What They Mean, and How They Reveal the Game.Jefferson, N.C.: McFarland & Company.

Russell, M.A.2014.Mining the Social Web: Data Mining Facebook, Twitter, LinkedIn, Google+, GitHub, and More.Sebastopol, Calif.: O'Reilly.Python code is available at https: //github.com/ptwobrussell/Mining-the-Social-Web-2nd-Edition.Russell, S.and P.Norvig 2009. Artificial Intelligence: A Modern Approach（third ed.）.Upper Saddle River, N.J.: Prentice Hall.216.

Russell-Rose, T.and TylerTate 2013.Designing the Search Experience: The Information

Architecture of Discovery.Waltham, Mass.: Elsevier/Morgan Kaufmann.

Ryan, J.A.2014.Package quantmod: Quantitative Financial Modelling Framework.Comprehensive R Archive Network.2014.http: //cran.r-project.org/web/packages/quantmod/quantmod.pdf.

Ryan, T.P.2008.Modern Regression Methods（second ed.）.New York: Wiley.

Sˇalamon, T.2011.Design of Agent-Based Models: Developing Computer Simulations for a Better Understanding of Social Processes.Czech Republic: Tomáś Bruckner, Řepın Živońın.

Salton, G., A.Wong, and C.S.Yang 1975.A vector space model for automatic indexing. Journal of Computational and Applied Mathematics 18（11）: 613–620.

Sarkar, D.2008.Lattice: Multivariate Data Visualization with R.New York: Springer.

Sarkar, D.2014.lattice: Lattice Graphics.Comprehensive R Archive Network.2014.http: //cran.r-project.org/web/packages/lattice/lattice.pdf.

Sauer, R.D.1998, December.The economics of wagering markets.Journal of Economic Literature 36: 2021–2064.

Sawchik, T.2015.Big Data Baseball: Math, Miracles, and the End of a 20-Year Losing Streak.New York: Flatiron Books.

Schafer, J.L.1997.Analysis of Incomplete Multivariate Data.London: Chapman & Hall.183。

Schauerhuber, M., A.Zeileis, D.Meyer, and K.Hornik 2008.Benchmarking open-source tree learners in R/RWeka.In C.Preisach, H.Burkhardt, L.Schmidt-Thieme, and R.Decker（eds.）, Data Analysis, Machine Learning, and Applications, pp.389–396.New York: Springer.

Schlough, B.2015.In-Stadium Sports Fan Experience Summit: Speaker Interview.Retrieved from the World Wide Web on October 4, 2015 at http: //www.q1productions.com/speaker-interview-bill-schlough/.130.

Schnettler, S.2009.A structured overview of 50 years of small-world research.Social Networks 31: 165–178.231.

Schwarz, A.2004.The Numbers Game: Baseball's Lifelong Fascination with Statistics.New York: St.Martin's Griffin.65.

Schwertman, N.C., T.A.McCready, and L.Howard 1991, February.Probability models for the NCAA regional basketball tournaments.The American Statistician 45（1）: 35–38.42.

Schwertman, N.C., K.L.Schenk, and B.C.Holbrook 1996, February.More probability models for the NCAA regional basketball tournaments.The American Statistician 50（1）: 34–38.42.

Seber, G.A.F.2000.Multivariate Observations.New York: Wiley.Originally published in 1984.

Seidel, L.R.2004.Investing in College Basketball.Bloomington, Ind.: AuthorHouse.

Sermas, R.2014.ChoiceModelR: Choice Modeling in R.Comprehensive R Archive Network.2014.http: //cran.r-project.org/web/packages/ChoiceModelR/ChoiceModelR.pdf.

Sharda, R.and D.Delen 2006.Predicting box office success of motion pictures with neuralnetworks.Expert Systems with Applications 30: 243–254.224.

Sharma, S.1996.Applied Multivariate Techniques.New York: Wiley.

Shea, S.M.2014.Basketball Analytics: Spatial Tracking.CreateSpace.

Shea, S.M.and C.E.Baker 2013.Basketball Analytics: Objective and Efficient Strategies for Understanding How Teams Win.Lake St.Louis, Mo.: Advanced Metrics, LLC.

Shmueli, G.2010.To explain or predict? Statistical Science 25（3）: 289–310.

Shrout, P.E.and S.T.Fiske（eds.）1995.Personality Research, Methods, and Theory: A Festschrift Honoring Donald W.Fiske.Hillsdale, N.J.: Lawrence Erlbaum Associates.Shumaker, R.P., O.K.Solieman, and H.Chen 2010.Sports Data Mining.New York: Springer.

Siegel, E.2013.Predictive Analytics: The Power to Predict Who Will Click, Buy, Lie, or Die.Hoboken, N.J.: Wiley.199.

Silver, N.2004, March 11.Baseball prospectus basics: the science of forecasting.Baseball Prospectus.Retrieved from the World Wide Web, September 27, 2015, at http: //www.baseballprospectus.com/article.php?articleid=2659/.

Silver, N.2012.The Signal and the Noise: Why So Many Predictions Fail—But Some Don't. New York: The Penguin Press.

Sing, T., O.Sander, N.Beerenwinkel, and T.Lengauer 2005.ROCR: Visualizing classifier performance in R.Bioinformatics 21（20）: 3940–3941.

Sirona, J.2014, June 24.Structured Optimization Modeling with Pyomo and Coopr. Presentation retrieved from the World Wide Web on September 24, 2015 at https: //m.youtube.com/watch?v=cjMkVHjhSBI/.

Slatkin, B.2015.Effective Python: 59 Specific Ways to Write Better Python.Upper Saddle River, N.J.: Pearson/Addison-Wesley.

Snedecor, G.W.and W.G.Cochran 1989.Statistical Methods（eighth ed.）.Ames, Iowa: Iowa State University Press.First edition published by Snedecor in 1937.205.

Snijders, T.A.B.and R.J.Bosker 2012.Multilevel Analysis: An Introduction to Basic and Advanced Multilevel Modeling（second ed.）.Thousand Oaks, Calif.: Sage.183.

Socher, R., J.Pennington, E.H.Huang, A.Y.Ng, and C.D.Manning 2011.Semi-Supervised Recursive Autoencoders for Predicting Sentiment Distributions.In Pro-ceedings of the 2011 Conference on Empirical Methods in Natural Language Processing（EMNLP）.

Sports Reference LLC 2015a.2014 Major League Baseball team statistics and stand-ings: team & league standard batting.Retrieved from the World Wide Web on September 7, 2015 at http: //www.baseball-reference.com/leagues/MLB/ 2014-standings.shtml/.32, 281, 289, 294.

Sports Reference LLC 2015b.MLB detailed statistics.Retrieved from the World Wide Web on August 3, 2015 at http: //www.baseball-reference.com/leagues/MLB/ 2014-standings.shtml/.

spotrac 2015a.MLB contracts.Retrieved from the World Wide Web on August 5, 2015 at http: //www.spotrac.com/mlb/contracts/.4.

spotrac 2015b.NBA contracts.Retrieved from the World Wide Web on August 5, 2015 at http: //www.spotrac.com/nba/contracts/.4.

spotrac 2015c.NFL contracts.Retrieved from the World Wide Web on August 5, 2015 at http: //www.spotrac.com/nfl/contracts/.4.

Srivastava, A.N.and M.Sahami（eds.）2009.Text Mining: Classification, Clustering, and

Applications.Boca Raton, Fla.: CRC Press.

Stallings, J.and B.Bennett (eds.) 2003.Baseball Strategies: Your Guide to the Game Within the Game.Champaign, Ill.: Human Kinetics.

statista 2015.Tv viewership of the super bowl in the united states from 1990 to 2015 (in millions) .Retrieved from the World Wide Web on August 5, 2015 at http: //www.statista.com/statistics/216526/super-bowl-us-tv-viewership/.9.

Stephen, E.2014, January 15.Clayton Kershaw Contract Breakdown.Retrieved from the World Wide Web on September 20, 2015 at http: //www.truebluela.com/2014/1/ 15/5313450/clayton-kershaw-contract-detials/.

Stern, H.S.1991, December.On the probability of winning a football game.The American Statistician 45 (3) : 179–183.42.

Sternthal, B.and A.M.Tybout 2001.Segmentation and targeting.In D.Iacobucci (ed.) , Kellogg on Marketing, Chapter 1, pp.3–30.New York: Wiley.

Stevens, S.S.1946, June 7.On the theory of scales of measurement.Science 103 (2684) : 677–680.http: //www.jstor.org/stable/1671815.28.

Stokey, E.and R.Zeckhauser 1978.A Primer for Policy Analysis.New York: W.W.Norton & Co.142.

Stone, P.J.1997.Thematic text analysis: New agendas for analyzing text content.In C.W.Roberts (ed.) , Text Analysis for the Social Sciences: Methods for Drawing Statistical Inferences from Texts and Transcripts, Chapter 2, pp.35–54.Mahwah, N.J.: Lawrence Erlbaum Associates.

Stone, P.J., D.C.Dunphy, M.S.Smith, and D.M.Ogilvie 1966.The General Inquirer: A Computer Approach to Content Analysis.Cambridge: MIT Press.

Streeter, K.2015, October 12.The Owners Issue: Chris Paul Will Not Be Played.ESPN: 67–72.130.

Stuart, A., K.Ord, and S.Arnold 2010.Kendall's Advanced Theory of Statistics: Classical Inference and the Linear Model, Volume 2A.New York: Wiley.205.

Suess, E.A.and B.E.Trumbo 2010.Introduction to Probability Simulation and Gibbs Sampling with R.New York: Springer.205.

Sugar, B.R.1992.The Caesars Palace Sports Book of Betting.New York: St.Martin's Press.

Summerfield, M.2012.Programming in Go: Creating Applications for the 21st Century.Upper Saddle River, N.J.: Pearson/Addison-Wesley.

Sweigart, A.2015.Automate the Boring Stuff with Python: Practical Programming for Total Beginners.San Francisco: No Starch Press.

Szymanski, C.2014.dlmodeler: Generalized Dynamic Linear Modeler.Comprehensive R Archive Network.2014.http: //cran.r-project.org/web/packages/dlmodeler/dlmodeler.pdf.

Szymanski, S.2009.Playbooks and Checkbooks: An Introduction to the Economics of Modern Sports.Princeton, N.J.: Princeton University Press.

Szymanski, S.2015.Money and Soccer: A Soccernomics Guide.New York: Nation Books.

Taddy, M.2013a.Measuring political sentiment on Twitter: factor-optimal design for multinomial inverse regression.Retrieved from the World Wide Web at http: //arxiv.org/pdf/1206.3776v5.pdf.

Taddy, M.2013b.Multinomial inverse regression for text analysis.Retrieved from the World Wide Web at http: //arxiv.org/pdf/1012.2098v6.pdf.

Taddy, M.2014.textir: Inverse Regression for Text Analysis.2014.http://cran.r-project.org/web/packages/textir/textir.pdf.

Talluri, K.T.and G.J.van Ryzin 2004.Revenue management under a general discrete choice model of consumer behavior.Management Science 50（1）: 15–33.

Tan, P.-N., M.Steinbach, and V.Kumar 2006.Introduction to Data Mining.Boston: Addison-Wesley.

Tang, W., H.He, and X.M.Tu 2012.Applied Categorical and Count Data Analysis.Boca Raton, Fla.: Chapman & Hall/CRC.

Tango, T.M., M.G.Lichtman, and A.E.Dolphin 2007.The Book: Playing the Percentages in Baseball.Dulles, Va.: Potomac Books.65.

Tannenbaum, A.S.and D.J.Wetherall 2010.Computer Networks（fifth ed.）.Upper Saddle River, N.J.: Pearson/Prentice Hall.

Tanner, M.A.1996.Tools for Statistical Inference: Methods for the Exploration of Posterior Distributions and Likelihood Functions（third ed.）.New York: Springer.205.

Thaler, R.H.1994.The Winner's Curse: Paradoxes and Anomalies of Economic Life. Princeton, N.J.: Princeton University Press.142.

Thaler, R.H.and C.R.Sunstein 2004.Market efficiency and rationality: the peculiar case of baseball.Michigan Law Review 102: 1390–1403.

Thaler, R.H.and C.R.Sunstein 2009.Nudge: Improving Decisions About Health, Wealth, and Happiness.New York: Penguin Books.142.

Therneau, T.2014.survival: Survival Analysis.Comprehensive R Archive Network.2014. http: //cran.r-project.org/web/packages/survival/survival.pdf.

Therneau, T.and C.Crowson 2014.Using Time Dependent Covariates and Time Dependent Coefficients in the Cox Model.Comprehensive R Archive Network.2014.http: //cran.r-project.org/web/packages/survival/vignettes/timedep.pdf.

Therneau, T.M.and P.M.Grambsch 2000.Modeling Survival Data: Extending the Cox Model.New York: Springer.

Thompson, M.1975.On any given Sunday: fair competitor orderings with maximum likelihood methods.Journal of the American Statistical Association 70（351）: 536–541.42.

Thorn, J.2011.Baseball in the Garden of Eden: The Secret History of the Early Game.New York: Nation Books.

Thorn, J.and P.Palmer 1984.The Hidden Game of Baseball: A Revolutionary Approach to Baseball and Its Statistics.New York: Doubleday & Company.

Thorn, J.and P.Palmer 1985.The Hidden Game of Baseball: A Revolutionary Approach to Baseball and Its Statistics（revised and updated ed.）.New York: Doubleday.65 Thurman, W.N.and M.E.Fisher 1988.Chickens, eggs, and causality, or which came first? American Journal of Agricultural Economics 70（2）: 237–238.

Thurstone, L.L.1927.A law of comparative judgment.Psychological Review 34: 273–286.81.

Tibshirani, R.1996.Regression shrinkage and selection via the lasso.Journal of the Royal Statistical Society, Series B 58: 267–288.213.

Torgerson, W.S.1958.Theory and Methods of Scaling.New York: Wiley.

Travers, J.and S.Milgram 1969, December.Experimental study of small world problem. Sociometryy 32（4）: 425–443.231.

Tsay, R.S.2013.An Introduction to Analysis of Financial Data with R.New York: Wiley. Tufte, E.R.1990.Envisioning Information.Cheshire, Conn.: Graphics Press.

Tufte, E.R.1997.Visual Explanations: Images and Quantities, Evidence and Narrative. Cheshire, Conn.: Graphics Press.

Tufte, E.R.2004.The Visual Display of Quantitative Information（second ed.）.Cheshire, Conn.: Graphics Press.

Tufte, E.R.2006.Beautiful Evidence.Cheshire, Conn.: Graphics Press.

Tukey, J.W.1977.Exploratory Data Analysis.Reading, Mass.: Addison-Wesley.

Tukey, J.W.and F.Mosteller 1977.Data Analysis and Regression: A Second Course in Statis-tics.Reading, Mass.: Addison-Wesley.

Turney, P.D.2002, July 8–10.Thumbs up or thumbs down? Semantic orientation applied to unsupervised classification of reviews.Proceedings of the 40th Annual Meeting of the Association for Computational Linguistics（ACL'02）: 417–424.Available from the National Research Council Canada publications archive.224.

Tygiel, J.2000.Past Time: Baseball as History.New York: Oxford University Press.Unwin, A., M.Theus, and H.Hofmann（eds.）2006.Graphics of Large Datasets: Visualizing a Million. New York: Springer.238.

USA Today 2015.Top team payrolls.USA Today.Retrieved from the World Wide Web on

August 3, 2015 at http: //www.usatoday.com/sports/mlb/salaries/2014/team/all/.

Varian, H.R.2005.Intermediate Microeconomics: A Modern Approach（seventh ed.）.New York: Norton.131.

Velleman, P.F.and L.Wilkinson 1993, February.Nominal, ordinal, interval, and ratio typologies are misleading.The American Statistician 47（1）: 65–72.

Venables, W.N.and B.D.Ripley 2002.Modern Applied Statistics with S（fourth ed.）.New York: Springer-Verlag.Champions of S, S-Plus, and R call this the mustard book.Walker, R.C.2012.Introduction to Mathematical Programming（fourth ed.）.Upper Saddle River, N.J.: Pearson.

Ward, B.2015.How Linux Works: What Every Superuser Should Know（second ed.）.San Francisco: No Starch Press.

Ward, G.C.and K.Burns 1994.Baseball: An Illustrated History.New York: Alfred A.Knopf.

Wasserman, L.2010.All of Statistics: A Concise Course in Statistical Inference.New York: Springer.205.

Wassertheil-Smoller, S.1990.Biostatistics and Epidemiology: A Primer for Health Profession als.New York: Springer.

Watson, J.-P.and D.L.Woodruff 2012.PySP: Modeling and solving stochastic programs in

Python.Mathematical Programming Computation 4（2）: 109–149.

Watts, D.J.1999.Small Worlds: The Dynamics of Networks between Order and Randomness.Princeton, N.J.: Princeton University Press.231.

Watts, D.J.and S.H.Strogatz 1998.Collective dynamics of“small-world” networks.Nature 393（6684）: 440–442.231.

Watts, R.G.and A.T.Bahill 2000.Keep Your Eye on the Ball: Curve Balls, Knuckleballs, and Fallacies of Baseball（revised and updated ed.）.New York: W.H.Freeman and Company.

Wedel, M.and W.Kamakura 2000.Market Segmentation: Conceptual and Methodological Foundations（second ed.）.Boston: Kluwer.

Weil, R.L., P.C.O'Brien, M.W.Maher, C.P.Stickney, and K.Fitzgerald 2005.Accounting: The Language of Business（eleventh ed.）.Sun Lakes, Ariz.: Thomas Horton and Daughters.

Weinstock, J.2012, January 11.Which umpire has the largest strike zone? Retrieved from the World Wide Web on September 12, 2015 at http: //www.hardballtimes.com/ which-umpire-has-the-largest-strikezone/.

Weiss, S.M., N.Indurkhya, and T.Zhang 2010.Fundamentals of Predictive Text Mining. New York: Springer.

Wells, A.2008.Football & Chess: Tactics, Strategy, Beauty.Devon, England: Hardinge Simpole.

West, B.T.2006.A simple and flexible rating method for predicting success in the NCAA basketball tournament.Journal of Quantitative Analysis in Sports 2（3）: 1–14.42.

West, M.D.（ed.）2001.Theory, Method, and Practice in Computer Content Analysis. Westport, Conn.: Ablex.223.

White, T.2011.Hadoop: The Definitive Guide（second ed.）.Sebastopol, Calif.: O'Reilly.

Wickham, H.2014.plyr: Tools for Splitting, Applying and Combining Data.Comprehen-sive R Archive Network.2014.http: //cran.r-project.org/web/packages/plyr/ plyr.pdf.

Wickham, H.2015.Advanced R.Boca Raton, Fla.: Chapman & Hall/CRC.

Wickham, H.and W.Chang 2014.ggplot2: An Implementation of the Grammar of Graph-ics.Comprehensive R Archive Network.2014.http: //cran.r-project.org/web/ packages/ggplot2/ ggplot2.pdf.238.

Wikipedia 2015.Glossary of baseball.Retrieved from the World Wide Web on August 29, 2015 at https: //en.m.wikipedia.org/wiki/Glossary_of_baseball.

Wilkinson, L.2005.The Grammar of Graphics（second ed.）.New York: Springer.

Will, G.1990.Men at Work: The Craft of Baseball.New York: Macmillan.

Will, G.F.2014.A Nice Little Place on the North Side: A History of Triumph, Mostly Defeat, and Incurable Hope at Wrigley Field.New York: Three Rivers Press/Random House.120.

Williams, H.P.2013.Model Building in Mathematical Programming（fifth ed.）.New York: Wiley.

Wilson, J.2008.Inverting the Pyramid: The History of Soccer Tactics.Devon, England: Hardinge Simpole.

Winston, W.L.2009.Mathletics: How Gamblers, Managers, and Sports Enthusiasts Use

Mathematics in Baseball, Basketball, and Football.Princeton, N.J.: Princeton University Press.

WinterGreen Research 2015.Sports Analytics: Market Shares, Strategies, and Forecasts, Worldwide, 2015 to 2021.Retrieved from the World Wide Web on October 3, 2015 at http: //www.reportsnreports.com/reports/401107-sports-analytics-market-shares-strategies-and-forecasts-worldwide-2015-to-2021.html.184.

Woody, C.2014, December 19/21.Dodgers end season with record payroll, highest luxury tax in MLB.Sports Illustrated.Retrieved from the World Wide Web on August 4, 2015 at http: // www.si.com/mlb/2014/12/19/ los-angeles-dodgers-record-payroll-highest-luxury-tax/.9.

Worsley, J.C.and J.D.Drake 2002.Practical PostgreSQL.Sebastopol, Calif.: O'Reilly. Wright, M.B.2009.50 years of OR in sport.Journal of the Operational Research Society 60: S161–S168.

Wunderman, L.1996.Being Direct: Making Advertising Pay.New York: Random House.

Yau, N.2011.Visualize This: The FlowingData Guide to Design, Visualization, and Statistics.New York: Wiley.

Yau, N.2013.Data Points: Visualization That Means Something.New York: Wiley.

Young, G.and A.Householder 1938.Discussion of set of points in terms of their mutual distances.Psychometrika 3: 19–22.81.

Zeileis, A., K.Hornik, and P.Murrell 2009, July.Escaping RGBland: Selecting colors for

statistical graphics.Computational Statistics and Data Analysis 53（9）: 3259–3270.

Zeileis, A., K.Hornik, and P.Murrell 2014.HCL-Based Color Palettes in R.Comprehensive R Archive Network.2014.http: //cran.r-project.org/web/packages/colorspace/vignettes/hcl-colors.pdf.

Zimbalist, A.1992.Baseball and Billions: A Probing Look Inside the Big Business of Our National Pastime.New York: BasicBooks.13.

Zimbalist, A.2003.May the Best Team Win: Baseball Economics and Public Policy. Washington, D.C.: Brookings Institution Press.

Zinsser, W.K.1989.Spring Training.New York: Harper & Row.

Zivot, E.and J.Wang 2003.Modeling Financial Time Series with S-PLUS.Seattle: Insightful Corporation.